住房支付能力研究

夏 刚 著

科学出版社
北京

内 容 简 介

本书旨在构建住房支付能力框架体系,从而为研究住有所居问题提供理论工具。第 1 章和第 2 章研究影响住房支付能力三因素(住房成本、非住房支出和收入)及其相互之间的关系;第 3 章研究个别家庭支付能力度量、不同家庭居住贫困加总;第 4 章基于住房支付能力理论探讨合理房价;第 5 章提出提高住房支付能力的政策建议。

对于关注住有所居问题的政府机构、企业、研究人员,本书具有一定的参考价值。

图书在版编目(CIP)数据

住房支付能力研究/夏刚著. —北京:科学出版社,2019.1
ISBN 978-7-03-059446-4

Ⅰ. ①住… Ⅱ. ①夏… Ⅲ. ①住宅-支付能力-研究-中国
Ⅳ. ①F299.233.5

中国版本图书馆 CIP 数据核字(2018)第 255872 号

责任编辑:马 跃 李 嘉/责任校对:孙婷婷
责任印制:吴兆东/封面设计:无极书装

科学出版社出版
北京东黄城根北街 16 号
邮政编码:100717
http://www.sciencep.com

北京盛通商印快线网络科技有限公司 印刷
科学出版社发行 各地新华书店经销
*
2019 年 1 月第 一 版 开本:720×1000 1/16
2019 年 6 月第二次印刷 印张:10 1/4
字数:202 000
定价:82.00 元
(如有印装质量问题,我社负责调换)

前　言[①]

住房支付能力是住房市场的重要信号：住房消费者根据住房支付能力选择住房消费；住房生产商通过评估不同收入群体住房支付能力来制定不同的产品开发战略；政府根据住房支付能力确定住房保障标准、保障范围；金融机构出于风险管理需要而评估购房抵押贷款家庭的住房支付能力。

由此可见，住房支付能力是研究住房市场和住房制度的重要指标，本书即从这一视角入手，旨在厘清合理度量住房支付能力的方式、影响住房支付能力的因素、住房支付能力的用途、改善住房支付能力的方式等问题，从而构建住房支付能力分析架构；同时，在构建架构过程中，针对中国住房制度环境进行相应的实证分析并提出相应的政策建议。

上述问题构成了本书两个研究目的：一是构建住房支付能力分析架构；二是住房支付能力分析架构的应用。

目的 1　构建住房支付能力分析架构。该架构由住房支付能力度量、住房支付能力影响因素、住房支付能力用途、住房支付能力改善四部分组成（图 0.1）。

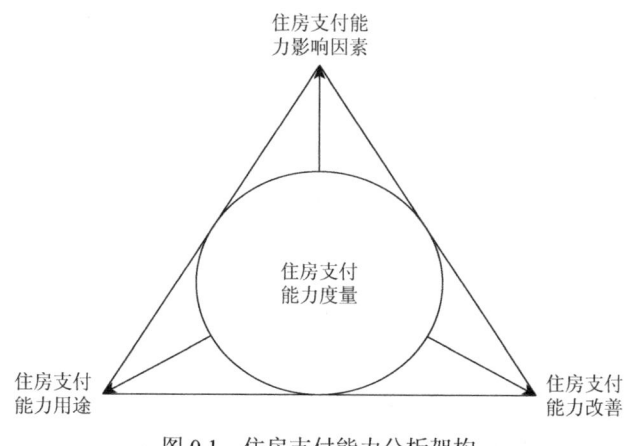

图 0.1　住房支付能力分析架构

图 0.1 中，四个组成部分的关系是：住房支付能力度量是核心，是其余三个部分的逻辑基础，不合理的度量方法将使住房支付能力影响因素、住房支付能力

---

① 资助项目：贵州省科技计划项目（合同编号：黔科合基础[2016]1536-2 号、黔科合基础[2017]1515-4 号）、一流学科中央专项补助经费建设出版费。

用途和住房支付能力改善等得出错误的结论。住房支付能力影响因素分析旨在剖析住房支付能力，是住房支付能力改善的理论需要，同时是评价住房支付能力用途可靠性和合理性的依据；住房支付能力用途体现了住房支付能力的意义所在；住房支付能力改善是住房支付能力研究的终极目标。

住房支付能力度量涉及两方面内容：一是识别，即判别某住户是否存在住房支付能力问题；二是加总，即度量某个地区存在住房支付能力问题的广度和深度，广度指有多少家庭存在住房支付能力问题，深度指住房支付能力的严重程度。识别是加总的基础，对于不同的识别方法，住房支付能力问题的广度和深度不同。

住房支付能力识别方法可分为两大类：比率法（ratio approach）和剩余收入法（residual income approach）。比率法指用两个绝对指标的比值表示住房支付能力的方法，如果比值大于（或小于）某个指定标准，则存在住房支付能力问题。剩余收入法指用收入减非住房支出的差额（Stone，1993）或收入减住房支出的差额（Hancock，1993；Bramley and Karley，2005）表示住房支付能力的方法，如果剩余收入小于住房成本（或小于非住房支出），则存在住房支付能力问题。本书采用剩余收入法进行分析，与比率法相比，剩余收入法具有如下优点。

第一，可反映不同收入水平家庭的住房支付能力。

第二，可反映不同人员构成家庭的住房支付能力。

第三，可反映非住房消费对住房支付能力的影响。

第四，具有明确的经济学含义（Hancock，1993；Whitehead，1991）。

第五，剩余收入法度量的住房支付能力用于住房市场和住房政策分析更合理。

由于采用剩余收入法，住房支付能力影响因素有住房成本、收入和非住房支出，住房支付能力改善可从降低住房成本、增加收入和降低非住房支出三个维度分析。降低住房成本与住房市场和金融市场、货币市场等各项制度相关，增加收入与劳动力市场和税收制度相关，降低非住房支出与住房政策和其他社会保障制度相关。三个维度并非完全相互独立，如收入增加可能导致房价上升，房价上升导致住房成本增加。因此，三个维度对住房支付能力改善净影响需要实证验证。

由于各国制度环境不同，经济发展水平不同，住房保障政策因地、因时而异，住房支付能力分析架构提供了分析各国住房市场和住房政策的总体框架与思路。

目的2 住房支付能力分析架构的应用。

市场研究关注的是理性消费者行为，属于实证研究（positive research）范畴；住房政策关注的是合理的住房消费应该是什么，属于规范研究（normative research）范畴。住房支付能力不仅可用于规范研究，如低收入家庭住房支付能力；也可用于实证研究，如自由选择的消费者在收入约束条件下最大可消费的住房。住房支付能力问题不仅存在于低收入家庭，也存在于高收入家庭，差异在于：高收入家庭的住房支付能力问题是消费者自由选择的结果，理性的消费者可通过降低住房消费规避住房支付能力问题,且其住房消费不低于社会认可的最低标准;低收入家庭住房支付能力问题是由不能支付社会认可的最低标准(住房或/和其他必需品)的消费导致的。

住房消费市场是一个连续的整体,住房的市场供给和政府供给范围并没有泾渭分明的界线。由住房支付能力的影响因素可知,住房成本、收入和非住房支出随不同时期、不同市场而异;因此,用住房支付能力分析住房市场和住房政策,可得出切合实际的结论,提出合理可行的政策建议。

为达到上述两个研究目的,本书主要研究方法如下。

第一,规范研究和实证研究相结合。规范研究回答应该是什么,实证研究回答是什么。规范研究涉及价值判断,本书涉及价值判断的内容包括住房消费和非住房消费最低标准(如我国规定的经济适用住房、廉租住房[①]面积)、社会公平,这主要是第1章和第5章的内容;第2～第4章则属于实证研究范畴。

第二,定性研究和定量研究相结合。由于我国住房市场化时间短,住房市场微观数据匮乏,与本书相关的国内研究文献几乎是空白,这决定了本书大量采用发达国家住房市场及住房政策的理论研究和经验总结文献,故书中存在大量基于文献的定性结论,如第1～第4章中文献评析,第5章则基于归纳、演绎的逻辑推理。本书的定量研究仅是中观层面数据,如城市房价、家庭平均收入等,并不是微观层面数据,故本书并不能得出关于住房支付能力严重程度的具体结论。

全书共5章,围绕两个目的分别展开,各章主要内容如下。

第1章研究住房支付能力度量。度量包括两个内容:识别和加总。该章采用的识别方法是剩余收入法。该章首先考察剩余收入法的起源、演变、现状及存在问题;然后用经济学原理分析剩余收入法和(狭义)比率法,旨在说明剩余收入法在理论上更为合理;其次沿着贫困加总的思路构建居住贫困加总的方法;最后剖析国内常用的房价收入比,研究表明用房价收入比作为住房支付能力判别指标并不合理。

第2章研究住房支付能力三要素中的住房成本,该章是第5章中降低住房成本的理论基础。住房成本不仅用于住房支付能力研究,也广泛应用于其他住房研究领域,如保有方式选择、房价合理性评价、居民消费价格指数(consumer price index,CPI)中住房构成合理性评价等,综述了相关文献后,本书将住房成本分为两大类:第一类为货币成本,第二类为使用成本。论述住房支付能力研究使用货币成本的合理性,讨论融资方式、房价和产权结构等对货币成本的影响,最后论述货币成本的两个特性:时间差异性和空间差异性。

第3章研究收入与房价的关系。该章从两方面探讨房价与收入的关系:一是文献评析,二是实证研究我国35个大中城市房价与收入的关系。文献评析分为两部分:一是确定性条件下的房价与收入关系,包括收入对房价影响的文献和房价

---

① 从2014年起,各地公共租赁住房与廉租住房并轨运行,并轨后统称为公共租赁住房。

对收入影响的文献；二是不确定性条件下的房价、收入对住房消费的影响。文献评析包括如上内容的理由如下：确定性条件下收入对房价的影响是为该章实证分析作理论铺垫，房价对收入的影响是为第5章的提高有房户住房支付能力作理论准备，房价和收入不确定对住房消费的影响旨在说明不确定性将改变人们的住房消费行为，从而改变住房支付能力。

根据计量经济学建模要求，依赖变量（房价）相互独立，故该章实证分析分为三步：第一步用6个城市（北京、上海、天津、广州、深圳、重庆）每月住房价格指数验证房价之间的相关性（由于没有35个城市每月住房价格指数），分析表明房价弱相关或不相关；第二步建立35个大中城市截面数据回归模型；第三步建立35个大中城市面板数据回归模型，第三步用于验证第二步建立的模型是否合理，如果第三步建立的模型是混合模型，则说明第二步建立的截面数据回归模型具有解释力，如果是固定效应模型或随机效应模型，则说明截面数据回归模型不合理。最后计算工资收入增加（房价上升）对住房成本的影响。

第2章和第3章归属于图0.1中住房支付能力影响因素分析内容，住房支付能力三要素中的非住房支出，本书不单独讨论，而是安排在第1章住房支付能力经济学分析（1.3节）、房价收入比（1.5节）和第5章提高住房支付能力政策举措（5.3节）等章节中，理由如下：非住房支出涵盖内容众多，超出本书研究范畴；本书仅讨论与住房制度相关的非住房支出，这是第5章涉及的内容；1.3节用经济学理论分析非住房支出对住房支付能力的影响，1.5节用非住房支出的差异性论证房价收入比的不可比性。

第4章研究住房支付能力的用途。文献评析不仅包括剩余收入法住房支付能力的用途，也包括比率法住房支付能力的用途，理由如下：比率法的用途可拓展到剩余收入法；用比率法进行研究的文献多、范围广，通过对比，可拓展剩余收入法研究深度和广度。文献评析之后，提出用住房支付能力计算合理房价，在计算合理房价前，首先区分住房购买能力和住房支付能力，然后以重庆2005年住房市场相关数据为依据，分析首付约束、收入约束和住房支付能力约束对合理房价的影响。

第5章研究在中国住房保障制度条件下，如何进一步完善住房保障制度，从而改善居住贫困家庭住房支付能力。首先总结发达国家（主要是美国）提高住房支付能力的政策举措和经验教训，然后以发达国家住房政策为参照，从住房支付能力三要素（住房成本、收入和非住房支出）视角提出完善住房保障制度和提高我国居住贫困家庭住房支付能力的对策措施。

第1~第5章是构建住房支付能力分析架构（第一个目的）的内容，同时，第4章、第5章也是第二个目的的内容。

目 录

第1章 住房支付能力度量研究 1
  1.1 概述 1
  1.2 文献评析 3
  1.3 住房支付能力经济学分析 12
  1.4 居住贫困加总 19
  1.5 住房支付能力的房价收入比法 26
  1.6 本章小结 35

第2章 住房成本研究 36
  2.1 概述 36
  2.2 文献评析 37
  2.3 各种因素对住房成本的影响 46
  2.4 住房成本特性 59
  2.5 本章小结 62

第3章 收入与房价关系研究 63
  3.1 概述 63
  3.2 文献评析 63
  3.3 我国不同城市房价相关性分析 74
  3.4 我国35个大中城市房价与收入回归估计 85
  3.5 本章小结 93

第4章 住房支付能力的用途研究 95
  4.1 概述 95
  4.2 文献评析 96
  4.3 合理房价研究 104
  4.4 本章小结 116

第5章 提高住房支付能力研究 118
  5.1 概述 118
  5.2 发达国家经验启示 120
  5.3 提高我国居住贫困家庭住房支付能力的对策措施 131
  5.4 本章小结 139

参考文献 140

第 1 章　住房支付能力度量研究

1.1　概　　述

本章讨论住房支付能力的度量问题，涉及两方面内容：一是识别，即判断某住户是否存在住房支付能力，即是否居住贫困，这是微观层面的住房支付能力度量问题；二是加总，即评价某地区居住贫困程度，这是宏观层面的住房支付能力度量问题。

住房支付能力是一个抽象的概念，是住房研究文献中一个常用术语[①]，但并没有统一的定义，这是因为住房支付能力涉及如下诸多不同的问题：房价分布、住房质量分布、收入分布、住户借款能力、影响住房市场的公共政策、影响新房或改造住房供给的各种因素、人们住房消费与其他物品消费决策等（Quigley and Raphael，2004）；因此，研究侧重点不同，则定义不同；定义不同，则对住房支付能力度量也不同。常见定义如下。

定义 1　获得某给定标准（或不同标准）的住房时，从第三方角度（通常指政府），其价格或租金对住户收入不会带来不合理负担（Maclennan and Williams，1990）。

由定义 1 可知：非住房消费是绩优品[②]（merit good），存在一个社会认可的非住房消费最低标准，住房消费不应挤占住户最低标准的非住房消费，即不应产生"不合理负担"；非住房消费标准由第三方认定；存在住房消费标准，其隐含的假设是住房也是一种绩优品。

该定义中"负担"含义并不明确。在税收研究文献中，"税收负担"通常指平均税率，即税收支出与收入之比，因此，负担用比率定义。术语"负担"更适用于税收和公共支出情形，因为征税收入用于提供公共物品，即许多人皆可获益的物品；用于描述私人物品消费似乎并不恰当，因为这似乎意味着较高的住房消费对个人收效甚微，甚至毫无益处。而现实中，消费者住房支出越多，购买的住房服务越多（Hancock，1993）。

定义 2　根据住房支出和家庭收入之间的关系，并根据其收入界定某个标准，高于该标准的住房是不可支付的。标准可用购买住房后剩余收入绝对数量定义，

[①] 20 世纪 80 年代之后，发达国家住房研究主要围绕三个问题展开：住房支付能力（housing affordability）、自有住房（home-ownership）、私有化（Linneman and Megbolugbe，1992）。

[②] 绩优品指产生正外部效应的消费。

即住房支出后的剩余收入可购买社会认为的其他各类物品;标准也可用相对数量定义,即住房支出占收入的合理比例(Whitehead, 1991)。

Whitehead 认为:如果自由市场可以给每人皆提供满意的住房,则没必要定义支付能力。由住房特性而导致显著的市场失灵[①];另外,无论个人收入和财富或住房供给成本,供给的住房必须满足社会认可的某个标准,这两点决定了自由市场并不能给每个人皆提供满意的住房。

定义 2 认为,支付能力不仅与收入和房价有关,而且与住房标准有关;由于个人偏好与社会偏好不一致,必须规定社会认可的最低(或最高)住房标准,该标准是由第三方根据住房特性和住房在社会福利中的重要性而形成的价值判断。在市场制度下,个人支出基于的是偏好而不是社会指定的标准,所以哪些住户存在住房支付能力问题基于的是市场而不是家庭视角。由于住房的异质性,满足相同标准的住房所需住房支出可能差异极大。

定义 3 支付能力可从规范或行为角度定义。规范角度定义包括两种形式:一是按比率确定支付能力的标准或界限,如常用的租金(或住房成本)与收入之比;二是同时考虑住房需要/标准和非住房消费两方面的规范判断。行为角度定义则研究在正常住房消费决策情况下,已知住户收入和特质,在面临某一房价时,家庭如何消费(Bramley, 1994)。

Bramley 认为规范角度定义中,住房支付能力需要同时考虑住房和非住房消费;行为角度解释支付能力是对规范角度定义的补充。

定义 4 住房支付能力本质上表现为住户对其住房条件的社会和物质生活体验;支付能力指在收入约束下,住户对实际或潜在住房成本和非住房支出两者之间取得平衡时所面临的挑战(Stone, 2006a)。

公共政策和个人体验的协调是通过住房支付能力规范标准与分析指标而实现的,住房支付能力规范标准和分析指标独立于个人体验而存在。通过这些标准和指标,不仅可以得出住房支付能力问题总体程度及其社会分布和地理分布(尽管可能有争议),也为支付能力政策和实践的分析、执行与评价提供了重要基础(Stone, 2006a)。

定义 4 表明,住房支付能力主要表现为住户的感受,这种感受来自社会环境和个人居住环境;住房保障政策中判断住户是否存在住房支付能力问题依据的是规范标准和分析指标,而不是住户的感受。支付能力不是住房固有的特性,而是表示住房与人们之间的一种关系,对某些人,任何住房均是可支付的,无论其价值为多少;而对于另外某些人,除非是免费,否则任何住房皆是不可支付的。

综上所述,收入、住房成本和非住房支出构成住房支付能力三要素。住房支

---

① 住房市场失灵包括各种外部性、搭便车问题、规模报酬递增(巴尔,2003)。

付能力隐含了住房消费和非住房消费存在一个社会认为的最低标准[①]，即尽管住房支付能力属于个人体验，但判别标准由社会约定；另外，住房支付能力是动态的（包括空间差异性和时间差异性）而不是静止不变的，其原因是住房支付能力三要素随时间、空间而变。

后续章节安排如下，1.2 节首先对剩余收入法的发展脉络给出一个完整的评述。1.3 节从经济学角度分析剩余收入法，对比分析传统比率法存在的不足。1.4 节是居住贫困加总，借助于贫困研究中加总的思路，首先提出居住贫困加总的四种方法：居住贫困率、居住贫困缺口、居住贫困指数、居住贫困立方指数，其次采用算例比较四种方法，最后提出采用随机占优法比较不同状况下居住贫困。1.5 节对用房价收入比度量住房支付能力存在的问题进行剖析。1.6 节是本章小结。

1.2 文献评析

在不同的发展阶段，发达国家的住房研究关注的焦点亦随之而异。1950 年关注的是住房供应量和现有存量住房质量，1960 年关注提高新建住房质量。在美国，20 世纪 60～70 年代，关注邻里关系的衰落、种族隔离、歧视，80 年代歧视问题关注范围扩展到残疾人、多子女和老人家庭。概而言之，发达国家住房研究主要涉及三个问题：住房支付能力、自有住房和私有化（Linneman and Megbolugbe, 1992）。本书探讨住房支付能力问题，而度量是住房支付能力研究的核心。

20 世纪 60～70 年代，在美国，对贫困和城市问题的关注引起了人们对住房支付能力的广泛讨论。住房研究者认为支付能力不仅是住房成本的问题，也与收入水平及生活标准有关。传统的比率法受到了质疑，Dolbeare（1966）在对贫困家庭住房援助采用传统比率法存在的不足提出的改进建议中，首次提出了剩余法（residual approach）这个概念，剩余收入等于收入减非居住房支出，非居住房支出标准等于美国联邦贫困标准[②]减低收入家庭典型居住成本的估计值。

支付能力问题引起政策的关注始于美国 20 世纪 60 年代中期城市动乱[③]，随后成立的美国城市住房总统委员会在其 1968 年的报告中指出：决定家庭收入用于住

[①] Hills（2001）认为最低住房标准是住房补贴（供方补贴和需方补贴）的主要原因；如果不存在最低住房标准，对低收入家庭只需采用税收和社会保障制度实现收入再分配即可，没必要采用住房保障制度。

[②] 美国联邦贫困标准于 1964 年由社会保障委员会制定，其主要目的之一是评价 20 世纪 60 年代"向贫困宣战"所施行的社会项目的效果，其标准基于美国农业部四项食品计划中花费最少的"经济食品计划"，该计划旨在"资金匮乏时临时或紧急使用"，它只包括食品消费支出，贫困线等于"经济食品计划"支出的 3 倍。标准全国统一，但随家庭人口数量和年龄不同而异（1981 年前根据家庭在农村、城镇，女性户主或男性户主的不同，其贫困标准不同）。1967 年之后，每年公布贫困人口数和贫困率，且贫困标准自 1969 年起根据每年 CPI 调整（Kutty, 2005）。

[③] 美国现代承租户运动肇始于 1963 年纽约哈莱姆（Harlem）区的租金罢工（Stone, 1993）。

房支出的适当比例需要诸多价值判断，而这些价值判断并无统一的标准。美国城市住房总统委员会认为并没有一个适用于所有家庭的比率（Stone，2006a）。

1971年国会委员会发布了住房支付能力标准的报告，该报告由诸多专家执笔，其中三位专家（Frieden、Lowry、Newman）明确提出用剩余收入法分析联邦住房项目的住房需要和补贴。Lowry（1971）、Newman（1971）建议根据劳工统计局（Bureau of Labor Statistics，BLS）[①]规范的家庭预算设定非住房费用标准。由于随后爆发的经济危机[②]，如何合理度量住房支付能力问题已不是政府关注的话题，报告结论并没有产生相应的政策效果。

20世纪70年代中期，有两项研究工作推动了剩余收入法的发展：一是Grigsby和Rosenburg（1975）用剩余收入法研究美国巴尔的摩市的住房支付能力问题；二是Stone（1975）用剩余收入法研究整个美国住房支付能力问题。Grigsby和Rosenburg（1975）在研究中首先计算了标准质量住房成本，然后用家庭可支配收入减住房成本，如果剩余收入大于BLS中的非住房支出，则住房是可支付的。Stone（1975）首次提出了"居住贫困"（shelter poverty）这一概念，居住贫困是指由于住房成本挤占收入而致使家庭剩余收入不能满足BLS低标准预算中非居住需要的状况。Stone（1993）通过计算居住贫困尺度（shelter poverty scale）得出了美国1970~1991年每年存在支付能力问题的家庭数（包括租房户和自有住房户），其计算步骤是：首先由BLS低标准预算得出人员构成不同的家庭[③]的非住房支出（该支出与收入无关）；其次计算在不同收入水平时不同类型家庭最大可支付住房成本（即剩余收入），得到居住贫困尺度；然后根据AHS数据[④]，得到家庭实际收入与住房支出（包括租房户和自有住房户），并与居住贫困尺度比较，从而得到存在住房支付能力问题的家庭数。由于BLS预算于1981年停止发布，Stone（1983；1990；1993；1994）以1981年BLS低标准预算为基准，根据CPI中对应的项目对其进行调整，从而得到了相应年份非居住消费支出。

[①] BLS家庭预算包括低标准预算（lower budget）、中等标准预算（intermediate budget）、高标准预算（higher budget）三类，不同地区和不同人口的家庭，其标准不同。三种类别中分别给出了两类典型家庭（城市四口之家、退休夫妇）的家庭预算。其预算中的非住房项目包括食品、家具及家用设备、交通、服装、医疗、娱乐、其他（其他商品、服务）。1967~1981年，BLS每年发布家庭预算报告，1981年之后的数据用CPI调整（Stone，1993）。

[②] 1973年石油危机爆发引发了西方的经济危机。

[③] 人员构成不同的家庭分为老人家庭、年轻夫妇家庭、年轻单亲家庭等三类，后两类中再根据小孩数不同而细分为1~6人家庭，而老人家庭细分为1人和2人家庭。

[④] 1983年前AHS指每年住房调查（Annual Housing Survey），1985年后指美国住房调查（American Housing Survey）（Stone，1993）。AHS以住房单元为调查对象，而不是住户，同一套住房不同时期可能是不同的住户，所以调查数据并不能完全真实反映住户支付能力的变化。要反映住户支付能力的变化，准确的调查方式应该以住户为调查对象，调查不同时期收入、住房成本、住户构成等。由于AHS以住房为调查对象，不包括无家可归者的住房支付能力（Lerman and Reeder，1987；Harkness，2004）。

Budding（1980）在住房津贴需求试验（Experimental Housing Allowance Demand）项目[①]报告中建议采用剩余收入法，他提出非居住支出标准等于联邦贫困标准的 3/4，该标准远低于 BLS 低标准预算中的非居住支出；尽管建议如此，但作者在分析中依旧采用传统的比率法。Leonard 等（1989）剖析了传统比率法的不足，提出应采用剩余收入法研究住房支付能力，并根据 Grigsby 和 Rosenburg（1975）、Stone（1975）的分析思路，基于 BLS 低标准预算非住房支出，构建了剩余收入标准。

Kutty（2005）在对剩余收入法的研究中提出了与 Stone 类似的概念：住房诱致性贫困（housing-induced poverty），其含义是家庭在住房消费后，无力支付贫困篮子中的非住房商品的境况，并采用 2/3 的联邦贫困标准作为非住房支出。上述文献的主要差异表现在所采用的非住房支出标准不同：BLS 低标准预算和联邦贫困标准。Dolbeare（1966）、Budding（1980）、Kutty（2005）采用的是联邦贫困标准，采用此标准的优势在于人们对贫困标准较为熟悉，计算方便；主要问题是除贫困标准自身存在的局限性外，选用的比例带有随意性。采用 BLS 低标准预算中非住房支出的有 Grigsby 和 Rosenburg（1975）、Stone（1975；1993；2006a）、Leonard 等（1989），其非住房支出的内涵清晰，但 BLS 预算基于 20 世纪 60 年代早期的消费模式，没有反映消费篮子的变化[②]。

上述采用剩余收入法判断家庭住房支付能力存在的一个问题是：没有考虑住房成本产生的原因。按上述剩余收入法，只要某家庭的实际住房成本支出大于剩余收入，那么该家庭就存在住房支付能力问题，而不管住房成本实际支出是否合理。例如，某家庭住房是 150m^2，其实际住房成本支出大于剩余收入；如果其面积为 100m^2，实际住房成本支出小于剩余收入。难道我们能说居住面积 150m^2 的家庭存在住房支付能力问题，而居住面积 100m^2 的家庭不存在住房支付能力问题吗？

---

① 1972 年美国住房和城市发展部（Department of Housing and Urban Development，HUD）主持了一项为期 10 年的研究项目——住房津贴试验项目（Experimental Housing Allowance Program，EHAP）。EHAP 由三个单独的试验项目构成：一是住房津贴需求试验，旨在研究家庭如何使用津贴，不同变量（如支付水平、住房质量）对人们参与的影响；二是住房津贴供给试验，研究住房津贴对住房市场的影响；三是行政机构试验，研究住房津贴发放的管理及其成本。研究结论形成了 1982 年的《总统住房咨文报告》，报告认为低收入者住房救济的主要方式应采用住房津贴。1937 年《住房法案》后，美国政府通过修建公共住房以解决低收入家庭住房（承租）问题，1965 年《住房和城市发展法案》首次引入了需方住房补贴，即租金补助项目和第 23 款项目。此后，对供方补贴和需方补贴优劣争执一直不断，为了有一个明确的答案，1970 年《住房和城市发展法案》提出了 EHAP（Malpezzi，2001）。

② Stone（2006a）比较了 BLS 低标准、拓展妇女机会（Wider Opportunities for Women，WOW）组织提出的"自立标准"（self-sufficiency standard，SSS）、经济政策研究院（Economic Policy Institute，EPI）三类家庭预算指标中非住房支出，由于后两者包括儿童保育费，其非住房支出明显高于 BLS 标准，也就是说，用 BLS 标准低估了居住贫困户数量。其比较的非住房支出（波士顿）分别为 25 690 美元（2003 年）、30 132 美元（2003 年）（其中儿童保育费 14 712 美元）、39 576 美元（2004 年）（其中儿童保育费 15 576 美元），而 2003 年美国贫困标准为 18 660 美元。

Stone（2006a）从住房支付能力与住房标准（housing standards）的角度对上述问题进行了讨论。住房支付能力问题仅是住房剥夺（housing deprivation）的表现形式之一，其他形式有：不满足体面住房的物理标准、过度拥护、保有方式不安全、住房位置不方便或不安全等，大多数形式的剥夺均已建立了完善的标准。这些剥夺往往由于家庭无力支付舒适居住环境的住房而产生。Stone（2006a）认为住房支付能力与住房标准密切相关，确定住房支付能力问题的分布和程度是一个反复的过程：首先采用支付能力标准，然后根据住房标准进行修正。

英国学界对剩余收入法的研究在时间上晚于美国，20世纪80年代后期住房成本不断上升，引发了人们对传统住房支付能力（比率法）概念的反思和争议（Malpass and Murie, 1999）。Brownill等（1990）、Sharp等（1990）研究了伦敦的住房支付能力，提出了采用剩余收入法的观点，但没有给出最低合适剩余收入的范围标准，也没有提出如何构建这一标准。在1991年住房研究协会年会（Housing Studies Association Conference）上，由Hancock和Whitehead分别提交的两篇论文，从经济学角度分析了住房支付能力，两篇论文分别于1993年和1991年在 *Urban Studies* 刊出。Whitehead（1991）从理论上分析了住房支付能力，她将支付能力定义为相对于其他商品和服务的住房机会成本。

Hancock（1993）认为：支付能力本质上就是诠释机会成本。如果希望诠释住房支付能力，则必须明确什么样的机会成本称为过高。总成本用放弃商品和服务的价值度量，而不是用住房成本占消费者收入的比例来度量。其结论是：与比率法相比，剩余收入法定义的住房支付能力理论上更合理，并给出4种支付能力定义。

定义5 最低标准（minimalist）定义。住房是不可支付的，如果

$$P^h H < P^h H^*, \quad P^y Y < P^y Y^* \tag{1.1}$$

式中，P^h、P^y分别表示住房服务和家庭所消费的非住房服务（即所有其他商品）价格；H、Y分别表示住房服务和其他商品消费数量；H^*、Y^*分别表示社会承认的住房服务和其他商品消费的最低标准。

定义5可用图1.1表示，图中位于OH^*EY^*的家庭存在住房支付能力问题。

定义6 官方定义①。住房是不可支付的，如果

$$M - P^h H < P^y Y^*, \quad H \leq H_{\max} \tag{1.2}$$

式中，M表示家庭收入；$H_{\max}$表示政府认为最大的住房消费，其他同定义5。

定义6用图1.2表示，图中位于$OH_{\max}E^1Y^*$的家庭存在住房支付能力问题。

---

① 英国住房给付（housing benefit）制度的标准，主要针对租房户（Hancock, 1993）。

第1章 住房支付能力度量研究

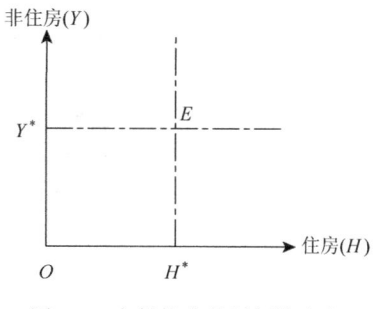

图 1.1 支付能力最低标准定义

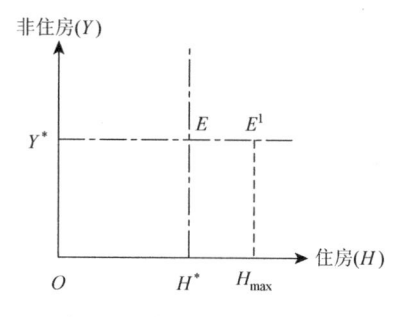

图 1.2 支付能力官方定义

定义 7 最低住房消费标准时的剩余收入法定义。住房是不可支付的，如果

$$M - P^h H < P^y Y^* \text{ 或 } M - P^y Y < P^h H^*, \quad Y > Y^* \tag{1.3}$$

式中，符号含义同上。

定义 7 可用图 1.3 表示，图中除区域 A 以外的家庭均存在住房支付能力问题，覆盖面大于定义 1。

定义 8 其他商品消费标准较高时的剩余收入法定义。住房是不可支付的，如果

$$M - P^h H < P^y Y^{**} \text{ 或 } M - P^y Y < P^h H^*, \quad Y > Y^{**} \tag{1.4}$$

式中，Y^{**} 表示 140% 的收入扶持（income support），其他符号含义同上。

定义 8 可用图 1.4 表示①，与图 1.3 的区别仅在于非住房消费增加到 Y^{**}，即非住房消费最低标准提高，存在住房支付能力问题的家庭覆盖面很广。

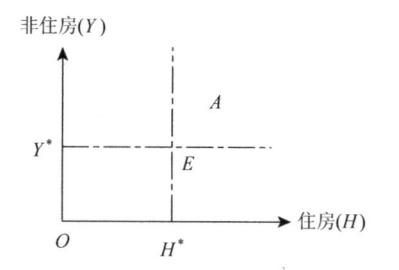

图 1.3 覆盖面较宽的支付能力定义

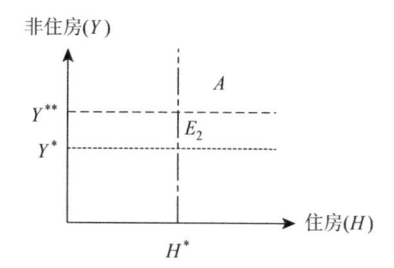

图 1.4 覆盖面宽的支付能力定义

最后 Hancock 根据定义 4~8，分别对英国格拉斯哥市的住房支付能力归宿问题进行了实证研究。

Bramley（1994）探讨了英国住房支付能力危机的原因和范围，他认为剩余收入法理论上更合理。

---

① 除图 1.4 外，图 1.1~图 1.3 来自 Hancock（1993）的文献。

Bramley 和 Karley（2005）首先比较了比率法和剩余收入法：支付能力比率来自人们的常识，其合理性源于行为证据，具有可比性（横向公平），不同的国家均广泛应用于租金设置、住房津贴计算。剩余收入法几乎就是按部就班地使用主流贫困分析的概念，其应用面临许多具体问题：特别是如果贫困线使用住房给付/津贴标准，那么这就意味着支付能力问题早已解决；如果使用其他标准，不可回避的问题就是哪一个标准更合适。Bramley 和 Karley 认为应综合考虑两个标准，即如果某家庭同时面临住房成本收入比大于某一标准和剩余收入低于某一标准，则该家庭显然"不可支付"。然后讨论支付能力和获得（access）这两个概念：获得指根据住房市场相关机构（指各种住房金融提供机构）的规则和标准，以及家庭自身条件和供应量[1]，来决定家庭是否可得到某类保有方式的住房。获得主要涉及制度因素，而不是纯市场因素；即使在市场主导下，获得的规则和标准也至关重要，特别是对于自有住房的抵押贷款。不同家庭面临的支付能力问题并不完全相同，根据可能面临支付能力问题的差异，可将家庭划分为如下三类：第一类是直接面临基本支付能力问题的家庭；第二类是现有住房状况面临支付能力问题风险很大的家庭；第三类是根据支付能力获得住房存在问题的现有或潜在家庭[2]。第一类主要是抵押贷款还款负担过重的低收入贫困家庭，或无力支付私人市场租金的无家可归者，这些家庭主要通过收入扶持和社会住房等解决。与之不同的是，第三类家庭面临的主要不是收入问题，在某些市场条件下，更多的家庭可能面临获得问题或不能支付的风险（第二类家庭）。对于那些即将形成的家庭（即潜在家庭），在得不到援助，且房价超过支付能力时，这样的家庭也存在支付能力问题；与第一类家庭不同的是，其问题并不那么明显和严重：一是这样的家庭尚未形成，二是他们面临各种选择机会，如搬迁到房价较低的地区，或与亲戚同住，或共同租房等。尽管如此，该群体可能由于数量较大，政策干预涉及更多（如新建可支付住房），Bramley 和 Karley 将这个群体称为"夹心层"（intermediate sector），其面临的市场为中间市场[3]。最后实证研究了英国不同地区、不同时间不能购房的第三类家庭（35 岁以下年轻家庭）的数量和比例，其所用的支付能力判别指标是贷款乘数和最小剩余收入[4]。与上述剩余收入法不同的，Bramley 和 Karley（2005）的收入是用模型预测的。

---

[1] 家庭自身条件指满足规则和标准的情况，供应量指可得到的贷款金额。

[2] 潜在家庭即指准备购房或租房的家庭，第一类、第二类是指已经购房或租房的家庭。

[3] 中间市场（intermediate market）指对房价水平敏感的需求部门。价格水平较低的地区或时候，许多这样的家庭（即将形成）在市场上可以买或租，但当价格不断上升时，这样的家庭就逐渐被高价挤出市场。中间市场往往是住房政策关注的重点（Bramley and Karley, 2005）。

[4] 贷款乘数（lending multiplier）指最大抵押贷款额与家庭年总收入之比。不同地区、不同收入家庭的贷款乘数不同，2002 年英国不同地区贷款乘数中位数为 2.96（这里中位是指中位收入，即中位收入家庭平均贷款乘数）。最小剩余收入等于净收入减抵押贷款还款支出，如果家庭最小剩余收入大于 120% 的收入扶持，则该家庭不存在住房支付能力问题（Bramley and Karley, 2005）。这里的剩余收入不同于 Stone（1975）的定义。

Stone（2006b）对剩余收入法在英国的应用进行了评述，1995 年之后支付能力研究没有新的突破，而是侧重于政策问题，特别是社会住房租金设置和住房给付改革。尽管学界和政策研究均认识到比率法的弊端以及剩余收入法逻辑上更合理，但没人能解开这个戈尔迪之结，即剩余收入法应用与现有收入扶持和住房给付政策标准的藕断丝连。英国需要的是基于独立的、规范的剩余收入标准而建立的住房支付能力标准，其剩余收入不依赖于给付制度，也不依赖于现有的收入分配制度。Stone 计算出了英国的居住贫困尺度标准，其非居住支出标准根据英国家庭预算办（Family Budget Unit，FBU）的可接受低成本（low cost but acceptable，LCA）预算计算，收入采用可支配收入，即所有现金收入，其中包括各种给付和税收信贷（但不含住房给付和地方税收给付），扣减个人所得税和社会保障缴付。

除了美国、英国学界对剩余收入法有深入讨论，其他国家学者对此并没有过多地涉足，唯一例外的是瑞士的 Thalmann（2003），他用剩余收入法估计了瑞士租房户住房支付能力。瑞士是工业化国家中自有住房率最低的国家，仅有 32%的自有住房率，因此合理估计租房户住房支付能力至关重要。与上述剩余收入法研究不同的是：其住房成本（租金）用特征方程估算[①]，他将影响租金的因素分为住房质量特性和市场因素，住房质量特性包括面积、房间数、设备和建筑物特征，住房质量决定"核心租金"；市场因素包括租金管理制度、房东战略[②]、地理位置。用特征方程估算了三类租金：一是平均租金；二是多支付（overpayment）租金（指住房质量与市场平均质量相同，但支付的租金更高）；三是多消费（overconsumption）租金（指住房质量与市场平均质量相同，但支付的租金低于平均租金）。

Thalmann 用图示法对剩余收入与总收入的关系进行了说明，如图 1.5 所示，横坐标表示住房支出，纵坐标表示总预算（或收入），H^{**} 表示标准住房支出，NH^{**} 表示基本非住房需要，B^{**} 表示标准预算（$B^{**} = H^{**} + NH^{**}$），$a$ 区为"可支付，不愿支付"区[③]（Hancock，1993），c 区为"豪华顶层公寓"（penthouse）[④]（Lerman and Reeder，1987）、第 1 类错误[⑤]（Thalmann，1999）或"非贫困的住房贫穷"（house poor not in poverty）（Kutty，2005），d 区为"陋室"（shack）（Lerman and Reeder，1987）、第 2 类错误[⑥]（Thalmann，1999）。

---

① 用特征方程估算租金源自 Lerman 和 Reeder（1987），详见本书第 2 章介绍。
② 房东战略指房东是否为营利机构，与其他两个市场因素一样，均采用哑元变量。
③ "可支付，不愿支付"区指"反常"偏好的消费者有能力选择标准的住房和非住房，但实际上并没有选择（详见 4.2.2 节分析）。
④ Lerman 和 Reeder（1987）认为较高收入的家庭选择高租金收入负担是由于他们对住房有强烈的嗜好（strong taste），形象地将其称为居住豪华顶层公寓的嗜好。与 Thalmann（2003）所指区间并不完全相同，其原因是判断标准采用剩余收入法，而非租金收入比率法。
⑤ 第 1 类错误指由于过多消费住房而产生的贫困，这类家庭是不应补贴而得到了补贴。
⑥ 第 2 类错误指应该补贴而实际未补贴的家庭。

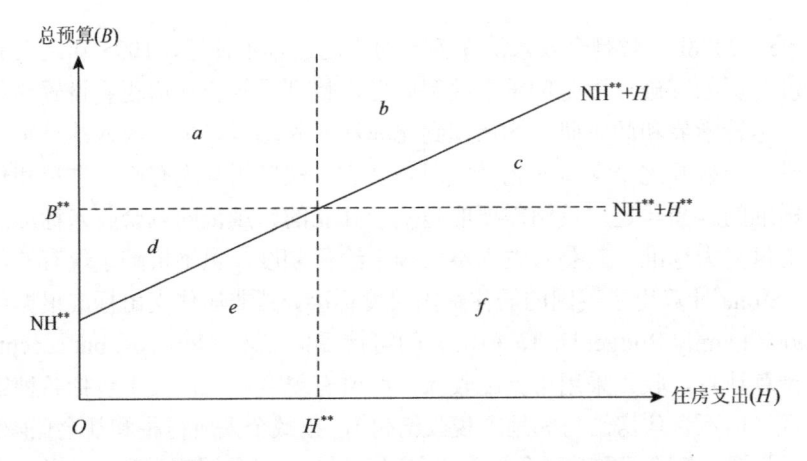

图 1.5 剩余收入与总收入支付能力条件说明

图 1.5 与图 1.1～图 1.4 的主要区别在于，横轴用住房支出（租金）表示，而不是用住房服务表示，租金等于住房服务与单位住房服务价格之积。由于住房服务及其价格是不可观察的，可观察的是租金，同样的租金可由不同的住房服务及其价格构成。为了得到住房服务及其价格，采用特征方程进行估算。Thalmann（2003）假设标准住房支出 $H^{**}=p_H Q_H^{**}$，Q_H^{**} 为最低标准的住房服务。由于住房市场不完备，相同质量的住房，某些住房的 p_H 可能高于市场平均价，此时租用该住房的家庭住房支出大于市场平均支出，即"多支付"租金；当 p_H 低于市场平均价时，即"多消费"住房。

与前述剩余收入法研究不同的是，Thalmann（2003）区分了收入扶持和住房补贴的家庭，他认为"多支付"的家庭是住房补贴的对象，在瑞士这类家庭占 4%；20% 的家庭需要收入扶持，其中 17% 的家庭即使在住房服务价格低于市场平均价时，其收入也不能支付标准的住房和非住房消费，3% 的家庭非住房消费不能满足标准。

尽管剩余收入法从理论上优于比率法，但实践中，比率法使用更为普遍，Stone（2006a）归因如下：一是简便直观；二是与人们常识较为吻合；三是权威的认可和政府的支持。但本书认为这些只是表象，深层次的原因有如下五个方面[①]。

一是自 20 世纪 80 年代始，右翼观点是英、美两国主流观点（Malpass and Murie，1999），该观点认为国家干预是住房问题的原因，而不是解决住房问题的手段；因此，Stone（1993）提出通过社会住房（social housing）提高支付能力问题与主流观点冲突。

二是没有完全厘清住房支付能力问题产生的根源，提出的政策建议缺乏可操作性。Stone 的论点更多地强调如何弥补剩余收入的不足，实际上影响住房支付能力的

---

① 剩余收入法的代表人物是 Stone，因此在分析剩余收入法存在的问题时指的是 Stone 的观点。

不仅是收入和非住房支出（即剩余收入），住房成本也至关重要，而且影响住房成本的因素众多；因此，提出的政策建议必须同时考虑收入、住房成本、非住房支出。

三是希望通过住房供给环节解决家庭由于收入不足而存在的所有问题，这样的观点过于简单化。剩余收入法的基本思想是家庭收入首先满足最基本的非住房需要，然后满足住房消费；也就是说，如果家庭住房消费挤占了基本的非住房需要，从而导致 Stone 所谓的居住贫困，那么这样的问题应该由住房政策予以解决。按 Stone 的论点，住房政策解决的不仅是住房问题，也解决了贫困问题，而且 Stone 的非住房支出标准高于贫困线；也就是说，Stone 的住房政策建议不仅解决了所有家庭的贫困问题，而且生活标准远高于贫困线标准，如此的住房政策是不现实的。

四是将住房需要提升到"权利"的高度缺乏法律认同。Stone（2006b）倡导的"住房权利"（right to housing）观点源于 1944 年罗斯福总统国情咨文中提出的：没有经济保障和独立则不存在个人的自由……每个家庭拥有体面住房的权利（the right of every family to a decent home），所有这些权利是保障不可或缺的。尽管如此，美国法律并没有承认住房权利[①]。

五是对社会住房赋予了乌托邦式的情怀，而忽视了现实中社会住房存在的问题，Stone（1993）估算美国社会住房约占全社住房存量的 5%[②]。根据 Quigley（2007）的研究：贫困线以下 70%的家庭没有享受社会住房，而享受社会住房的有 40%以上不是低收入家庭。Bramley（1992）对英国住房支付能力的研究结果表明，尽管英国"社会住房"占 27%（1989 年），而且社会住房是普享型（entitlement，即符合条件的家庭均可享受社会住房），但总体上住房支付能力恶化；Bramley 和 Karley（2005）研究也表明住房支付能力在 20 世纪 90 年代逐步提高，但 2004 年恶化到 20 世纪 80 年代的水平。与英国不同的是，美国社会住房不是普享型，而是需要排队轮候，社会住房的公平和效率问题更为突出，这是 Stone（1993）剩余收入法在住房补贴中面临的困境：按剩余收入法，住房成本与剩余收入不足部分应当完全由政府补贴，这将产生"贫困陷阱"[③]，从而产生负激励；另外，如果收入增长，而补贴没有同额降低，则将产生横向不公平[④]，这是因为在这种情况下，稀缺的补

---

① Iglesias（2007）提出了"住房理念"（housing ethics）这一概念，并将美国的住房理念归纳为五个方面：住房是一种经济品，住房是家，住房是一种人权，住房提供了社会秩序，住房是功能系统中的土地使用。Iglesias 在"住房是一种人权"中对"住房权利"进行了翔实的阐述，结论是短期内美国的法律不会承认"住房权利"。现从法律上承认"住房权利"的国家和地区有南非、苏格兰和法国。

② Stone 提出的社会住房包括三类：一是所有权为公共部门（如地方和地区住房管理部门）的住房；二是所有权为非营利组织（如社区发展公司、工会、宗教组织等）的住房；三是所有权为居民、个人或集体，但转售权受限的住房（有限产权房）。社会住房的基本特点是：严禁在以营利为目的的私有市场出售（Stone，1993）。对社会住房更全面的讨论见第 5 章。

③ 贫困陷阱指这样一种情形，个人/家庭每多挣 1 元的收入，就会失去 1 元或更多的补贴，从而使他们的状况变得更加糟糕。这种类型的人缺乏长时间工作的经济激励（巴尔，2003）。

④ 横向公平（horizontal equity）指相同境况的家庭/个人得到相同的分配。由于英国的社会住房是普享型，基本上不存在横向不公平问题，英国住房补贴更关注的是如何避免贫困陷阱，即更关注激励问题（Stephens，1995）。

贴资金没有用于其他同样需要救助的家庭；所以无论全额补贴还是部分补贴均会带来相应的问题。

综上所述，可以得出如下结论。

（1）剩余收入法是用绝对值来判断家庭是否存在住房支付能力问题，这个绝对值可以是收入减基本非住房支出后的剩余（Stone，1975，1993，2006a，2006b；Kutty，2005；Grigsby and Rosenburg，1975），此时，如果实际住房成本大于剩余收入，则表示存在住房支付能力问题；也可是收入减实际住房成本的剩余（Hancock，1993；Bramley and Karley，2005），此时，如果剩余收入小于标准的非住房支出，则家庭存在住房支付能力问题。

（2）剩余收入法考虑的因素包括家庭结构（人口、年龄、就业人数）、家庭收入、住房成本、非住房支出。

（3）不同收入阶层、不同保有方式面临的住房支付能力问题不同。相对于租房户，有房户（或潜在有房户）不仅面临收入、非住房支出、住房市场的约束，也面临金融市场、税收政策等约束。

（4）剩余收入中的基本非住房消费和基本住房消费是一个规范标准（normative standard）而非实证标准（positive standard），故存在价值判断。对于不同的政治哲学理论[①]，其价值判断并不完全相同。

1.3 住房支付能力经济学分析

从经济学角度分析住房支付能力始于 Hancock（1993），本书从收入、价格（非住房消费及住房消费）变化对剩余收入法影响两个方面进行拓展。与 Hancock（1993）相同的是，本书也采用图示法[②]，而且首先分析剩余收入法，然后分析比率法，从而对两者的合理性进行比较。

需要说明的是，经济学分析基于消费者选择理论，属于实证研究范畴。而剩余收入法中非住房支出是规范标准，属于规范研究的范畴。为了协调两者的关系，本书将规范标准作为消费约束处理。

本书假设家庭仅消费两类商品：住房和非住房，非住房是一种综合商品；家庭面临线性预算约束。

[①] 政治哲学主要分为自由意志主义、自由主义、集体主义三种理论。自由意志主义又可分为自然权利的自由意志主义，代表人物是诺齐克（Nozick），追随的是斯宾塞（Spence）的思想，主张"守夜人式的国家"；经验主义的自由意志主义，代表人物有哈耶克和弗里德曼，追随的是休谟、亚当•斯密、边沁和穆勒的思想，拥护自由市场和私人财产，政策实践者主要代表为撒切尔。自由主义代表人物为贝弗里奇、凯恩斯、加尔布雷思、罗尔斯，政策实践者为哈罗德•麦克米兰、约翰•肯尼迪。集体主义思想源自马克思；民主社会主义带有马克思主义的平等主义目标，但他们对问题的分析普遍带有浓重的自由主义思想（巴尔，2003）。

[②] 对住房与非住房消费的效用函数详细讨论见 Venti 和 Wise（1984）的文献。

图1.6中，H^*、Y^*分别为社会认为合理的最低住房消费、基本非住房消费，以两者为起点的射线（点划线）交于E，根据剩余收入法的定义，位于区间OH^*EY^*的消费者存在住房支付能力问题。需要说明的是，图1.6既可表示自有住房消费，也可表示承租房消费，具有通用性。I_1为满足最低住房成本和基本非住房支出的收入，A_1B_1为给定住房价格和非住房价格，且收入为I_1时的预算约束。对于理性的消费者，其消费束应为E点，因为此时住房消费与非住房消费均满足最低要求，而A_1B_1线上其他各点均不满足该条件。图1.6中U_1为"非理性"消费者的无差异曲线，由图1.6可知，当"非理性"消费者选择的消费束为E_1点时，其效用大于选择E点，Hancock（1993）称E_1点为（住房）消费不足（underconsumption）。本书认为，产生住房消费不足有四个原因：一是消费者偏好；二是市场没有提供足够最低标准的住房；三是住房市场不完备；四是消费者面临的非住房消费约束大于社会平均非住房消费。四个原因分别论述如下。

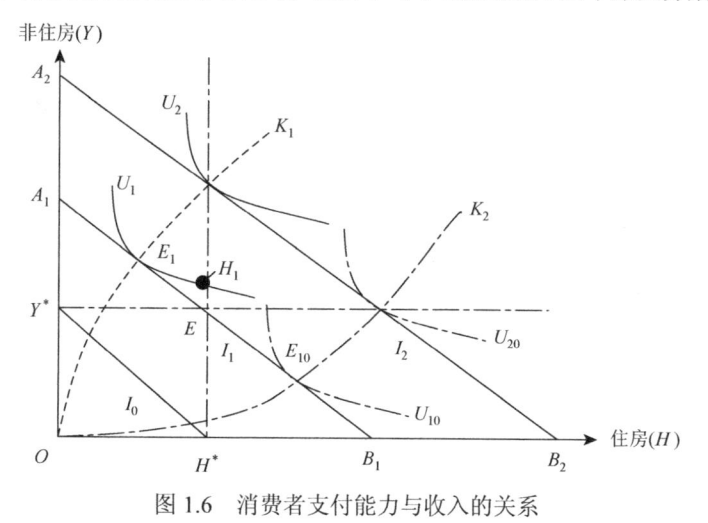

图1.6 消费者支付能力与收入的关系

一是消费者偏好，Hancock（1993）称为反常偏好（perverse preferences）。产生这类反常偏好可能由于消费者对住房性能有不同的评价。由于住房的异质性，这种情况是不可避免的。最低住房消费通常只能按可量化标准度量，如面积、配套设施等，但任何一套住房均存在难以量化的质量，如周边环境、已建立的人际关系以及消费者某些特殊需求，如有小孩的家庭更看重周围有优质的学校，老人更看重安静的环境、就医方便等，而就业者则希望上班方便。对上述诸多因素权衡取舍时，消费者自然形成了不同的偏好。此时，Hancock（1993）称(H^*, Y^*)消费束为"可支付，不愿支付"（can pay, won't pay）。Venti和Wise（1984）则认为这是由不同住户住房"嗜好"（taste for housing）差异所导致的。

二是市场没有提供足够最低标准的住房。如果最低标准的住房由政府配给，为了满足最低生活标准，没有获得此类住房的家庭只能选择质量低于最低标准的住房。如果最低标准的住房由市场供给，由于供给少于需求，最低标准住房价格上升，从而收入为 I_1 的家庭无力支付最低标准的住房，只能选择质量低于最低标准的住房。无论政府配给，还是市场供应，选择 E_1 点并非消费者自愿。

三是住房市场不完备，影响了住房合理匹配[①]。郑思齐（2007）对我国北京、上海、广州、深圳四个城市住房市场研究的结果表明：第一，我国城市住房市场信息不完备程度偏高，这主要归因于政府和商业机构对信息的发布不能满足市场需求、增量市场信息不对称程度偏高和存量市场中不发达的经纪服务行业，同时意味着搜寻行为更加明显和必要。第二，搜寻成本会抑制家庭及时调整住房消费，形成阻滞效应，而且搜寻成本越高，家庭与住房匹配程度越低。也就是说，家庭不能自由地选择与自己收入水平完全适应的住房。住房市场的交易成本发生在租房、购房、卖房等各个阶段，住房市场不完备除了搜寻成本高，其他交易成本也会影响住房的合理匹配，如搬家成本，包括精神成本和经济成本，住房具有"家"的特性，使家庭对住房本身和居住环境产生了依恋，从而形成了搬迁的精神成本；精神成本除了源于对原有住房的依恋，对新环境的不适应，甚至对新迁入者的歧视等均会产生精神成本。Venti 和 Wise（1984）研究表明，搬家成本较高。Maclennan 等（1997）研究表明，英国住房交易成本为房价的 2%，美国为房价的 9%，由于精神成本难以量化，现有实证研究仅考虑了经济成本，而实际上精神成本要大于经济成本（Haurin and Gill，2002）。上述住房市场产生的诸多交易成本均会影响住房的合理匹配。Thalmann（2003）的"多支付"也属于此类型之一。

上述交易成本对合理住房需求影响可用图 1.7 分析。

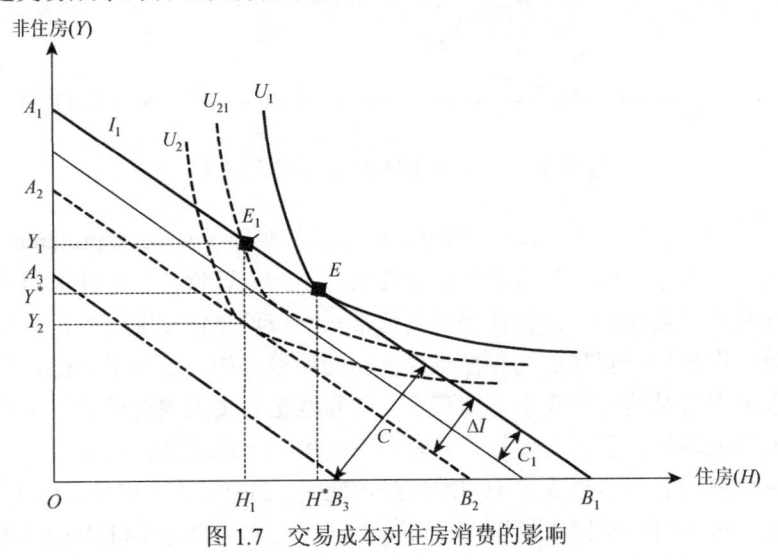

图 1.7　交易成本对住房消费的影响

[①] 这里的匹配指收入与住房消费协调。Kain 于 1965 年提出的空间不匹配假设（spatial mismatch hypothesis）是指在城市郊区扩张过程中，住房市场歧视及由此导致的大多数城市中心地区少数族裔家庭的隔离将使这部分家庭工作机会的获得受到限制（Kain，1992）。

图 1.7 中 I_1 为满足最低住房消费 H^*、非住房消费 Y^* 的家庭收入，E、E_1 含义同图 1.6。当收入为 I_1 时，理性的消费者应当选择 E 点，但交易成本使其消费束为 E_1 点。可从两方面理解交易成本对住房消费的影响：住房是长期耐用品，家庭购房时预算约束线为 A_2B_2，此时消费束为 (H_1, Y_2)，无差异曲线为 U_2，收入增加 ΔI 到 I_1，当交易成本为 0 时，家庭合理消费束为 (H^*, Y^*)；当交易成本大于 C_1 时，家庭不会选择搬家，此时消费束为 (H_1, Y_1)，即 E_1 点，无差异曲线为 U_{21}；当交易成本大于 ΔI，使预算约束线为 A_3B_3 时，搬家的效用低于 U_2，理性的消费者不会选择搬家。从而产生图 1.7 中收入与住房消费不匹配的 E_1，只有当交易成本小于 C_1 时，家庭会选择搬家；在这种情况下交易成本影响"纵向"匹配。即使不考虑住房是长期耐用品，由于搜寻成本 C_1 的存在，家庭消费只能达到次优状态 E_1，而不能达到最优状态 E；在此情况下，交易成本影响"横向"匹配[①]。

四是消费者面临的非住房消费约束大于社会平均非住房消费，这种情况可能存在于有子女上学的家庭、有患者需要长期治疗的家庭，尽管此类家庭收入达到 I_1 的要求，但无力支付最低标准的住房。

上述四种情形只有第一类由消费者偏好产生，而其余三种情形并非消费者自愿选择，而是面临其他约束所致。当观察到某家庭的消费束位于 E_1 点时，不能简单得出该家庭是否存在住房支付能力的定论，而应区分上述四种情形：第一类家庭并不存在住房支付能力问题，而是偏好所致；后三类家庭存在住房支付能力问题，但第四类家庭应归属于其他保障范畴，如医疗保障、助学金制度等，住房政策应关注第二类、第三类情况：增加适用于该收入阶层家庭的住房供给，规范住房市场，及时发布相关住房信息，减少交易摩擦。需要注意的是，住房市场是一个不可分割的整体，存在不同收入水平家庭的住房需求，当采用市场供给时，如果仅增加 I_1 水平住房供应（可通过政策达到，如我国对住房面积的限制性要求），而收入大于 I_1 家庭的住房需求得不到满足，则高收入家庭将通过提高价格而"挤出"低收入家庭，其结果是尽管市场上供应的最低标准住房与 I_1 家庭人数相当，但并没有解决该收入水平的家庭住房支付能力问题。如果由政府供给，即使 I_1 收入水平家庭的住房支付能力问题可能得到解决，但是如果与较高收入家庭相适应的住房供给不足，则收入水平较高家庭的住房支付能力问题并未解决。因此，政府对住房市场的干预必须统揽全局，仅仅针对某一问题、某一收入水平的家庭施行的政策效果可能并不理想[②]。

[①] 这里"横向"和"纵向"的含义见 3.2.1 节。

[②] 巴尔（2003）认为住房政策是发达资本主义福利国家中最不成功的部分，并认为其原因是政策制定者明显混淆了目标和手段之间的区别。

理论上，住房消费不足的原因有以上四类；实践中，第四类家庭容易识别，而前三类则不易区分。图1.6中，对于第一类家庭，收入变化的消费束曲线为 K_1（即收入提供曲线①），只有收入增加到 I_2 时，其住房消费方能达到最低标准 H^*；对于第二、第三类家庭，当放松约束条件时，其收入提供曲线如何变化尚不清楚。但如果第二、第三类家庭是理性的经济人，则放松约束条件后的效用不应低于 U_1，要满足最低住房标准，则此类家庭的预算约束线必须通过 H_1 点，但不能保证预算约束线穿过 H_1 点的家庭一定消费 H^*。提高前三类住房支付能力问题的政策措施见第5章的详细讨论。

与上述住房消费不足情况相反的是住房消费过多，即图1.6中无差异曲线 U_{10} 与预算约束线的交点 E_{10}，此时消费束中住房消费大于最低住房消费，非住房消费小于标准非住房消费，这也属于"非理性"偏好。产生这类"非理性"偏好的原因如下。

一是消费者自愿选择，此类自愿选择不是因为消费者愿意降低非住房消费标准，而是因为其非住房消费有其他来源：主要是父母或亲人的资助。尽管没有实证研究结果，但这在当下的中国是极为普遍的现实存在。

二是住房市场的不完备使消费者不能及时调整其消费束结构，这与住房消费不足的原因三类似。这种情况可能出现于退休的老人家庭或失业者家庭中。在正常工资收入情况下，即便其住房消费大于最低住房消费，这类家庭也可支付最低非住房消费。除了上面两类家庭，居住公共住房的家庭也可能出现住房消费过多。在 Hancock（1993）的实证研究中，住房超标而非住房消费不足的主要是居住公共住房的家庭。

住房消费过多也将产生住房支付能力问题，解决之道是建立规范而健康的住房市场，引导合理的住房消费。

当家庭收入低于 I_1 时，家庭消费不可能同时满足（H^*, Y^*）。此时家庭更多面临的是收入问题，而不仅是住房问题。当家庭收入低于最低非住房消费支出时，即图1.6中的收入 I_0，家庭即使住房消费为0，非住房消费也不能满足最低标准，这样的家庭处于 Stone（2006b）所谓的绝对贫困状态。

毫无疑问，收入低于 I_1 的家庭存在住房支付能力问题；但这并非完全是住房政策能解决的问题。当收入低于 I_0 时，家庭需要的是收入扶持，当收入大于 I_0 而低于 I_1 时，通过低租金的社会住房可解决住房支付能力问题。

不仅收入影响住房支付能力，住房与非住房商品价格也影响住房支付能力，如图1.8所示，图中符号含义与图1.6相同。

---

① 收入提供曲线指保持两种商品价格不变，收入与需求束映射形成的曲线（范里安，2006）。

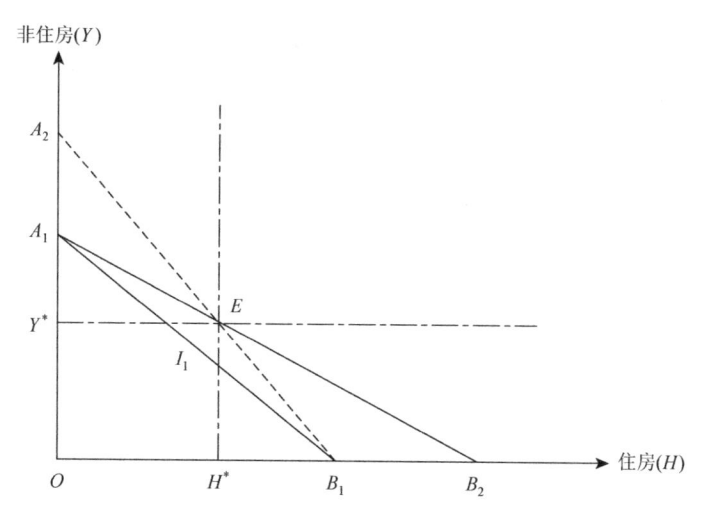

图 1.8 支付能力与价格的关系

由图 1.8 可知，收入为 I_1 的家庭存在住房支付能力问题。当房价下降，预算约束线从 A_1B_1 转换为 A_1B_2 时，尽管收入保持不变，但房价下降产生的收入效应使家庭消费束通过 E 点；同理，房价不变，非住房商品价格下降，也可使收入为 I_1 的家庭消费束通过 E 点，即预算约束线 A_2B_1。当然，住房与非住房商品价格同时下降，预算约束线向外移动，家庭住房支付能力提高。

价格下降可以提高住房支付能力，反之，价格上升则降低住房支付能力。分析思路同上。

图 1.6 和图 1.8 中 H^*、Y^* 是约束参数，显然其变化也影响住房支付能力的判断，但并不影响家庭实际支付能力状况。例如，按现有住房标准，某家庭位于图 1.8 中 E 点，如果最低住房标准 H^* 提高，则该家庭存在住房支付能力问题，但住房和非住房消费量并没有发生改变。而收入和价格的变化将影响家庭住房与非住房消费量，从而改变其住房支付能力状况。需要说明的是，图 1.6 和图 1.8 中，H^*、Y^* 随家庭人口结构（人数、年龄）不同而异，从而满足最低住房和非住房消费的最低收入不同。实践中，Hancock（1993）对此的处理办法是，将家庭人口换算为等价成人（equivalence adult）[①]，家庭收入换算为每个等价成人收入，H^*、Y^* 的单位是等价成人消费。而 Stone（1993）按不同结构家庭分别计算其非住房消费，构建居住贫困尺度，然后将实际收入、住房成本与居住贫困尺度比较，从而判断家庭的住房支付能力。

---

① 1 个等价成人指年龄大于 24 岁的成人，18 岁以上夫妇为 1.54 个等价成人，根据年龄不同，每增加 1 个小孩（11 岁以下）增加 0.32 个等价成人，11~15 岁增加 0.48 个等价成人，16~17 岁增加 0.58 个等价成人，18 岁以上增加 0.78 个等价成人（Hancock，1993）。

综上所述,收入、住房价格和非住房价格均影响住房支付能力。根据上面分析,住房支付能力函数表达式如下:

$$HA = f(i, H^*, Y^*, p^h, p^y) \quad (1.5)$$

$HA_1>0$,$HA_2<0$,$HA_3<0$,$HA_4<0$,$HA_5<0$。HA_1 表示住房支付能力 HA 对收入 i 求偏导,其他分别表示对 H^*、Y^*、p^h、p^y 求偏导。

上述讨论是在保持其他条件不变的情况下,分析某一因素的变化对住房支付能力的影响;现实中,可能存在多种因素同时变化,如房价随收入的增长而增加,房价与非住房商品价格同时增加等,此时,可按上述讨论分步进行,然后叠加,得到各种因素变化对住房支付能力的影响。

住房支付能力除了采用上述剩余收入法,传统的方法是采用比率法[①]。设比率为 R,$\dfrac{\text{住房成本}}{\text{收入}} > R$ 表示存在住房支付能力问题;反之,则不存在住房支付能力问题。设非住房商品 Y 为计价物,住房 H 相对价格为 p^h,收入为 I,则

$$I = Y + Hp^h$$

$$\frac{Hp^h}{Y + Hp^h} = R$$

$$Y = \frac{1-R}{R} Hp^h \quad (1.6)$$

即在 Y-H 坐标系中,当比率为 R,房价为 p^h 时,比率法可用图 1.9 中的射线 OT 表示,其斜率为 $[(1-R)p^h]/R$,为了便于与图 1.6 进行比较,使射线穿过 E 点。

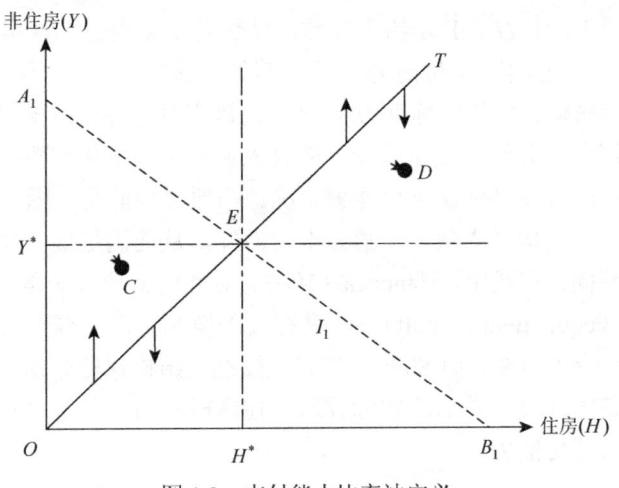

图 1.9 支付能力比率法定义

---

① 这里讨论的是狭义比率法,该比率指住房成本与收入之比。

根据比率法，图 1.9 中位于射线 OT 上侧的家庭不存在住房支付能力问题，位于下侧的家庭存在住房支付能力问题。位于区域 OEA_1 的家庭不存在住房支付能力问题；由前面（图 1.6）讨论知道，当消费者位于 OEA_1 区域时（不含 A_1B_1 线上），由于不能同时满足住房和非住房消费，存在住房支付能力问题。

根据比率法，位于 C 点的家庭不存在住房支付能力问题，位于 D 点的家庭存在住房支付能力问题。实际上，位于 D 点的家庭住房与非住房消费均超过最低标准，条件远优于位于 C 点的家庭，用比率法作为住房支付能力的判别标准显然不合理。

由图 1.9 可知，在低收入区域（收入低于 I_1），采用比率法低估了存在住房支付能力问题的家庭，在高收入区域，采用比率法高估了存在住房支付能力问题的家庭；因此，采用比率法估计结果作为住房政策或其他决策的依据会产生误导（Hancock，1993）。图 1.9 说明在同一时点，对不同收入家庭采用相同比率度量其住房支付能力是毫无意义的。在不同时点，同一家庭比率的变化也不能说明其住房支付能力是改进还是恶化（Harkness，2004）。

Grigsby 和 Rosenburg（1975）根据剩余收入法计算出合理的比率范围：最小 0，最大 50%，不存在固定的住房支付能力判别比率。Malpezzi 和 Mayo（1987）指出不同地区、不同收入、不同保有方式的家庭，可支付的住房成本与收入比不同。

综上所述，比率法不是住房支付能力合理的判别方法。

1.4 居住贫困加总

本书将存在住房支付能力问题的家庭称为居住贫困家庭。通过 1.3 节的住房支付能力识别方法，可以判别某家庭是否存在住房支付能力问题。识别某家庭是否存在住房支付能力并不是研究的目的，而需要对某区域、地区住房支付能力状况进行评估，即对居住贫困加总，作为住房政策制定以及考察政策实施效果、横向和纵向比较的依据等。

现有住房支付能力文献研究居住贫困加总所采用的方法是：计算居住贫困总数或居住贫困占所有家庭的比例（Stone，1993；Stone，2006c；Kutty，2005；Hancock，1993），该法仅是本书居住贫困加总方法的一个特例。与本书较为接近的居住贫困加总研究文献是 Chaplin 和 Freeman（1999）的文献，但支付能力识别采用的是比率法。本书支付能力识别采用剩余收入法，居住贫困加总思路源自贫困加总（瑞沃林，2005）。

1.4.1 居住贫困加总方法

方法1：居住贫困率（shelter poverty ratio，SR）——居住贫困家庭（S）占总家庭（T）百分比，SR越大，居住贫困越严重。

$$SR = \frac{S}{T}(\%) \tag{1.7}$$

方法1中居住贫困家庭与总家庭指某一研究范围内的家庭数。该方法的优点在于容易理解、使用方便，可用于评价某地区居住贫困总体状况，以及住房保障政策改善居住贫困所取得的总体进展。但不能反映居住贫困严重程度，例如，根据剩余收入法，假设有10户家庭，剩余收入标准为1000元，有两户居住贫困家庭，一户剩余收入为800元，另一户为500元，则居住贫困率为20%，由于经济状况恶化，两户的剩余收入均减少100元，居住贫困率并没有变化，但实际上两户的居住贫困更为严重；另外，假如500元的家庭将300元转移给800元的家庭，按此指数居住贫困似乎减少了，而实际上低收入家庭支付能力恶化。

方法2：居住贫困缺口（shelter poverty gap，SG）——基于居住贫困户相对于剩余收入不足部分加总，SG越大，居住贫困越严重。

$$\begin{aligned}SG &= \sum_{i=1}^{s}(1-g_i/Z)/T(\%) \\ &= SR \cdot I(\%)\end{aligned} \tag{1.8}$$

式中，g_i为居住贫困家庭的剩余收入；Z为居住贫困剩余收入标准；I为剩余收入缺口率，$I = 1 - \dfrac{\mu}{Z}$，μ为居住贫困户平均剩余收入。

居住贫困缺口反映了居住贫困户与剩余收入的平均差距，可用于测算消除居住贫困所需最小成本，即$(Z-\mu)\times S$。当对居住贫困户具体数量不清楚时，消除居住贫困所需最大成本为TZ，根据式（1.8）可知，居住贫困缺口等于最小成本与最大成本之比。由此可见，居住贫困缺口可以作为消除居住贫困所需财政预算的考核指标。

方法1例子中：$\mu_1 = 650$，$I_1 = 35\%$，$SG_1 = 7\%$；$\mu_2 = 550$，$I_2 = 45\%$，$SG_2 = 9\%$；$\mu_3 = 200$，$I_3 = 80\%$，$SG_3 = 8\%$。消费居住贫困所需最小成本分别为：700元、900元、800元。

根据计算结果可知，居住贫困最严重的是第二种情况（即收入均减少100元），然后是第三种情况（即低收入户收入转移到较低收入户），该指标较真实地反映了住房贫困程度，也反映了消除居住贫困所需成本的顺序。

居住贫困缺口指标的缺点是不能体现居住贫困户之间的差异。例如，考虑

10 户家庭，剩余收入标准为 1000 元，居住贫困 3 户，有两种不同的剩余收入分布，A 组是（800，500，200），B 组是（900，500，100）。计算可得 $SR_A = 30\%$，$SR_B = 30\%$；$SG_A = 15\%$，$SG_B = 15\%$。然而，B 组最穷家庭只有 A 组最穷家庭的 50%，居住贫困缺口不能反映这一现实。

方法 3：居住贫困指数（SF）——居住贫困缺口加权总和，SF 越大，居住贫困越严重。

$$SF = \sum_{i=1}^{s}(1-g_i/Z)^2/T(\%) \quad (1.9)$$

式（1.9）中，权重为居住贫困缺口，居住贫困缺口越大，SF 越大，从而反映剩余收入不同分布之间的差异。

方法 2 中例子 A、B 组：$SF_A = 9.3\%$，$SF_B = 10.7\%$，这说明 B 组剩余收入分布更不均匀。

SF 的缺点是不如 SR、SG 直观、容易理解。

方法 1~方法 3 可用如下通式表示：

$$S(\alpha) = \frac{1}{T}\sum_{i=1}^{s}(1-g_i/Z)^\alpha \quad (1.10)$$

当 $\alpha = 0$ 时，式（1.10）退化为式（1.7）居住贫困率公式，即 $S(0) = SR$；$\alpha = 1$ 时，为居住贫困缺口公式，即 $S(1) = SG$；$\alpha = 2$ 时，为 SF 公式，即 $S(2) = SF$。

本书称表达式（1.10）为居住贫困加总函数，简称为居住贫困函数。

由式（1.10）知，某户居住贫困程度与剩余收入的关系可用如下公式表示：

$$S(i) = (1-g_i/Z)^\alpha \quad (1.11)$$

式（1.11）对剩余收入 g_i 求导有

$$S'(i) = -\frac{\alpha}{Z}(1-g_i/Z)^{\alpha-1}$$

$$S''(i) = \frac{\alpha(\alpha-1)}{Z^2}(1-g_i/Z)^{\alpha-2}$$

由此可知，对于所有 $\alpha > 0$，每户居住贫困程度随着剩余收入的下降而严格递增（即剩余收入越低，居住贫困越严重）；当 $0 < \alpha < 1$ 时，$S(i)$ 为凹函数；当 $\alpha = 1$ 时，为线性函数，斜率为 $-\frac{1}{Z}$；当 $\alpha > 1$ 时，为凸函数。单个住户居住贫困程度与剩余收入关系见图 1.10。由图 1.10 可知，当住户剩余收入大于 Z 时，居住贫困程度为 0；当住户剩余收入小于 Z 时，$S(0)$ 恒等于 1，即无论其剩余收入是多少，居住贫困程度均相同，即 $S(0)$ 为分段函数。当 $0 < \alpha \leq 1$ 时，函数 $S(i)$ 在 Z 点不可微；当 $\alpha > 1$ 时，可微，即随着剩余收入的增加，居住贫困程度逐步平滑地降到 0。α 越大，居住贫困加总对低的剩余收入越敏感。

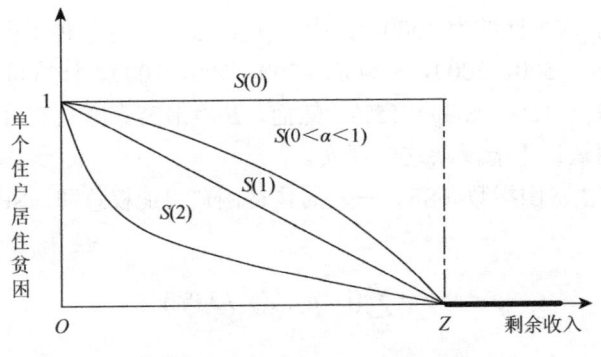

图 1.10 单个住户居住贫困度量

上述单个住户居住贫困程度度量分析表明,居住贫困加总采用 $\alpha>1$ 的公式更合理。当且仅当 $\alpha>2$ 时,满足 Sen 的单调性公理、转移公理,以及 Kakwani 的转移敏感性公理(Foster et al., 1984)。在贫困度量中,三个公理含义如下。

单调性公理(the monotonicity axiom):保持其他条件不变,任何贫困家庭收入降低,贫困度量增加。

转移公理(the transfer axiom):保持其他条件不变,收入从较贫困家庭转移到较不贫困家庭,贫困度量增加。

转移敏感性公理(the transfer sensitivity axiom):保持其他条件不变,收入从较贫困家庭转移到较不贫困家庭,贫困度量增加,且两贫困家庭初始收入越高,贫困增加程度越小。

本书取 $\alpha=3$,因此得方法 4。

方法 4:居住贫困立方指数——居住贫困缺口的立方加权总和。

$$S(3) = \frac{1}{T}\sum_{i=1}^{s}(1-g_i/Z)^3 \tag{1.12}$$

1.4.2 公理检验算例

为了验证上述四种方法是否满足三个公理,现给出如下例子:有 10 户家庭,剩余收入标准为 1000 元,其中 7 户剩余收入大于 1000 元,另 3 户收入分别为 900 元、500 元、100 元(三个家庭编号分别为 1、2、3),则上述四种居住贫困加总度量分别为 SR = $S(0)$= 30%,SG = $S(1)$= 15%,SF = $S(2)$= 10.7%,$S(3)$= 8.55%,以此作为基准,考虑在如下变化中各方法是否满足三个公理。

(1)单调性公理:家庭 2 的剩余收入降到 400 元,则 $S(0)$= 30%,$S(1)$= 15%,$S(2)$= 11.8%,$S(3)$= 9.46%。方法 1(居住贫困率)不满足单调性公理,其他三种方法则满足。

（2）转移公理：在基准情况下，家庭 2 转移 50 元给家庭 1，则 $S(0)= 30\%$，$S(1)= 15\%$，$S(2)= 11.15\%$，$S(3)= 8.95\%$。方法 1、方法 2 与基准相比，结果没有发生变化，说明方法 1、方法 2 不满足转移公理。

（3）转移敏感性公理：在基准情况下，家庭 3 转移 50 元给家庭 2，则 $S(0)= 30\%$，$S(1)= 15\%$，$S(2)= 11.15\%$，$S(3)= 9.495\%$。与转移公理情况下剩余收入变化比较，方法 1、方法 2、方法 3 均不满足转移敏感性公理，而方法 4 满足。可以证明，当家庭 2 剩余收入小于家庭 1 和家庭 3 的平均值时，方法 3 也满足转移敏感性公理。

因此方法 4 是一种理论上合理的居住贫困加总度量方法。

1.4.3 居住贫困随机占优比较

上述诸方法均假设可获得所有住户及居住贫困户数据，而当剩余收入是随机分布时，可根据随机占优理论比较居住贫困大小。为此首先给出居住贫困发生率的定义。

居住贫困发生率指当标准剩余收入为 Z 时，剩余收入不大于 g（g 小于 Z）的累计居住贫困户数量占总住户百分比，即剩余收入的累计概率分布，表示为 $F(g)$（图 1.11），相应的密度函数为 $f(g)$。

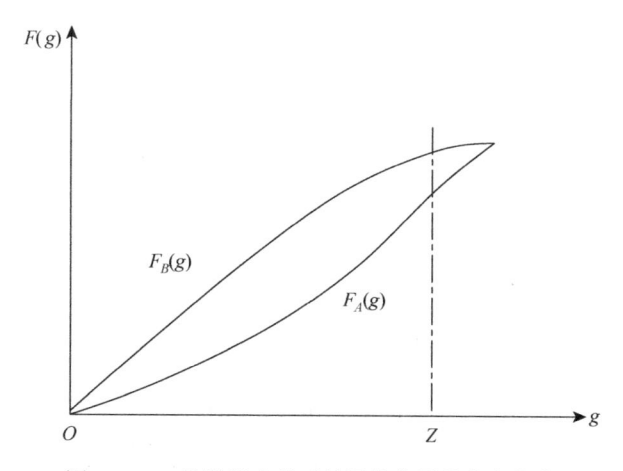

图 1.11 一阶随机占优时的居住贫困发生率曲线

图 1.11 中 A、B 可以表示同一时间两个不同地区，也可表示同一地区不同时间的居住贫困状态。此时居住贫困加总表达式为

$$S_\alpha(Z) = \int_0^Z (1 - g/Z)^\alpha f(g) \mathrm{d}g \tag{1.13}$$

特别地当 $\alpha = 0$ 时，居住贫困率为

$$S_{\alpha=0}(Z) = \int_0^Z f(g)\mathrm{d}g = F(Z)$$

因此，居住贫困率是当剩余收入等于标准剩余收入时的居住贫困发生率。

图 1.11 中，A、B 居住贫困大小可用一阶随机占优（first-order stochastic dominance，FOD）比较。

A 居住贫困一阶占优于 B，如果[①]

$$\begin{aligned} F_A(g) \leqslant F_B(g), &\quad \forall g \\ F_A(g_i) < F_B(g_i), &\quad \exists g_i \end{aligned} \quad (1.14)$$

换言之，如果 B 累计概率分布位于 A 的左侧，则 A 占优于 B。由图 1.11 可知，B 的累计概率分布位于 A 左侧，即在各种剩余收入情况下，B 居住贫困发生率均大于 A，故 A 地区居住贫困程度小于 B 地区。

对于居住贫困度量，一阶随机占优适用于所有非递增函数，即适用于 $\alpha \geqslant 0$ 的居住贫困函数。当居住贫困发生率函数出现交叉时（图 1.12），可采用二阶随机占优比较居住贫困大小。

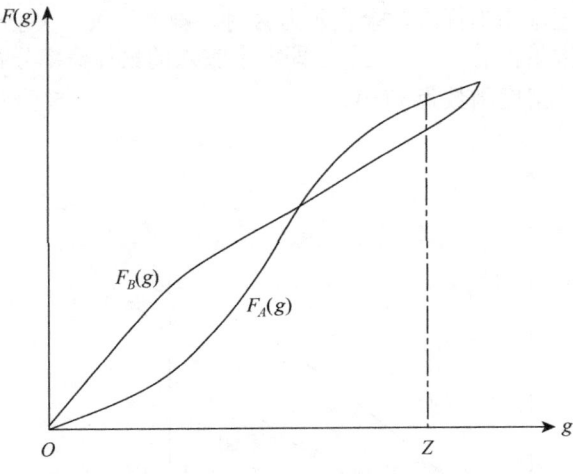

图 1.12 二阶随机占优时的居住贫困发生率曲线

二阶随机占优（second-order stochastic dominance，SOD）：当居住贫困函数为剩余收入的严格递减且弱凸函数，即 $S(\alpha|\alpha \geqslant 1)$ 时，A 随机占优于 B，如果

$$\begin{aligned} \int_0^Z [F_B(g) - F_A(g)]\mathrm{d}g \geqslant 0, &\quad \forall g \\ F_B(g_i) \neq F_A(g_i), &\quad \exists g_i \end{aligned} \quad (1.15)$$

这意味着在任何剩余收入水平下，B 累计概率分布的累计面积大于 A。本书定义居住贫困赤字（shelter poverty deficit）为累计居住贫困发生率，即

[①] 一阶随机占优、二阶随机占优的严格数学证明见 Hanoch 和 Levy（1969）的文献。

$$D(Z) = \int_0^Z F(g)\mathrm{d}g = \int_0^Z (Z-g)f(g)\mathrm{d}g \tag{1.16}$$

由居住贫困赤字可得居住贫困缺口 SG(Z)，即 $S_{\alpha=1}(Z)$：

$$\mathrm{SG}(Z) = \frac{D(Z)}{Z}$$

根据二阶随机占优，$D_B(Z) \geqslant D_A(Z)$，则 $\mathrm{SG}_B(Z) \geqslant \mathrm{SG}_A(Z)$，即如果 A 随机占优于 B，则 A 的居住贫困缺口不大于 B。

当二阶随机占优不能确定 A、B 的排序时，即当 $D_A(Z)$、$D_B(Z)$ 发生交叉时（图 1.13），可用三阶随机占优进行判断。

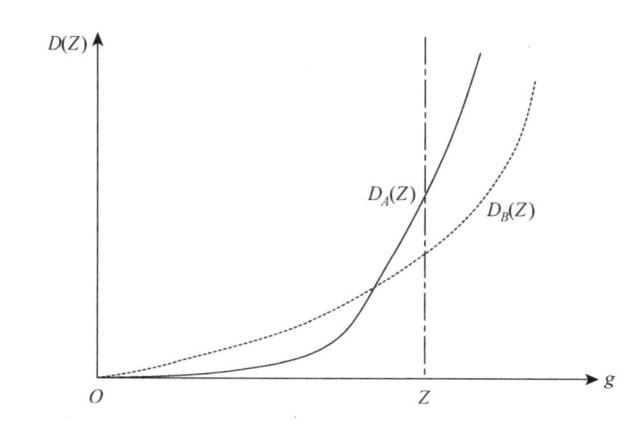

图 1.13　三阶随机占优时的居住贫困赤字曲线

三阶随机占优（third-order stochastic dominance，TOD）：当居住贫困函数 $\alpha \geqslant 2$ 时，A 随机占优于 B，如果

$$\int_0^Z [D_B(Z) - D_A(Z)]\mathrm{d}g \geqslant 0, \quad \forall g$$
$$D_B(g_i) \neq D_A(g_i), \quad \exists g_i \tag{1.17}$$

本书定义居住贫困严重（shelter poverty severity）函数为累计居住贫困赤字，即

$$S(Z) = \int_0^Z D(Z)\mathrm{d}g = \int_0^Z (Z-g)F(g)\mathrm{d}g \tag{1.18}$$

则

$$\mathrm{SF}(Z) = S_{\alpha=2}(Z) = 2S(Z)/Z^2$$

根据三阶随机占优，$S_B(Z) \geqslant S_A(Z)$，从而 $\mathrm{SF}_B(Z) \geqslant \mathrm{SF}_A(Z)$，即如果 A 随机占优于 B，则 A 的 SF 居住贫困度量不大于 B。

若有必要，可以进行更高阶次占优，但这时对居住贫困函数的限制更严。

由上述分析知道，如果 A、B 居住贫困比较满足低阶次的占优，则一定满足高阶次占优，例如，若 A 一阶占优于 B，则必定二阶、三阶等占优于 B；反之不成立。此外，随着阶次增加，居住贫困函数限制更加严格，一阶占优仅要求居住贫困函数是剩余收入的非增函数，二阶占优要求居住贫困函数是剩余收入严格减函数和非凹函数，三阶占优要求居住贫困函数是严格凸函数。

上述随机占优分析表明，居住贫困函数 $S(\alpha|\alpha>2)$ 不仅满足三个公理，而且可用于更高阶次的占优比较。

1.5 住房支付能力的房价收入比法

房价收入比是我国目前广泛使用的住房支付能力度量指标，许多文献将房价收入比 3~6 作为国际公认标准（如杨文武（2003）、姜春海（2005）、向肃一和龙奋杰（2007）的文献），也有部分文献探讨了房价收入比存在的问题（如杨文武（2003）、宏观经济研究院投资研究所课题组（2005）、沈久沄（2006）的文献），但这些文献建立在房价收入比合理的假设上，然后讨论使用中存在的问题。本节旨在理清房价收入比的来源以及国外使用现状，以回答是否存在所谓的国际标准，房价收入比度量住房支付能力是否合理及存在哪些缺陷。

1.5.1 房价收入比来源及用途

Weicher（1977）最早使用房价收入比作为住房支付能力判别指标，其认为房价收入比等于新房销售中位价（每套）与家庭中位收入（每年）之比。Weicher 计算了 1949~1975 年美国的房价收入，范围为 2.4（1970 年）~3.0（1956 年），大部分位于 2.8~2.9[①]。由于房价收入比长期较为稳定，且贷款房价比一直较为稳定，购房家庭的首付收入比应该与房价收入保持同样的稳定，从而驳斥了美国 20 世纪 70 年代以来房价上升使购房者支付能力下降的观点。尽管房价收入长期稳定，但 1963~1975年，可购房家庭比例明显下降，而衡量家庭可以购房的指标是每年住房成本[②]，不考虑个人收入所得税，购房家庭比例从 44.3%下降到 31.5%，考虑个人收入所得税，则从 53.1%下降到 41.0%[③]，显然，家庭住房支付能力明显下降，而房价收入比并不能反映这一状况，Weicher 给出的解释是抵押贷款利率上升而非房价上升导致家庭支付能力下降[④]。因此，房价收入比不能解释住房支付能力的实际情况。

[①] 根据哈佛大学住房研究联合中心 2007 年编制的《全国住房状况》表 A-2，本书计算出美国 1975~2006 年的房价收入比（现有独立式住房销售中位价与家庭中位收入比）在 2.9（1975 年）~4.9（2006 年）。Weicher（1977）计算的 1975 年房价收入比为 2.9。

[②] 住房成本的具体项目详见第 2 章。

[③] 由于住房贷款利息的税盾效应，考虑个人收入所得税后可购房家庭比例上升。

[④] 本书认为这个解释并不合理，详见第 2 章。

用房价收入比作为住房支付指标源于世界银行。1988 年联合国人居中心（United Nations Centre for Human Settlements，UNCHS）和世界银行合作开展了住房指标项目（housing indicators programme），构建的指标旨在为住房市场主要利益相关方（住房消费者、住房生产商、金融机构、中央政府和地方政府）提供管理工具，为解决住房市场存在的迫切问题提供指导。Flood（1997）对 53 个国家主要城市住房行业进行了详细的比较，比较中采用的基本指标有 40 个，其中有几个国家的比较指标有 150 个，结果表明政策对住房市场的影响比收入或支出的影响更大。在指标构建过程中，世界银行参与该项目的住房经济学家 Mayo 等提出用房价收入比作为评价住房市场是否正常的基本指标，在完善的住房市场中，房价收入比一般在 2~3；在需求大于供给的市场中，房价收入比为 5~10，甚至更高（表 1.1）。1993 年住房指标首次发布。1997 年世界银行发行的《世界发展指数》中列出了不同国家有关城市的房价收入比，其中房价收入比的定义是：住房价格平均数与家庭收入平均数之比。由表 1.1 可知，总体而言，发达国家的城市房价收入比较低，而其他不同发展水平的国家，房价收入比没有明显的差异。

表 1.1 房价收入比

	地区或发展水平	房价收入比
地区	非洲	6.9
	阿拉伯国家	9.7
	亚洲	9.4
	工业化国家	4.4
	拉丁美洲和加勒比海	3.8
	过渡国家	12.2
	所有发展中国家	7.9
	所有城市	7.5
发展水平	极低	6.6
	低	8.1
	中等	8.8
	较高	8.3
	发达	4.7

资料来源：Flood（1997）

首先提到房价收入比这一概念和"4~6 倍"取值区间的中文文献，是世界银行亚洲区中国局环境、人力资源和城市发展处（1992）编写的世界银行对中国经济考察研究丛书《中国：城镇住房改革的问题与方案》。该书第一章第三节在分析中国住房建设热的第一个原因"住房面积标准的随意扩展"时，认为"政府推动和提高住房面积标准时，没有考虑居民的家庭收入和选择意愿"，并以天津为例予以说明："从天津的家庭收入分布中，我们可以看出……家庭平均年收入为 4500 元。相比之下，假如给一个具有平均收入的家庭分配一套建筑面积为 60m² 的住宅，每 m² 造价为 600 元，那么，总费用为 36 000 元。因此，房价收入比为 8：1。"这是第一次计算中国城市的房价收入比。接着，该书又引用世界银行资料，说明 8：1 的房价收入比不合理，"在发达国家，平均每套住房的价格总额与平均家庭收入的比例在 1.8～5.1：1 之间①……在发展中国家，该数一般在 4～6：1 之间，当然也有例外，例如在泰国，该比例只有 2.5：1……"这是第一次探讨中国城市房价收入比是否合理，或者说第一次探讨中国城市房价收入比的合理区间。此后国内研究房价收入比的几乎所有文章都引用了该书的结论，即 "4～6 倍"的合理区间。由表 1.1 可看出，发展中国家房价收入比为 4～6 的依据并不充分。Himmelberg 等（2005）认为不同城市、不同国家的房价收入比没有可比性。

1.5.2 数据分析

房价收入比的国际标准来自世界银行的住房价格指数，表 1.1 给出了一个概略式的描述。根据 2001 年世界银行出版的《世界发展指数》，首先通过图 1.14、表 1.2 和表 1.3 进行定性分析，然后定量回归分析。图 1.14 为房价收入比与收入关系散点图，图中横轴表示样本城市家庭平均收入，纵轴表示房价收入比。由图可直观看出，房价收入比与收入没有明显的相关性。收入大于 10 000 美元时，房价收入比普遍较低，小于 10 000 美元时，房价收入比的变化幅度较大。

表 1.2 为不同房价收入比时的家庭平均收入，总的趋势是随着房价收入比增加，中位收入和平均收入降低；由表 1.2 可知有 49 个城市房价收入比集中在 3～7，占样本城市数的 51.6%，该 49 个城市的中位收入高于房价收入比大于 7 的城市。最高收入几乎为最低收入的 100 倍，但房价收入比并没有如此大的差距，这可从表 1.3 看出。

---

① 该书同时指出：有几种不同的方法可以衡量住户购买住房的能力。一个通用的指标是住房售价和家庭收入之比。虽然这个比率很有用，但也会引起误解，因为在市场经济中大多数住房购买者并不完全用现金支付其购房款。更确切地说，他们是用现金付清一部分，其余则从贷款机构借款，然后在一定时期内分期（每月支付）偿还贷款。对于一个给定的销售价格来说，利率、贷款期限、本金余额等因素，可影响借款人每月所需的偿还数额。因此，住房支付能力更好的定义应该是可用于住房开支的家庭收入与所需住房支出之比；支付数额是按月计算的（世界银行亚洲区中国局环境、人力资源和城市发展处，1992）。

第1章 住房支付能力度量研究

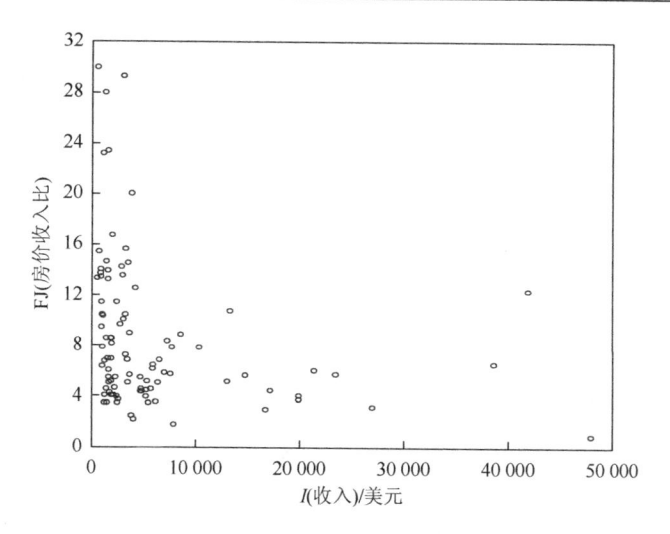

图1.14 样本城市房价收入比与家庭平均收入散点图

资料来源：World Bank（2001）

表1.2 不同城市房价收入比与家庭平均收入

房价收入比	样本城市数	中位收入/美元	平均收入/美元	最高收入/美元	最低收入/美元
0～3（含3）	5	7 818	16 069	48 073	3 760
3～5	27	3 429	5 893	27 047	1 167
5～7	22	4 936	7 885	38 700	960
7～9	11	3 193	4 397	10 320	991
9～11	7	2 680	3 582	13 279	915
11～13	4	3 226	12 338	42 000	900
13～15	10	1 433	1 653	3 440	490
>15	9	1 516	1 873	3 754	500
全样本	95	3 210	6 711	48 073	490

表1.3按世界银行标准将家庭收入划分为四个等级[①]，由表1.3可知，一般而言，随着收入增加，房价收入比的中位数和均值均降低。其中房价收入比异常的是瑞士的巴塞尔，该城市家庭平均收入为42 000美元，而房价收入比为12.3，表1.2中，房价收入比11～13的城市平均收入达12 338美元，原因即在此。高收入城市除瑞士巴塞尔和巴拉圭首都亚松森（房价收入比10.7）外，其余城市房价收入比均小于8。

---

① 世界银行在划分收入标准时针对的是国家而不是城市。

表 1.3　不同收入水平与房价收入比

家庭收入水平/美元	样本城市数	房价收入比中位数	房价收入比均值	最大值	最小值
低收入（<755）	3	15.4	19.6	30	13.3
中低收入（756~2995）	45	6.8	9.7	29.3	3.4
中上收入（2996~9265）	33	5.7	6.9	15.6	1.7
高收入（>9266）	14	5.4	5.6	12.3	0.8
全样本	95	6.3	10.5	30	0.8

房价收入比最低的是利比亚首都的黎波里，为 0.8，最高的是秘鲁的瓦努科，为 30.0，秘鲁首都利马为 10.4，而卡哈马卡仅为 3.9，这说明即使同一国家，不同城市房价收入比也可能悬殊。

上述定性分析表明，总体而言，房价收入比随着收入增加而降低，但房价收入比的离散程度较大，发展中国家房价收入比为 4~6 的所谓国际标准并不成立。

对不同城市房价收入比与家庭平均收入进行回归分析，结果如下：

$$\ln FJ = 4.1 - 0.27 \times \ln I \tag{1.19}$$

$$t = (8.6)(-4.6)$$

$$R^2 = 0.187$$

式中，$\ln I$ 表示家庭平均收入的自然对数；$\ln FJ$ 表示房价收入比的自然对数。由于是截面数据，进行怀特（White）异方差检验，其结果如下：

$$\hat{u}_i^2 = 4.27 - 0.988 \ln I_i + 0.061(\ln I_i)^2 \quad R^2 = 0.0399$$

$nR^2 = 95 \times 0.0399 = 3.79$，渐近地遵循自由度为 2 的 χ^2 分布。查表知[①]，当自由度为 2，临界值为 5%时，$\chi^2_{df=2} = 5.99$，临界值为 10%时，$\chi^2_{df=2} = 4.61$。

根据怀特检验，不存在异方差。

根据式（1.19），收入显著影响房价收入比；平均而言，收入增加 1%，房价收入比降低 0.27%。判定系数为 0.187，这说明房价收入比变动 1%，其中只有 18.7%可由收入解释，这与上述定性分析是吻合的。

上面分析的是截面数据，同一国家或同一城市房价收入比的序列数据相对稳定，例如，Weicher（1977）计算的美国房价收入比 1949~1975 年位于 2.4~3.0。根据哈佛大学住房研究联合中心（Joint Center for Housing Studies of Harvard University）（2007）编制的《全国住房状况》（*The State of the Nation's Housing*），美国 1975~2006 年房价收入比见图 1.15，其中房价为现在独立式住房销售价，收入为自有住房户与租房户中位收入平均值。由图 1.15 可知，1975~2000 年，

---

① 古扎拉蒂（2004）下册附表 D.4。

美国房价收入比在 2.9～3.3，房价收入比较为稳定；2001～2006 年从 3.5 增加到 4.9，增长较快。Weicher（1977）研究表明，稳定的房价收入比并不说明住房支付能力稳定，而且美国 1975～2006 年房价收入比的变化与住房支付能力并不吻合，详见下面分析。

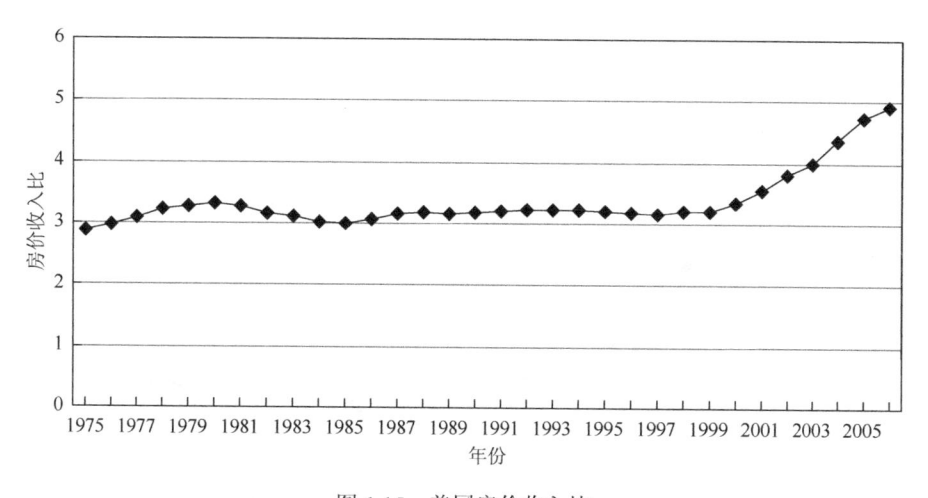

图 1.15 美国房价收入比

资料来源：Joint Center for Housing Studies of Harvard University（2007）

1.5.3 房价收入比的局限性

根据上面数据分析可知，不同国家、不同城市，房价收入比变化较大，而同一国家、同一城市，房价收入比较为稳定。在判断住房支付能力时，房价收入比存在以下局限性。

一是房价收入比不能说明购房者面临的实际经济约束，购房者并非要求一次性支付房款，而是分期支付；二是房价收入比忽略了影响住房成本的其他因素，如利率和首付，这两者是决定每月住房成本的关键因素（见第 2 章）；三是房价收入比没有考虑住房质量的变化；四是房价收入比没有考虑不同的住房供应体系，其房价混合了普通商品房与高档商品房（Linneman and Megbolugbe，1992）。图 1.16 为美国 1975～2006 年抵押贷款还贷负担（由于资料有限，这里不用剩余收入法而用还贷负担表示住房支付能力，即每年抵押贷款还款额与收入之比，收入相同，还贷负担越低，则住房支付能力越强；但收入高，还贷负担高，并不能表示家庭支付能力低，详见图 1.9 的分析），还贷负担表达式为

$$B = \frac{V}{I} \cdot \frac{(1+r)^n \cdot r}{(1+r)^n - 1} \qquad (1.20)$$

式中，V为房价；I为家庭收入；r为抵押贷款利率；n为抵押贷款年限；$\dfrac{V}{I}$为房价收入比。

图1.16中假设抵押贷款年限为20年，图中同时给出了利率和房价收入比，右纵轴表示还贷负担，左纵轴表示利率（%）、房价收入比。由图1.16可知，还贷负担位于0.3~0.5，1975~1981年由0.314增加到0.504，然后一直下降到1998年的0.301，之后上升到2006年的0.446，这说明收入位于中位水平的家庭，住房成本的变化大于房价收入比变化，房价收入比不能反映住房支付能力。

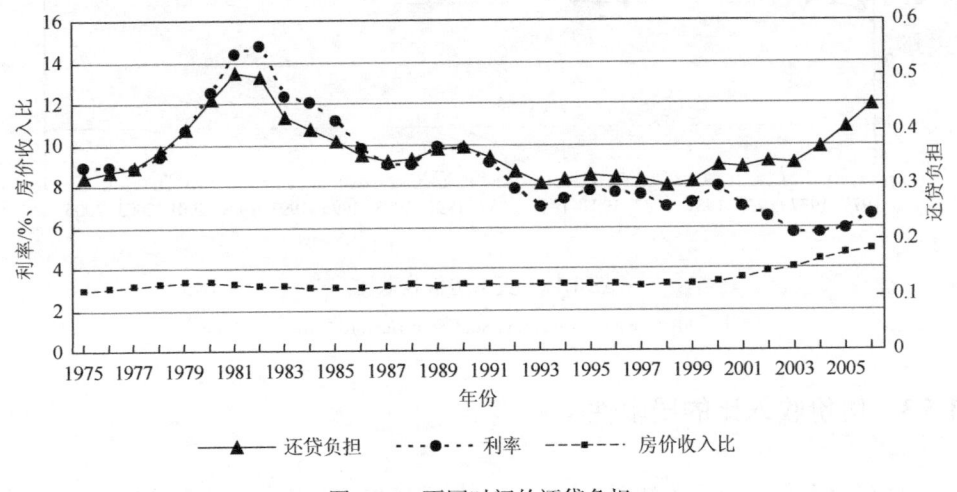

图1.16　不同时间的还贷负担

根据Ortalo-Magné和Rady（2006）的模型，影响住房支付能力的关键是初次购房者收入及普通住房（starter home）价格，高端住房价格变化大于普通住房，见图1.17。图1.17为美国1960~1989年有关年份10分位、25分位、50分位、75分位、90分位中位房价；显然，中位价（50分位）以上住房价格波动较大。Benito（2006）对英国住房市场实证研究表明，采用初次购房者的房价收入比可较为合理地反映住房支付能力。这说明对于不同的住房供应方式，住房支付能力不同，房价收入比不能反映这一状况。

Gyourko和Linneman（1993）研究表明，对于不同收入水平家庭，房价收入比变化不同，1960~1989年，如果收入排序不变，美国低收入家庭房价收入增加，而高收入家庭房价收入基本保持不变；因此，单一的房价收入比不能反映不同收入阶层住房支付能力。Bourassa（1996）指出根据房价收入比不能得出有多少家庭存在住房支付能力问题。

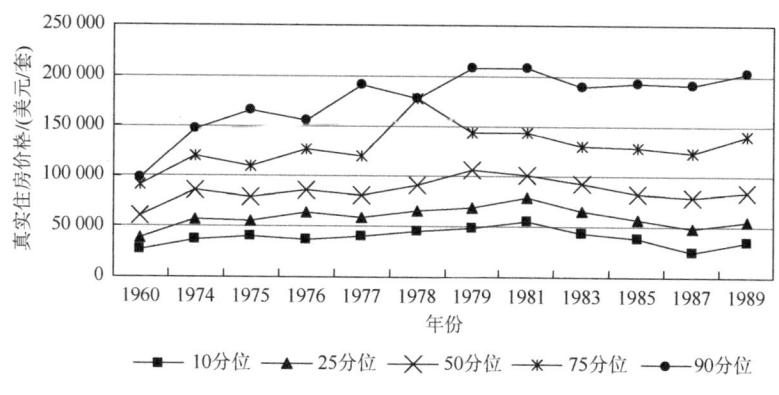

图 1.17 真实房价分布：不同时间房价百分位分布

资料来源：Gyourko 和 Linneman（1993）

Weicher（1977；1978）研究表明，在相同收入情况下，再次购房者住房支付能力远大于初次购房者；自有住房户住房支付能力不同于租房户（Quigley and Raphael，2004）。而房价收入比不能反映不同购房群体、不同保有方式住房群体的住房支付能力差异。

除了存在上述局限性，本书认为房价收入比没有考虑如下因素对住房支付能力的影响：收入增长和非住房支出。

收入不同增长率也影响房价收入比的可比性，购房家庭不同时间还贷负担公式如下：

$$B_t = \frac{B}{(1+g)^t} \tag{1.21}$$

式中，B 为式（1.20）的还贷负担；g 为收入增长率，$t=0$ 时式（1.21）等同于式（1.20），即购房期初还贷负担。

对此可用如下例子说明。

初次购房者：2005 年美国（购房者 1）和中国（购房者 2）房价收入比分别为 4 和 8，购房价为 20 万元，购房抵押贷款利率分别为 5.9%、5.5%，固定利率贷款，首付 20%，贷款期限 20 年，每年真实工资增长率分别为 2%、7%。

根据式（1.21）算出不同年份购房者 1、购房者 2 还贷负担，见图 1.18。购房者 1 和购房者 2 购房期初还贷负担分别为 0.277、0.536。购房时购房者 2 还款负担明显大于购房者 1，但由于收入增长率的差异，其差距逐步缩小。15 年后购房者 2 还贷负担低于购房者 1。这说明，家庭住房支付能力是动态变化的，在不同经济发展阶段，家庭住房支付能力不同，房价收入比不能反映这一情况。

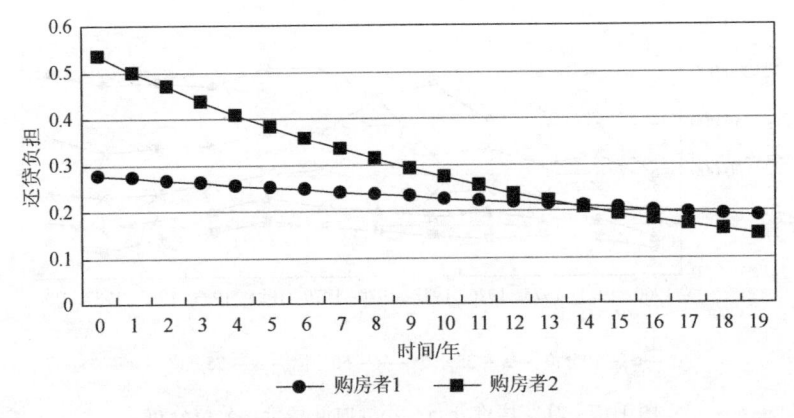

图 1.18 收入增长对住房支付能力的影响

表 1.4 为不同国家最终消费支出所占份额，表中其他项包括衣着、家庭设备用品及服务、交通和通信、杂项商品和服务等。由表 1.4 可知，最终消费支出中，不同国家非住房消费差异较大，最高的是中国，占 89.8%；最低的是日本，占 74.6%。这说明，房价收入比相同时，剩余收入越多，住房支付能力越强，所以相同的房价收入比并不表示其住房支付能力相同；同理，不同的房价收入比，如果剩余收入不同，也不能比较住房支付能力[①]。

表 1.4 不同国家住户消费支出（单位：%）

国家	年份	住房消费	非住房消费			
			食品	医疗保健	教育文化	其他
韩国	2001	17.6	16.9	8.0	12.7	44.8
日本	2000	25.4	17.3	3.5	11.9	41.9
加拿大	2001	23.5	13.8	4.4	12	46.3
墨西哥	2000	13.2	26.3	4.2	6.1	50.2
美国	2000	16.8	9.3	16.4	11.4	46.1
法国	2001	23.5	17.9	3.5	9.5	45.6
德国	2000	24.5	15.6	4.0	10.4	45.5
意大利	2001	19.6	16.9	2.9	8.6	52.0
荷兰	1999	20.8	14.8	4.0	11.7	48.7
西班牙	2000	14.1	18.5	3.4	10.4	53.6
英国	2001	18.0	14.1	1.6	13.8	52.5

---

① 同一时间不同国家，或同一国家不同时间，非住房支出占消费支出份额各不相同，这一事实也说明了用住房支出占收入一定比例表示住房支付能力存在不足。

续表

国家	年份	住房消费	非住房消费			
			食品	医疗保健	教育文化	其他
澳大利亚	2000	20.8	14.7	4.6	14.5	45.4
新西兰	2000	19.7	16.3	3.1	11.5	49.4
中国	2005	10.2	36.7	7.6	13.8	31.7

资料来源：《国际统计年鉴2003》《中国统计年鉴2006》

综上所述，用房价收入比度量住房支付能力存在诸多弊端。总体而言，不同国家（地区），收入水平增加，房价收入比降低；同一国家（地区），收入增加，房价收入比变化不明显。我国文献中常引用的4～6标准，不是发展中国家房价收入比的国际标准；也就是说，不存在房价收入比的国际标准。房价收入比不是住房支付能力的合理度量指标。

1.6 本章小结

住房支付能力度量包括住房支付能力识别和加总，识别即判断家庭是否因为住房成本过高而影响其他消费，加总即对某地区（城市）所有居住贫困进行度量，本书将存在住房支付能力问题称为居住贫困。住房支付能力识别采用剩余收入法，本书提出了居住贫困加总的理念框架；梳理了剩余收入法的发展脉络，指出了存在的问题；从经济学角度分析了剩余收入法；剖析了比率法和房价收入比存在的问题。本章主要结论如下。

（1）剩余收入法是理论上更合理的住房支付能力识别方法。传统的比率法和国内普遍使用的房价收入比，无论25%或30%的住房成本收入比还是4～6的房价收入比，均没有理论依据，存在诸多局限性。

（2）剩余收入法定义中家庭具有住房支付能力是指剩余收入不小于某一标准住房支出。

（3）经济学分析表明，产生居住贫困有诸多原因：收入、住房价格、非住房商品价格、住房市场交易成本、住房供应制度、偏好、家庭特征等。

（4）租房户和有房户均有可能出现居住贫困。

（5）确定性条件下居住贫困加总和比较方法有居住贫困率、居住贫困缺口、居住贫困指数、居住贫困立方指数。居住贫困率随机分布时，采用随机占优（一阶、二阶、三阶等）比较居住贫困。不同的研究目的可用不同的加总方法。可比较同一时间不同地区（横向比较）居住贫困，也可比较同一地区不同时间（纵向比较）居住贫困。

第 2 章 住房成本研究

2.1 概 述

本章研究住房支付能力三要素之住房成本。本书定义住房成本为住房市场消费者在占有或/和使用住房过程中的支出,包括住房支出和居住支出。

有房户住房支出指抵押贷款还款,租房户住房支出指合同租金。有房产居住支出指水、电、燃气费用,物业管理费、财产税、财产保险等,租房户居住支出随合同租金包含项目不同而异。

有房户与租房户住房成本差异由住房成本构成不同导致。有房户之间住房成本差异主要表现在:由于住房耐用性,同一有房户在还贷期与贷款还清之后,住房成本不同;购房时间不同的有房户,即使相同质量[①]的住房,由于房价、贷款利率不同,其住房成本也不同;即使购房时间相同,住房质量相同,由于首付不同,其住房成本也不同;如果考虑住房市场不完备[②],不同有房户之间住房成本差异更为普遍。总之,在相同时段,不同有房户住房成本存在差异,在不同时段,同一有房户住房成本也可能存在差异,即住房成本具有空间差异和时间差异。

租房户之间住房成本也存在空间差异和时间差异,主要由质量差异或市场不完备所致。搜寻成本越高,租金差异越大[③]。

除住房成本本身具有空间差异和时间差异特性,住房成本离差大于其他商品价格离差,即同一地区,住房成本差异大于其他商品价格差异;不同地区也如此。

住房成本类似于企业会计成本,主要差异是有房户住房成本未考虑税盾效应。

本章创新在于论证住房支付能力研究中采用货币成本的合理性,探讨融资方式、产权结构对住房成本的影响,提出住房成本能比房价更合理地解释住房市场供需关系的论点。

后续内容安排如下:2.2 节是文献评析,不仅评析住房支付能力研究文献中所采用的住房成本,也对与住房有关的其他研究,如保有方式选择、房价合理性、CPI 等研究文献中所采用的住房成本进行讨论,从而拓展对住房成本的认识。2.3

---

① 质量包括住房物理质量和环境质量、位置等,是广义的质量。
② 对住房市场不完备的讨论见第 3 章。
③ Salop 和 Stigilitz(1982)更一般化的结论是:交易成本高将产生价格差异。

节讨论影响住房成本的因素，旨在为降低住房成本提供理论依据。2.4 节讨论住房成本特性。2.5 节是本章小结。

2.2 文献评析

住房成本不仅是住房支付能力的重要参数（Weicher，1977；Weicher，1978；Bramley，1992；Hancock，1993；Stone，1993，2006；Lerman and Reeder，1987；Thalmann，1999，2003），也是研究房价是否合理（Diamond，1980；Himmelberg et al.，2005）、保有方式选择（Diamond，1978；Hendershott，1980；Hendershott and Slemrod，1983；Henderson and Ioannides，1983；Follain and Ling，1988）、CPI（Dougherty and van Order，1982）等的重要参数。

2.2.1 研究住房支付能力时所采用的住房成本

Weicher（1977）指出自有住房的年住房支出等于年房贷还款（本利和）、财产税、财产保险、住房维护维修费、公用设施费。还贷由房价、抵押贷款利率、首付决定。由于美国 20 世纪 60 年代中期开始通胀，新房有效抵押贷款利率从 1963 年的 5.89% 上升到 1975 年的约 9.01%，同期新房中位价（套）从 6249 美元增加到 13 719 美元；住房年中位支出[①]（所得税后）由 1963 年的 1497 美元增加到 1975 年的 4013 美元，同期可支付中位房价的家庭比例从 53.1% 下降到 41%。Weicher 得出住房支付能力下降的原因是抵押贷款利率而不是房价。其结论矛盾之处在于：在判定房价不是支付能力下降的原因时采用的是房价收入比，1963～1975 年房价收入比基本稳定在 2.7～2.9（扣除 1970～1972 年第 235 条款项目和 FmHA 项目使住房中位价下降的影响）[②]；但住房支付能力由住房成本决定而不是房价收入比决定。将 Weicher 计算的年住房支出分解为还贷成本和运营成本（财产税、财产保险、住房维护维修费、公用设施费）两项，根据给出的条件，1963

[①] 每年住房抵押贷款还款额计算条件为贷款期限 25 年、首付 25%、固定利率、等额本息还款，房价为销售新房中位价（套）。

[②] 第 235 条款项目：美国 1968 年《住房法案》第 235 条款提出为低收入居民购房提供联邦补贴，这是美国第一个针对自有房的联邦直接资助项目，购房者调整收入的 20% 和住房总支出之间的差额由联邦政府补贴，其住房支出包括本息还贷、不动产税和保险，该项目 1973 年暂停，20 世纪 70 年代末期短暂恢复，最后 80 年代早期终结（Caplin et al.，2007；Weicher，1977；施瓦兹，2008），2006 年 HUD 救助的第 235 条款项目住房单元为 5573 套（HUD，2006）。FmHA 项目指第 502 条款项目，1949 年《住房法案》设立，旨在为农村居民购房或维修独立式住房提供抵押贷款支助，该项目由农业部农民住房管理局（Farmers Home Administration，FmHA）负责（Listokin，1991）。1994 年 FmHA 撤销，大部分项目（包括第 502 条款）由农业部农村住房服务局接管（Carliner，1998）。

年还贷成本为1045美元，占总成本的70%；1975年还贷成本为3004美元，占总成本的75%。由此可知，还贷成本增加大于运营成本增加。将还贷成本增加细分为房价增加和利率增加两项，1963～1975年还贷成本增加1959美元，其中房价造成的还贷成本增加1236美元，利率造成的还贷成本增加723美元，显然房价是支付能力下降的主要原因，这尚不包括由房价上升造成的运营成本增加[①]。

Weicher（1978）对当时各种住房支付能力指数[②]的住房成本计算进行了详细的介绍，它们均由抵押贷款还款和运营成本构成，其中运营成本包括财产保险、财产税、维护维修费、燃料及公共设施费等。各种住房支付能力指数的主要差别首先是房价选择标准不一，HUD指数、JC指数采用新房销售中位价，数据来源于美国人口普查局；法布指数采用常规抵押贷款住房平均价，数据来源于联邦住房贷款银行局（Federal Home Loan Bank Board，FHLBB）；斯望指数采用联邦住房管理局（Federal Housing Authority，FHA）担保的住房平均价；威谢指数采用所有不享受补贴的新房销售中位价，数据来源于美国人口普查局和第235条款项目、FmHA项目。其次是抵押贷款还款计算不同：斯望指数采用FHA发布的每月住房支出数据，其首付比例和贷款期限并不固定，首付比例通常低于10%，贷款期限接近30年；其余指数均假设首付比例和贷款期限不变，法布指数假设10%首付，贷款期限30年，另外四种指数均假设25%首付，贷款期限25年。所有指数的运营成本均基于FHA发布的运营成本，并根据选用的房价进行调整。

Bramley（1992）将支付能力中住房成本称为消费成本（consumer cost），消费成本等于租金或抵押贷款还款加其他费用，如维修费。与Weicher（1977；1978）不同的是，他计算了不同地区、不同住房类型（新房、二手房、共有产权房、出租房）的住房成本；而Weicher（1977；1978）的住房成本没有考虑地区差异、不同住房类型，而是以全国为计算对象，且只计算了新房住房成本。实际上美国新房销售量从1975年的18%下降到2006年14%（JCHS，2007），因此用新房住房成本测算住房支付能力存在较大的误差。与Bramley类似，Nelson（1994）在住房支付能力匹配法中计算了不同租金出租房的住房成本，并将其与不同收入住户进行匹配，从而指出住房支付能力不仅与收入有关，而且与不同租金住房供应量有关。Nelson采用的住房成本为市场租金。

Hancock（1993）探讨了有房户和租房户住房成本。在英国收入扶持制度下，

---

① 运营成本中财产税、财产保险随房价上升而增加。
② 这些支付能力指数包括美国HUD编制的税前、税后支付能力指数，哈佛大学城市研究中心的住房支付指数（JC），法布（Farb）指数，斯望（Swan）指数，威谢（Weicher）指数等。

由于燃料费、交通费包含在"社会指定"的必需品范畴内,租房户住房成本仅包括租金和必要的住房维修费。有房户住房成本远比租房户住房成本复杂,其原因是对于关注住房成本的不同参与方,住房成本作用各不相同,如金融机构关注还贷能力。自有住房成本包括抵押贷款还款(扣除利息减税)、地方财产税、保养维修费及其他需要支付的费用等之和,这是一种现金流式的成本(cash cost)指标,从短期看,这样的自有住房成本是合理的,但不能反映有房户长期财经能力,原因如下:忽略了购房资本(equity)的机会成本,忽略了资本收益可以降低住房成本。从长期看,住房成本应采用使用成本(user cost),使用成本包括机会成本、资本收益以及上述现金流式的成本,但存在的问题是:计算住房支付能力时收入是否采用长期收入。由于金融市场不完备,住房未来资本收益对减少实际住房支出只能是画饼充饥,在此情形下,现金流式的住房成本更为可取。Hancock 在实证分析格拉斯哥住房支付能力归宿时采用的是现金流式的住房成本。

Stone(1993)采用剩余收入法计算了美国 1970~1990 年的住房支付能力,对不同人口的住户,如果剩余收入大于住房成本,则不存在住房支付能力问题。对于自有住房户,其住房成本为 AHS 公布的直接费用,不包括虚拟租金、资本收益或税收补贴,1973~1984 年 AHS 提供了所有自有住房户收入、住户特征以及占地面积不大于 10 英亩(1 英亩≈0.405hm^2)独立式自有住房的住房成本,其他类型住房成本由已知住房成本外推而得,在外推时假设收入与人口结构相同的自有住房户的住房成本相同;1985 年(含)之后 AHS 提供了各种类型的自有住房成本;1970 年的自有住房成本由作者估算,估算时假设收入和人口结构相同的自有住房户与租房户的住房成本分布相同。Stone(2006a)的住房成本等于抵押贷款还款与其他费用以及税收收益之和,其他费用包括财产税、财产保险、电费、公共设施费(取暖、烹饪、水、垃圾处理等)、日常维护费等。Stone(2006b)将住房成本称为居住成本(shelter cost),他将居住成本分为燃料费(SC-A)与不包括燃料费(SC-B)两类,SC-B 等于 SC-A 减燃料费。之所以如此划分,是因为在英国不同地区燃料费用差异极大,而且非住户所能控制。在 SC-A 中,租房户居住成本等于住户实际支付租金(即不含住房补贴和其他人捐助)、家庭税(不含家庭税补贴)、水费(当租金中不包括时)、住户燃料(包括电、气或其他取暖燃料)平均费用等各项之和;对于自有住房户等于抵押贷款利息(不含利息补贴)、家庭税(不含家庭税补贴)、水费、房屋保险费、燃料(包括电、气或其他取暖燃料)费用等各项之和。其住房成本的最大特点是针对不同家庭结构(人口、年龄、就业人数等)分别计算其住房成本。

上述住房成本,无论全国层面还是地区层面的宏观数据,或是家庭层面的微观数据,采用的均是统计数据。与之不同的是,Lerman 和 Reeder(1987)、Thalmann

(1999；2003) 支付能力计算中租金采用特征价格方程 (hedonic price equation) [①] 计算而得。Lerman 和 Reeder 的计算步骤如下：首先将实际总租金（包括公共设施费）取自然对数作为被解释变量对住房单元特征、住户特征、城市人口（哑元变量）等解释变量进行回归，得到所有样本住房单元的特征租金[②]；其次将不满足 HUD 第 8 款现有住房项目[③]质量标准和国会预算署（Congressional Budget Office，CBO）住房质量标准的样本剔除；最后根据城市人口和地区分类将样本住房按卧室数排序，得出不同卧室住房的最低特征租金，即 Lerman 和 Reeder 所谓的最小合适 (minimally adequate) 租金。Lerman 和 Reeder 最后计算得出了美国不同地区（南部、西部、中北部、东北部）、不同城市人口（分为 8 个级别）、不同卧室数的最小合适租金。不同人数及结构（年龄、性别）的住户，其住房标准按 HUD 第 8 款现有住房项目规定的标准执行，其标准是不同住户的住房卧室数不同，也就是说不同人数和结构的住户的最小合适租金不同。对于某一住户，如果最小合适租金占住户收入的比例不超过某一数值（如 30%），则该住户不存在住房支付能力问题。

Thalmann (1999；2003) 将 Lerman 和 Reeder (1987) 住房成本的计算进一步拓展。Thalmann (1999) 指出当制度不同而造成质量相同的住房租金悬殊时，不能采用 Lerman 和 Reeder (1987) 住房成本计算方法。为了解释相同住房质量而租金不同的原因，Thalmann (1999) 在估计租金的特征方程中引入了更多的解释变量，反映市场不完备的变量有房屋租赁时间、非营利房东，最后计算了三个租金指标：每套住房的市场租金 R_i，相同住房的市场平均租金 R_i^M，适合某类家庭居住的住房[④]的租金 R_i^{AM}；如果 R_i 小于 R_i^M，表示该住户租金低于市场平均价，即 Thalmann 所谓的少支付 (underpay)，反之则是多支付 (overpay)；如果 R_i^M 大于 R_i^{AM}，表示该住户住房消费超标，即 Thalmann 所谓的住房过度消费 (overconsume housing)，反之则为住房消费不足 (underconsume housing)。Thalmann (2003) 将特征价格方程的变量分为质量特性和市场因素两类，质量特性包括住房面积、房间数、建筑设备、建筑特征等，它们共同决定住房"核心租金"（core rent），市

[①] Sirmans 等 (2005) 对特征方程起源、发展及其在住房估价上的应用进行了非常翔实的综述。

[②] Lerman 和 Reeder (1987) 对采用特征租金而不采用实际租金的解释是：实际租金可能由于各种因素而低估（如房东对亲戚打折）。

[③] 1974 美国《住房和社区发展法案》第 8 款提出向低收入租房户家庭提供住房保障。第 8 款计划包括两个独立的部分：新建/修复住房和现有住房。新建/修复住房计划属于工程救助（供方救助）；现有住房计划属于需方救助，它规定合格的租房户可从地方住房管理机构获得租金证（rent certificate），到市场上租赁满足 HUD 规定质量和租金限额以内的住房。

[④] "适合某类家庭居住的住房"标准包括住房质量、大小，瑞士常用的住房大小标准是住房房间数（卧室加起居室）等于住户人数。

场因素有租金管理制度、房东战略（营利或非营利）、地理位置，他假设市场因素与质量特性相互独立，市场因素使住房租金偏离核心租金，并分别计算了三类租金。

总之，上述住房支付能力研究中，自有住房成本等于抵押贷款还款额加运营成本，而承租住房成本等于合同租金与公共费用之和。

2.2.2 其他住房成本

Diamond（1978）在研究通胀对住房保有方式的影响时，构建了住房成本模型，其成本是经济成本。税前住房成本表达式如下：

$$P_H = I + E + D - A + P + R + T \tag{2.1}$$

式中，P_H 为住房成本（税前）；I 为抵押贷款利息，取决于抵押利率；E 为购房资本利息损失，取决于资本回报率；D 为真实折旧，与使用强度、技术变化、投入要素价格变化等有关；A 为名义折旧，如资本品的增值，通常等于通胀率；P 为财产税；R 为运营费用，如维护费、财产保险、公共费用（水、电、气等费用）、管理人工费（自己管理或雇人管理）等；T 为住房交易手续费。式中各项成本均用各项成本占住宅价值的百分数表示。

根据式（2.1），结合美国税收制度[①]，作者给出了税后住房成本表达式，分为住房自住成本（cost of owner-occupied housing）和住房租赁成本（cost of rental housing）。

税后住房自住成本（P_O）为

$$P_O = P_H - t_O(I + E + P + T - S) \tag{2.2}$$

式中，t_O 为个人边际税率；S 为"剩余"标准税收扣除[②]（surplus standard deduction）；其余参数与式（2.1）含义相同。

税后住房租赁成本（P_R）为

$$P_R = P_H - t_R[f(D_T - D) - g(A - D)] \tag{2.3}$$

式中，t_R 为边际住房出租投资者税率；D_T 为税收折旧；f 为超额折旧（$D_T - D$）

---

① 美国购房抵押贷款利息可从可税收入中扣除，自有住房户的虚拟租金免征个人收入所得税（美国税收制度对自有住房的补贴更详细的分析见 Hendershott 和 Slemrod（1983）、Gyourko 和 Sinai（2003）、Brueggeman 和 Fisher（2004）、Dreier（2006）的文献，以及本书第 5 章）。

② 如美国 1977 年个人税收标准扣除额是 3200 美元，如果当年 32% 的承租家庭中某户实际扣除额为 2000 美元，则该家庭购买的住房只有当利息和财产税超过 1200 美元时，才能享受税收补贴。此 1200 美元称为"剩余"标准税收扣除。

扣税比例，取决于房屋持有时间和折扣率[①]；g 为资本收益（A–D）税收比例，$g \in (0, 0.5)$。

式（2.3）成立的条件是：住房租赁市场完全竞争，均衡时房东的住房租赁成本等于租房户租金，即类似于完全竞争下企业边际成本等于价格，此时租赁的税收收益完全转移给承租者[②]。因此，在讨论保有方式选择时，比较的是税后住房自住成本与住房出租成本，这等价于比较购房与租房成本。

Diamond（1980）提出自有住房成本（cost of homeownership）由三部分构成：税收补贴、抵押贷款利率的期望增长、真实房价增值预期。税前、税后自有住房成本与式（2.1）和式（2.2）类似，Diamond 在计算 20 世纪 70 年代美国自有住房成本时，对各参数的计算进行系列假设，如预期通胀等于年国民生产总值（gross national product，GNP）中个人消费支出隐含价格平价指数变化率的八年移动平均。计算结果表明，70 年代美国的住房成本呈下降趋势[③]，与 Weicher（1977）住房成本计算结果变化趋势完全相反。Diamond（1980）的结果更能解释美国 70 年代住房市场现状，研究中隐含假设是完备的资本市场，不存在不确定性（即未来的收益或损失是已知的）。

其后从不同视角对住房成本进行研究的文献（Himmelberg et al., 2005；Hendershott, 1980；Hendershott and Slemrod, 1983；Follain and Ling, 1988；Poterba, 1984；Dougherty and van Order, 1982；Díaz and Luengo-Prado, 2008）均采用与 Diamond（1978；1980）类似的经济成本。

Hendershott（1980）将税后真实抵押贷款利率（以及其他不随时间而变的成本）与不变质量住房价格乘积称为自有住房使用成本，而真实使用成本等于使用成本除以非住房商品价格平价指数。真实抵押贷款利率为 $(1-\theta)i-\pi$，式中，θ 为税率；i 为抵押贷款利率；π 为预期通胀率。住房租赁使用成本采用 CPI 中市场租金指数，真实使用成本等于市场租金指数除以不含居住成本的 CPI。然后 Hendershott 用自有住房使用成本与住房租赁使用成本之比作为解释变量之一来研究保有方式选择、新开工住房数量、新开工住房质量等，结果表明这一解释变量都表现为统计显著。

[①] 超额折旧是指税收折旧与经济折旧之差。美国税法规定房东按 n 年寿命期计提出租房折旧，当实际寿命期大于 n 年时，多提的折旧（即超额折旧）要在房屋处置时补交，补交比例（1–f）视房屋持有时间以及折扣率不同而异，1980 年前 n 为 30～40 年，采用加速折旧；1981～1983 年 n 为 15 年，1984～1985 年 n 为 18 年，1986 年 n 为 19 年，1981～1986 年采用直线折旧的 1.75 倍折旧；1987～1992 年住宅 n 为 27.5 年，其他居住建筑 n 为 31.5 年，1993 年后住宅 n 为 27.5 年、其他居住建筑 n 为 39 年，采用直线折旧（Brueggeman and Fisher, 2004）。实际上，式（2.3）中超额折旧的税收收益是未来收益的折现值，同理公式中的资本收益也是未来收益的折现值（Smith et al., 1988）。

[②] 只有当长期出租房供给完全弹性时，所有的税收收益才转移给承租者，否则要素所有者将获得部分税收收益（Smith et al., 1988）。

[③] Dougherty 和 van Order（1982）、Hendershott 和 Hu（1981）、Hendershott（1988）也得出了相同的结论。

Hendershott 和 Slemrod（1983）、Poterba（1984）、Himmelberg 等（2005）提出自有住房成本由两部分构成：成本和补偿收益（offsetting benefits）。成本包括购房资本的机会成本、财产税、维护费、购房对租房的风险溢价；补偿收益包括财产税和抵押贷款利息的所得税扣减、预期资本收益[1]（或损失）。由此，自有住房年成本为

$$\begin{aligned}自有住房年成本 &= P_t r_t^{rf} + P_t \omega_t - P_t \tau_t (r_t^m + \omega_t) + P_t \delta_t - P_t g_{t+1} + P_t \gamma_t \\ &= P_t [r_t^{rf} + \omega_t - \tau_t (r_t^m + \omega_t) + \delta_t - g_{t+1} + \gamma_t] \\ &= P_t u_t \end{aligned} \quad (2.4)$$

式中：P_t 为每套住房价格（房价）；r_t^{rf} 为无风险利率；ω_t 为财产税率；τ_t 为个人所得税有效税率；r_t^m 为单位房价抵押贷款年还款；δ_t 为住房维护成本率（维护成本占房价比）；g_{t+1} 为预期本年度资本收益（或损失）；γ_t 为与租用住房相比，自有住房的风险溢价率；u_t 为住房使用成本。

Himmelberg 等（2005）将式（2.4）中的 u_t 定义为住房使用成本，它与 Diamond（1980）定义的所有权成本（ownership cost）类似，式（2.4）中每一项均用该项成本占房价的百分比表示。

住房市场均衡时，预期自有住房年成本不应超过年租金，即

$$R_t = P_t u_t \quad (2.5)$$

则

$$\frac{P_t}{R_t} = \frac{1}{u_t} \quad (2.6)$$

由此可知，租售比等于住房使用成本的倒数，使用成本波动（如利率、税收的变化）导致的租售比变化反映的是基本面的变化，而不是住房泡沫。因此研究者认为用租售比或房价收入等指标来研究住房市场是否存在泡沫并不恰当（如 Case 和 Shiller（2003））。

Follain 和 Ling（1988）实证研究了通胀对不同收入水平、不同类型（单身、已婚和其他）住户住房成本的影响，其结论是通胀将降低自有住房率，这与 Poterba（1984）的论点完全相反[2]。Follain 和 Ling（1988）自有住房成本表达式与式（2.4）

---

[1] 自有住房户的资本收益指住房售价扣除交易成本和该房购买价后的剩余。美国资本收益的税收标准1960~1997年税法改革发生了很大的变化（详见 Cunningham 和 Engelhardt（2008）的文献）。

[2] Hendershott（1988）将通胀导致住房自有率增加的观点称为"标准观点"。Follain 和 Ling（1988）得出的通胀对自有住房率影响的理论公式为：$\frac{dt^*}{d\pi} = \frac{\partial t^*}{\partial i} \frac{\partial i}{\partial \pi} + \frac{\partial t^*}{\partial \delta^*} \frac{\partial \delta^*}{\partial i} \frac{\partial i}{\partial \pi} + \frac{(1-\lambda)t_l}{(1-t_l)(i+pt)}$，式中，$t^*$ 为购房与租房无差异时的个人所得税率；π 为通胀率；i 为名义无风险负债利率；δ^* 为住房税收折旧率；λ 为房屋出租资本收益税收优惠率；t_l 为房屋出租边际投资者边际税率；pt 为财产税。当 $\frac{dt^*}{d\pi} < 0$ 时，通胀率增加，则自有住房率增加；但由 Follain 和 Ling 给出的表达式可知，其正负并不明朗。根据公式可定性地知道，自有住房率不仅取决于自有住房成本，而且与住房租赁成本有关。

类似，房东的住房租赁成本与自有住房成本差异表现在以下两个方面：税收差异与边际税率差异。税收差异包括：与自有住房户的虚拟租金不同，房东的租金收入是可税收入；房东的住房维护费可从可税收入中扣除；可以加速折旧；也可获得长期资本收益的税收优惠（优惠条件低于自有住房户）。通胀降低自有住房成本；而对租赁成本的影响表现在三个方面：第一，"折旧效应"增加租赁成本，即通胀降低了折旧的税盾效应，这是因为折旧基于历史成本而不是重置成本；第二，"利息效应"将降低租赁成本，其条件是名义利率增加导致成本增加低于利息税盾真实值的增加；第三，非中性效应，即资本收益的收入税收的差异性：资本收益只有在得到后才上税，但是上税的是名义收益而非真实收益。由于上述三方面的因素，通胀是增加还是降低租赁成本并不清楚。

Dougherty 和 van Order（1982）考察了 CPI[①]中住房成本度量问题，其研究的住房成本仅限于自有住房的资本成本（不包括运营成本）。自有住房成本有两种度量方法：一是使用成本；二是虚拟租金（implicit rent）。使用成本的计算是假设理性住户，选择住房消费与非住房消费使其效用最大化，其成本为自有住房户放弃单位住房所需的补偿。虚拟租金的计算是假设自有住房户是利润最大化的房东，他将住房出租给自己使用，其目的是使税后期望虚拟租金最大化。在市场均衡条件下，使用成本与虚拟租金相等，其表达式为

$$C = [(1-\theta)i - \pi + d]P_h \tag{2.7}$$

式中，C 为自有住房成本；θ 为税率；i 为名义利率；π 为预期通胀率；d 为住房折旧；P_h 为住房价值。

1983 年前美国的 CPI 中自有住房成本指数由住房价格指数、抵押贷款成本指数、维修费指数、保险费指数、税费指数五项加权。CPI 中没有考虑税收和住房增值效应。将 CPI 中住房价格指数和抵押贷款成本指数用式（2.7）替代，结果表明 1968～1980 年，CPI 高估了 15%～25%；且对不同收入家庭，由于边际税率不同，自有住房成本表现出极大的差异。

Francois（1989）采用特征方程计算 CPI 中住房成本的权重。1983 年以前，美国 CPI 中自有住房成本的变化采用资产定价法，住房成本包括五项：购房成本、抵押成本、财产税、财产保险、维护维修费。1983 年 1 月起城市消费 CPI（CPI-U）采用租金等价（rental equivalence，REQ）法，1985 年 1 月 REQ 法用于度量城市工人和公务员 CPI（CPI-W）。REQ 法用虚拟租金度量自有住房成本，在确定 CPI 中虚拟租金的权重时采用的是问卷调查法，计算结果表明 REQ 法在 CPI 中 20%权重是合理的。

[①] 编制 CPI 有两个不同的理论框架：固定篮子指数（fixed-basket index）理论、生活费用指数（cost-of-living index）理论。两者对住房对本的处理方式不同：固定篮子指数倾向于按照住房货币购买价格或获得费用来编制价格指数；生活费用指数则采用虚拟价格编制价格指数（徐强，2006）。

Díaz 和 Luengo-Prado（2008）探讨了住房使用成本与租金价格的差异，并估算了采用租金价格法计算自有住房成本的偏差。与 Himmelberg 等（2005）的住房使用成本的构成有两方面的差异：一是考虑了交易成本；二是分别计算住房资产成本和抵押贷款资金成本。因为在美国自有住房的住房消费采用 REQ 法，如常见的 CPI 中的自有住房成本，而不是采用使用成本法，计算表明：使用 REQ 法，自有住房成本高估约 10.9%。

此外，Hendershott 和 Shilling（1982）、Chambers 和 Simonson（1989）考虑了居住时间对住房成本的影响；Dougherty 和 van Order（1982）、Andrew 等（2006）考虑了金融机构首付约束的成本。

Hendershott 和 Shilling（1982）关于住房成本的公式为

$$C_{HS} = C_S + \beta_1(1-\delta_p)[(1-\tau_y)m + d - \pi]/\delta_p \tag{2.8}$$

式中，C_S 为使用成本，$C_S = (1-\tau_y)(m+\tau_p) + d - \pi$；$m$ 为抵押贷款利率；d 为折旧维修率；τ_y 为个人所得税率；τ_p 为财产税率；π 为预期房价增长率；β_1 为交易成本；$\delta_p = 1 - \dfrac{(1-d+\pi)^N}{[1+(1-\tau_y)m]^N}$，$N$ 为居住时间。

Chambers 和 Simonson（1989）关于住房成本的公式为

$$C_{CS} = C_S + \beta_2/N + c/VN \tag{2.9}$$

式中，V 为房价；β_2 为交易成本，为房价某一比率；c 为交易成本，与房价无关的交易成本。Haurin 和 Gill（2002）将其解释为与有房户每年收入有关的交易成本。

Dougherty 和 van Order（1982）考虑首付约束时的自有住房成本为

$$C_{DS} = C_S + \alpha \tag{2.10}$$

式中，α 为首付约束影子价格与非住房消费综合商品边际效用之比。

Haurin 等（1997）证明了当有房户效用函数为 CD（Cobb-Douglas）时，α 等价于自有住房户意愿购房价与金融机构最大允许购房价之差。

Andrew 等（2006）关于住房成本的公式为

$$C_{AS} = C_S + \alpha + C \tag{2.11}$$

式中，C 为年均交易成本，其他同上。

综上所述，住房成本分可为两类：第一类，货币成本，或 Hancock 称为的现金流成本，由住房支出（抵押贷款还款或合同租金）和居住支出构成，主要用于住房支付能力研究。第二类，使用成本，由当期支出和未来支出（或收益）构成，研究住房保有方式、房价合理性、通胀对住房市场影响时采用。例外的是 Smith 等（1988）认为，住房支付能力研究时也应考虑通胀、利率、税率差异以及房价预期。两类成本比较见表 2.1，表中运营费用指维护维修费、燃料及公共设施费等，融资方式指贷款利率、贷款期限以及不同贷款方式（如固定利率、浮动利率、不同首付）等不同组合形成的抵押贷款。

表 2.1 两类成本比较

成本类别	成本构成	影响成本的主要因素	应用范围
第一类：货币成本	1. 住房支出（+）或合同租金 2. 居住支出 财产税（+） 财产保险（+） 运营费用（+）	房价 融资方式 税收制度	住房支付能力研究
第二类：使用成本	1. 当期支出 抵押贷款利息（+） 财产税（+） 财产保险（+） 运营费用（+） 交易成本（+） 2. 未来支出（或收益） 资本机会成本（+） 预期年度收益（−） 年度税收收益（−）	融资方式 通胀率 税收制度 房价	保有方式选择 房价是否合理 税收制度、利率、通胀等对住房市场的影响 CPI 中住房成本评价

注：表中成本构成项后面+、−表示正成本和负成本（或收益）

2.3 各种因素对住房成本的影响

本书认为，住房支付能力研究应采用货币成本（现金流成本），理由如下。

第一，住房支付能力是流量指标，而不是存量指标，故而货币成本更合理，使用成本中资本收益反映的是存量收益。

第二，由于住房市场不完备，如存在大量的交易成本、搜寻成本等[①]，住房资本收益仅反映有房户资本增值，并不能降低住房成本的货币化支出，即不能改变有房户的住房支付能力。

第三，即使住房资本增值的再融资（refinance）可缓解住房成本货币化支出的压力，但由于资本市场的不完备，存在住房支付能力困难的家庭的再融资可能性也受到限制，或再融资成本高[②]。

第四，即使住房市场、资本市场是完备的，住房资本收益作为临时收入处理也更合理[③]。

---

① 交易成本、搜寻成本对住房消费影响分析详见第 1 章、第 3 章。
② 再融资对家庭消费的影响见第 3 章。低收入家庭再融资成本高的典型是美国的次级抵押贷款（White，2004；施瓦兹，2008）。
③ 临时收入是人们预期将来不会存在的收入。

第五，住房支付能力不仅与住房成本有关，而且与收入和非住房支出等因素有关，使用成本是存量指标，而收入与其他非住房支出是流量指标[①]，采用使用成本将导致计算口径不一致。

第六，使用成本仅针对有房户，采用货币成本可使租房户和有房户计算口径保持一致。

综上所述，本书住房成本均采用货币成本，除非有特殊说明。

货币成本类似于企业会计成本，但不等同于会计成本，最主要的差异是货币成本没有考虑税盾效应。与有房户住房有关的税收补贴[②]包括抵押贷款利息免税、不动产税减免、资本收益豁免[③]、虚拟租金免税等。货币成本不包括税收补贴的原因如下。

第一，不同地区（或国家）住房税收补贴差异较大[④]，住房成本中包括税收补贴后，住房成本可比性差。

第二，税收补贴中资本收益豁免仅在住房交易时产生，而其他税收补贴分年度产生，其时间口径不一致。

第三，税收补贴是收入导向型。纳税人收入不同，即使抵押贷款利息、不动产税、资本收益、虚拟租金均相同，其税收补贴也不同；因此，税收补贴并没有真实反映住房消费成本。

本书将有房户税收补贴作为收入处理，如美国 AHS[⑤]住房调查统计中住房成本不包括税收补贴，而是将其归类为收入（Stone，1993）。表 2.1 中作为影响住房成本因素之一的税收制度，对于货币成本则不包括税收补贴制度，对于使用成本则包括税收补贴制度。

本节探讨融资方式（贷款利率、期限、首付）、房价、税收、住房产权结构等因素对有房户住房支出的影响。交易成本的影响在首付因素中讨论。其他影响有房户和租房户住房成本的因素不讨论，原因如下。

---

① 根据巴尔（2003）的文献，收入是财富带来的一定数据的流量。

② 这里的税收补贴指在个人收入所得税的可税收入中扣除相应的费用，如抵押贷款利息免税指在可税收入中扣除抵押贷款利息，不动产税减免指在可税收入中扣除不动产税；概言之，这些税收补贴项目具有税盾效应。

③ 注意这里的资本收益与使用成本中的预期资本收益是不同的概念，这里的资本收益是指住房出售后售价扣除成本后的净利润，是实际得到的净收入；而预期资本收益是指由于有房户拥有的住房增值（或贬值）而获得的账面收益（或损失），与是否出售无关。

④ 在经济合作与发展组织，2 个国家（荷兰、瑞典）对资本收益征税，3 个国家（澳大利亚、加拿大、新西兰）没有抵押贷款利息和不动产税的减免，15 个国家（比利时、丹麦、法国、希腊、意大利、卢森堡、荷兰、挪威、西班牙、瑞士、德国、奥地利、芬兰、瑞典、英国）对虚拟收入征税（Bourassa and Grigsby，2000）。在英国，1976 年以前，有房户所有抵押贷款按边际税率扣税，1976 年之后贷款的前 25 000 英镑利息免税，1983 年增加到 30 000 英镑，1991 年最大扣除税率为 25%、1995 年为 15%、1998 年为 10%，与收入低于赋税条件的个人所获得的资助相当（巴尔，2003）；与英国不同的是，美国有房户抵押贷款利息按边际税率扣税，详见第 5 章。

⑤ 1973~1983 年 AHS 表示 Annual Housing Survey，1985 年之后表示 American Housing Survey（Stone，1993）。

（1）居住支出的影响因素主要是内生变量，如水、电、燃料费等，主要取决于消费者行为；另外，居住支出对住房支付能力的影响远小于住房支出。

（2）影响租房户住房支出的诸多因素如租期、住房位置等是内生变量，取决于消费者行为[①]。为简化分析，本书假设市场租金是外生变量，租金增加，住房成本增加。

2.3.1 抵押贷款利率、贷款期限对住房成本的影响

首先考虑等额还本付息方式下，利率、贷款期限对住房成本的影响，还款额为 C_m，则

$$C_m = M \cdot \frac{(1+r)^n \cdot r}{(1+r)^n - 1} \qquad (2.12)$$

式中，M 为抵押贷款额；r 为贷款利率；n 为贷款期限。

表 2.2 为不同利率、贷款期限条件下，贷款 10 万元的月还款额。例如，10 万元的购房抵押贷款，年利率为 7%，当贷款期限从 3 年延长到 30 年时，月还款额从 3088 元减少到 665 元；贷款期限相同，利率增加，例如，贷款期限为 3 年，利率从 3% 上升到 15%，月还款从 2908 元增加到 3467 元。月还款随利率与贷款期限不同组合而异。

表 2.2 不同利率和贷款期限下，价值 10 万元的抵押贷款月还款支出（单位：元）

年利率/%	贷款期限/年					
	3	5	10	15	20	30
3	2908	1797	966	691	555	422
7	3088	1980	1161	899	775	665
10	3227	2125	1322	1075	965	878
13	3369	2275	1493	1265	1172	1102
15	3467	2379	1613	1400	1317	1264

利率随宏观经济环境、贷款风险等而定，相对而言，贷款期限灵活性更大。美国政府拯救 20 世纪 30 年代经济大萧条的重要举措之一即采用固定利率、长期、分期还款的住房信贷标准，购房贷款期限从大萧条前的最长 11 年[②]延长到 25~30 年，此举使有房户住房成本大幅下降，同时使更多租房户有能力购房。图 2.1 为

---
① Grenadier（2005）在期权博弈框架下分析了消费者行为对市场租金的影响。
② 储蓄和借贷银行通常抵押贷款期限为 11 年，保险公司为 6~8 年，商业银行为 2~3 年（施瓦兹，2008）。

1900~2006 年美国自有住房率，1940~1960 年，从 43.6%增加到 61.9%，这很大程度上源于联邦政府 20 世纪 30 年代进行的住房金融改革（施瓦兹，2008）。Quigley 和 Raphael（2004）则认为延长贷款期限是增加有房户住房支付能力的关键，在高房价地区，如加利福尼亚州，35~40 年的贷款期限逐渐普及，在欧洲，更长的贷款期限也极为普遍。

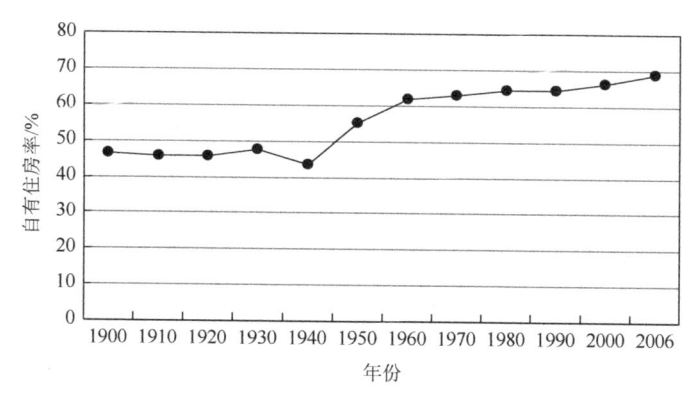

图 2.1 1900~2006 年美国自有住房率

资料来源：1900~2000 年数据来源于 U. S. Census Bureau（2005），2006 年数据来源于 Joint Center for Housing Studies of Harvard University（2007）

由表 2.2 可知，同一时间，利率不同的地区的住房成本不同。例如，2004 年我国商业性住房贷款利率（期限 5 年以上）为 5.04%，同期美国为 5.9%。同样 10 万元、期限 20 年的贷款，在中国，月还贷 662 元，在美国则为 711 元，比中国多支付 7.4%。

同一地区的住房成本也会随不同时期不同利率而变，图 2.2 为美国 1980~

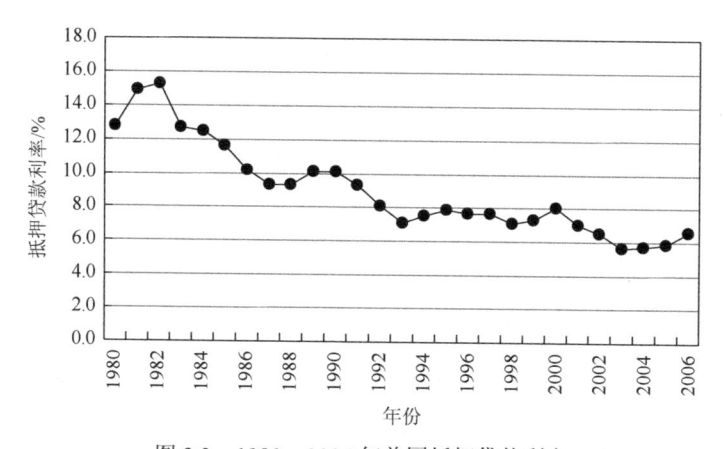

图 2.2 1980~2006 年美国抵押贷款利率

资料来源：Joint Center for Housing Studies of Harvard University（2007）

2006年抵押贷款利率。由图2.2可知,美国抵押贷款利率1982年高达15.3%,同样10万元、期限20年的贷款,月还贷1339元,比2004年的711元多支付88%。显然高利率使有房户每月住房负担增加,美国20世纪80年代的高利率也可部分解释图2.1中自有住房率下降(1980年自有住房率为64.4%,1990年为64.2%)。

抵押贷款利率也会因借款者风险不同而异,从而产生不同的住房成本。最为典型的是20世纪80年代早期肇始于美国的次级抵押贷款[①](subprime mortgage lending)(简称次贷),次贷与优质抵押贷款(prime mortgage lending)最大区别是:贷款利率高,如图2.3所示,91.9%优质抵押贷款利率低于9%,而66.7%的次贷利率大于9%(Lax et al., 2004)。例如,2003年8月,15年固定利率抵押贷款,优质抵押贷款利率为5%~6%,而次贷利率为8%~20%,至少相差200个基点[②](White, 2004)。10万元的贷款,每月还贷至少相差112元(当利率分别为6%与8%时),最大相差可达965元(当利率分别为5%与20%时)。由于次贷对象是低收入或有不良信贷记录的借款者,高住房成本更增加了还贷风险。由于高利率并不能规避系统风险,当经济下滑时,低收入者境况的恶化将产生多米诺骨牌效应。

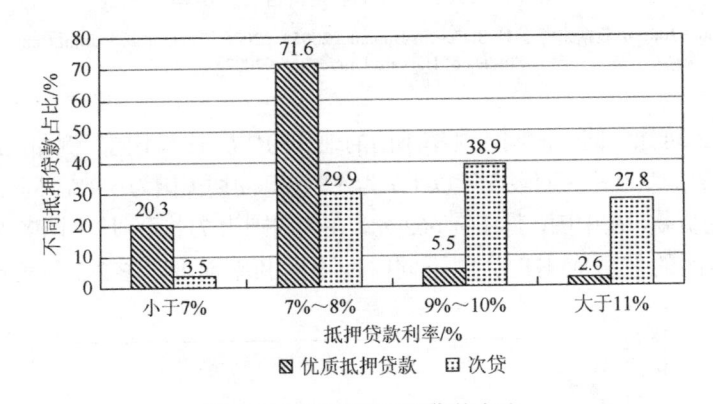

图2.3 不同利率抵押贷款占比

由于进位,累加可能不等于100%
资料来源:Lax等(2004)

---

① 尽管次贷出现于20世纪80年代早期,其快速发展是在1995年次贷抵押支持证券发行之后。1995年发放次贷650亿美元(占当年所有住房抵押贷款的10.2%),2006年为6000亿美元(占当年所有住房抵押贷款的20.1%)(JCHS, 2007; Chomsisengphet and Pennington-Cross, 2006)。

② 优质抵押贷款与次贷利率差异并非完全是由于次贷借款的风险更高(即信贷风险),次贷利率定价中包含的其他风险,如提前还贷风险、利率风险、声誉风险等不应由借款者承担的风险也增加了次贷利率。抵押贷款二级市场次贷投资者加权平均回报6%,而次贷利率加权平均回报10.55%,4.55%利差中仅15%是信贷风险(White, 2004)。顺便提及的是,White(2004)引用的次贷利率是IndyMac Bank(印地麦克银行)公布的数据,该银行是美国第二大住房信贷银行,由于次贷危机的影响而发生挤兑,于2008年7月11日破产。

除了等额还本付息，也可采用其他还款方式（Brueggeman and Fisher，2004），如根据借款人收入能力增加而设计的贷款产品[①]，月还贷额逐步增加（graduated payment），当采用变动利率时，可能产生负还款（negative amortization）[②]。

无论采用等额还本付息，还是其他逐步增加还贷方式，本质上，贷款利率和期限对还款影响相同，即利率增加，住房成本增加，期限延长，住房成本下降。

2.3.2 抵押贷款首付对住房成本的影响

根据住房成本构成可知，首付影响抵押贷款数额。相同房价，首付越低，则贷款金额越大，每月还贷额越多，即住房成本越大；反之，则住房成本越低。此外，首付将直接影响购房能力[③]，即首付越低，购房所需本金越少；反之，购房所需本金越多。首付除了影响住房成本和购房能力，也产生价格效应（Ortalo-Magné and Rady，2006；Vigdor，2006）。英国1982～1989年房价增长88%可由20世纪80年代早期首付下降（从25%到15%）和收入增长（1982～1989年增长27.5%）解释（Ortalo-Magné and Rady，2006）；Vigdor（2006）对美国退伍军人管理局（Veterans Administration，VA）抵押贷款项目[④]实证研究表明，1940年后房价租金比大幅上升[⑤]（图2.4）是由于抵押贷款创新（降低首付要求和/或收入要求），这

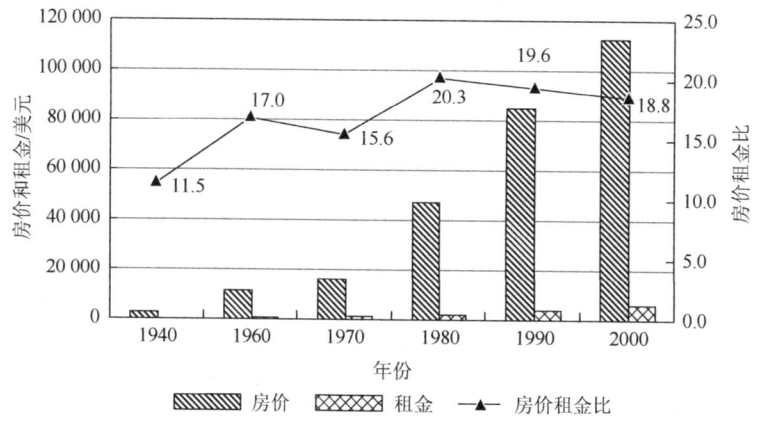

图 2.4　1940～2000 年美国房价和租金

资料来源：Vigdor（2006）

---

① 这类产品称为"另类"（alternative）或"奇异"（exotic）抵押贷款：前几年利率较低，而后利率较高的抵押贷款；仅支付利息的贷款；负还款或调整利率选择权贷款等（Caplin et al.，2007）。
② 负还款指每期还款额低于利息，从而导致本金不断增加，而有房户的住房资本逐步减少。负还款属于掠夺性贷款行为（施瓦兹，2008）。
③ 购房能力与住房支付能力概念差异见第4章。
④ 退伍军人管理局对满足条件的军人的住房抵押贷款进行担保，其抵押贷款可以是零首付（任宏等，2007a）。
⑤ 本书认为用房价租金比解释房价是否过高并不合理，理由见2.3.3节。

解释了美国大量出现的抵押贷款创新产品（表 2.3）并没有使自有住房率明显增加的现象（图 2.1）。与 Ortalo-Magné 和 Rady（2006）、Vigdor（2006）观点不同的是，大量文献（Duca and Rosenthal，1994；Gyourko et al.，1999；Haurin et al.，1997；Linneman et al.，1997；Linneman and Wachter，1989；Listokin et al.，2001；Rosenthal，2002；Zorn，1989）[①]认为降低首付是增加自有住房率的关键因素。

表 2.3　美国抵押贷款产品特征

产品名称	首付	前端比 [a)]	后端比 [b)]	其他
传统抵押贷款	不低于 10%	25%~28%	33%~36%	
抵押贷款创新产品				
GSE[c)]标准抵押贷款	不低于 5%	28%	36%	
GSE 可支付抵押贷款	不低于 3%	33%	40%	要求私营抵押贷款保险
组合可支付抵押贷款	信贷记录优良的借款者不需要首付			
政府可支付抵押贷款				FHA 担保的抵押贷款，主要针对低收入者和少数族裔

　　a）前端比（front-end ratio）指住房支出与收入比。全国房地产经纪人协会（National Association of Realtors, NAR）编制的住房支付能力指数（housing affordability index，HAI）中住房支出指抵押贷款还款（本利和），抵押贷款审贷标准中的住房支出指抵押贷款还款、财产税、财产保险、抵押贷款保险等
　　b）后端比（back-end ratio）指住房支出（审贷住房支出）和其他负债与收入之比
　　c）政府支持企业（government-sponsored enterprise，GSE）指房利美（Fannie Mae）和房地美（Freddie Mac）
资料来源：Listokin 等（2001）

　　本书认为首付对住房支付能力产生三个效应：门槛效应、成本效应、价格效应。单独讨论某一效应，无助于探讨住房支付能力，首付对住房价格及住房消费影响的其他观点见第 3 章，门槛效应、成本效应更详细的探讨见第 4 章。

　　尽管表 2.1 中第一类成本（货币成本）的影响因素没有考虑交易成本，但是门槛效应、成本效应可解释交易成本对住房成本（货币成本）的影响：交易成本增加，购房门槛提高，在相同财富约束下，首付降低，从而增加住房支出，最终导致住房支付能力下降。

　　由此可见，交易成本影响住房成本。由于交易成本是一次性发生的费用，可将交易成本并入首付；广义地说，首付包括金融机构要求的首付和交易成本。

2.3.3　房价[②]对住房成本的影响

　　房价对住房成本的影响可用如下会计恒等式说明：

---

　　① 详见 3.2 节对这些文献的介绍。
　　② 房价指每套住房的市场价。

$$房产价值（房价）= 资本 + 负债$$

或

$$房产价值（房价）= 房产净值 + 抵押贷款余额 \quad (2.13)$$

购房时，房产净值（资本）即首付金额，抵押贷款余额即抵押贷款金额。由式（2.13）可知，对于潜在购房者，房价增加，首付不变，则抵押贷款余额增加，进而增加住房支出。对于有房户，房价增加不影响住房支出；有房户住房支出锁定于初始购房价，购房后无论房价如何变化，固定利率时，其住房支出在购房时即已确定。与之不同的是，租房户合同租金随市场租金而变。

由式（2.13）知，若抵押贷款余额超过房产价值，则房产净值为负，此时，有房户住房支出将大于重新购房后住房支出，导致贷款违约。首付可缓解房价波动可能导致的抵押贷款违约，首付增加，不仅可降低住房支出，而且可增加住房贷款金融机构抵抗房价下跌风险的能力。住房市场价格下跌并不鲜见，如美国住房市场，1929~1933年经济大萧条时，名义房价下跌25%；1987年10月股票市场崩溃前，真实房价比1979年下跌2.3%（Poterba，1991），1997年亚洲金融危机后，东亚各国房价下跌（Quigley，2001），2007年次贷危机后，美国房价下跌。房价波动是住房市场的常态（Poterba，1991；Bordo，2005），图2.5为美国1890~2005年真实房价。

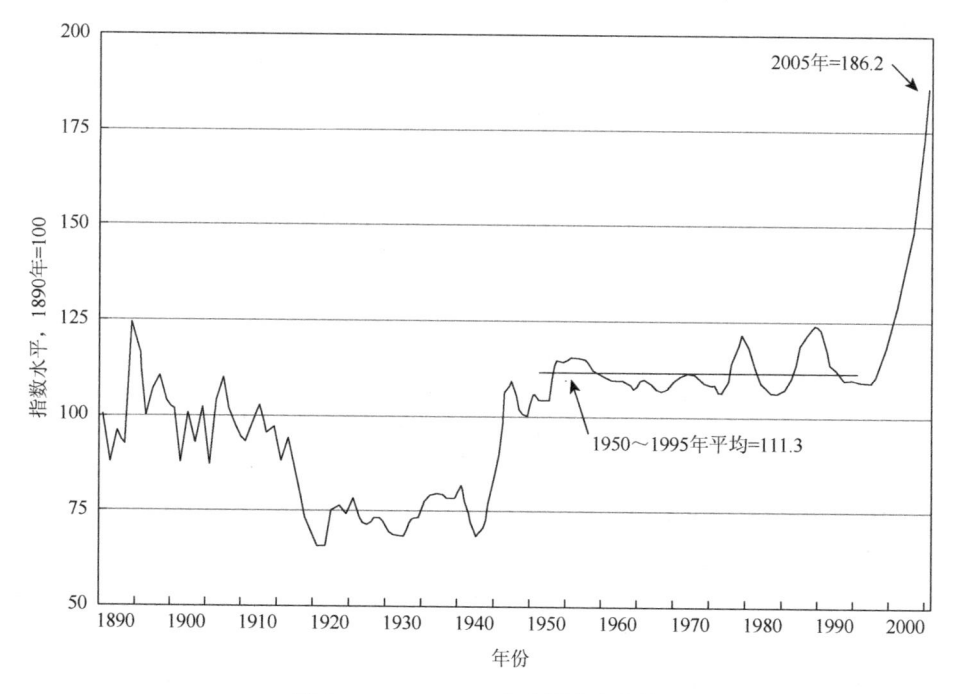

图2.5 1890~2005年美国真实房价

资料来源：Cecchetti（2005）转引自Bordo（2005）

综合以上利率、贷款期限、首付、房价等因素，可计算首次购房者的住房支出。图 2.6 为美国首次购房者采用常规抵押贷款时的住房支出。住房支出根据式（2.12）计算。

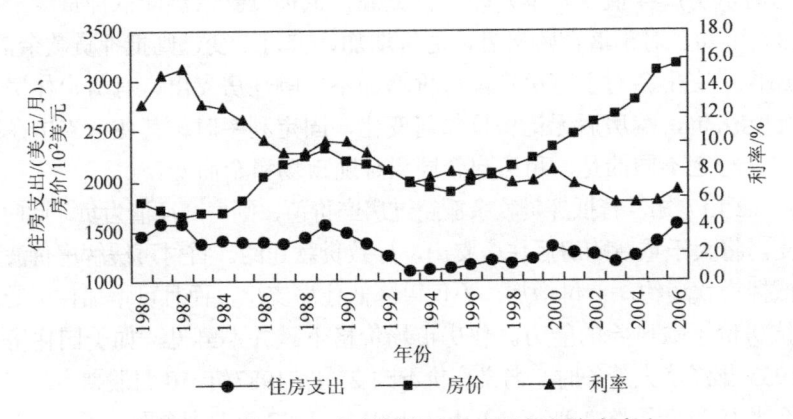

图 2.6　1980~2006 年美国首次购房者每月住房支出

资料来源：Joint Center for Housing Studies of Harvard University（2007）

由图 2.6 可知，20 世纪 80 年代首次购房者住房支出明显大于 20 世纪 90 年代，1980~2006 年，住房支出最高的是 1981 年，达 1581 美元/月，与之接近的是 1982 年、1989 年、2006 年，分别为 1569 美元/月、1558 美元/月、1560 美元/月。由图 2.6 可知，20 世纪 80 年代住房支出高的原因是贷款利率高，1995 年之后，与房价大幅攀升不同，住房支出相对平稳，主要原因是贷款利率较低。

图 2.6 说明，单独用市场反应最为敏感的房价说明住房支付能力是不合理的。如图 2.5 所示，20 世纪 90 年代之后美国房价持续上涨，2005 年住房价格指数创历史新高，达 186.2，但并不能据此得出住房支付能力下降的结论。如图 2.6 所示，2006 年住房支出尚未达到 1981 年的水平。与 Himmelberg 等（2005）结论相同，总体上看，本书认为美国住房市场并不存在明显的泡沫。

对于有房户，房价并不代表住房支出；对于租房户，市场租金即住房支出。图 2.7 为 1980~2006 年美国有房户和租房户住房支出定基增长率，基期是 1980 年。由图 2.7 可知，1980 年之后，绝大部分年份，租房户住房支出（租金）增长率大于有房户。特别是 1996 年之后，房价增长率远大于租金增长率（即房价租金比增加），但有房户住房支出增长率远小于租房户，这意味着用房价租金比评判房价是否过高并不合理。

1995 年后，美国房价上涨与自有住房率增长似乎矛盾[①]，实际上，用住房支

---

① 根据传统经济学理论：既然住房不是低档品，那么价格增加，则消费应减少。

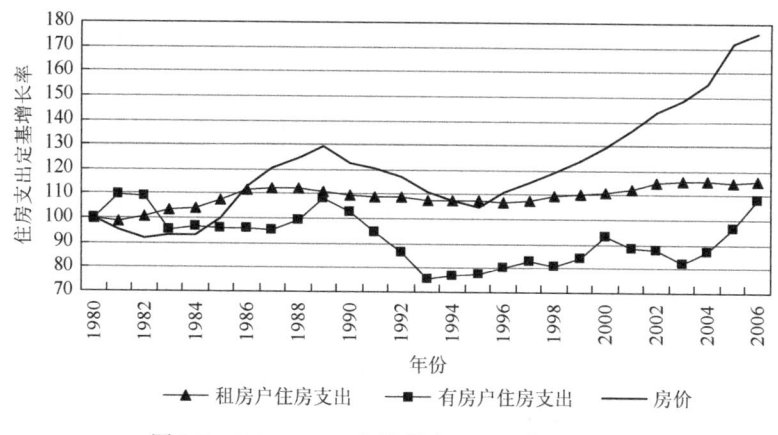

图 2.7　1980～2006 年增长率（1980 年 = 100）

资料来源：Joint Center for Housing Studies of Harvard University（2007）

出可合理解释自有住房率增加。1975～1994 年，美国自有住房率稳定在 65% 左右，其间 20 世纪 80 年代略有下降（1980 年 64.4%，1990 年 64.2%），1995 年之后逐年增加，2004 年达 69%，2005 年、2006 年略有下降。自有住房率变化趋势与住房支出变化趋势极为吻合[①]；因此，与其他普通商品不同，用住房成本而不是住房价格反映住房市场供需关系更为合理。

住房成本不仅受房价影响，由于收入与房价存在密切联系，住房成本间接受收入影响。第 3 章单独探讨房价与收入的关系，进一步拓展房价对住房成本影响的分析。

2.3.4　税收对住房成本的影响

与住房成本有关的财产税包括对自用住房征收的房地产税和对商用住房（出租住房）征收的房地产税。财产税对有房户和租房户住房成本影响机理完全不同。对于有房户，财产税直接增加住房成本；对于租房户，财产税间接影响住房成本。间接影响表现在：对房东征收的房地产税将增加房东的使用成本，短期内，由于租赁合同的黏滞效应以及需求和供给相当稳定，不会影响住房成本；但长期内，税收负担将部分转嫁到租房户，税收归宿将随住房租赁市场供需状况不同而异（Smith et al.，1988；Goodman，2006）。

不同财产税制度对住房成本影响不同，20 世纪 70 年代以前，经济学家对财产税征收的观点较为一致，即住房是一种消费品，住房消费者的税负应与住房消

---

① Carliner（1998）认为 20 世纪 90 年代中后期美国自有住房率增长是由于经济增长和利率降低，而非住房政策。

费成比例，由于住房消费是收入的凹函数，应采用累退税制。随后的研究表明，永久收入大于当期收入的住房需求弹性，且接近于 1，这表明住房消费既不是累退税制，也不是累进税制，而是接近比例税制；Goodman（2006）认为住房是一种资产而不是消费品，故应采用累进税制。

不同的财产税制度对纵向公平有不同的影响，而自有住房和出租房税率不同将造成有房户和租房户住房成本差异，导致横向不公平，即违反了保有方式中立性（tenure neutrality）[①]原则。例如，美国 1991 年出租房平均税率比自有住房平均税率高 5%，2001 年扩大到 26%（Goodman，2006）。这反映了美国政府自 20 世纪 90 年代后倡导自有住房（homeownership）所采用的政策举措[②]。

税收对住房成本的影响还表现在税收的资本化效应。对于出租房，由于存在资本化效应，将降低住房租金；对于自有住房，资本化效应仅降低财产税率，不影响住房成本[③]（Brasington，2002）。

2.3.5 住房产权结构对住房成本的影响

住房产权指住房消费者所拥有的住房收益、处分权[④]。产权结构的两个极端是有房户的完全产权、租房户的完全无产权，两个极端之间是有限产权。为了符合习惯，本书也将有限产权房的住户称为有房户。

产权结构对住房成本的影响表现为：不同产权结构，其住房支出不同。本书从两个角度划分产权结构。

第一，从房产价值角度，即房产价值产权多元化。随着有房户占有房产价值份额下降，当首付不变时，抵押贷款余额减少，从而降低住房支出。如我国的经济适用住房；英国共有所有权[⑤]（shared ownership）、购房（homebuy）等形式的住房；美国 FmHA 第 502 条款项目、首付救助项目。共有所有权时，购房者支付住房市场价的 25%～75%，其余由社会注册房东（registered social landlord，RSL）支付，RSL 向购房者收取低于市场价的租金，购房者有权按市场价购买 RSL 持有的份额，最终全产权拥有住房；购房时购房者支付住房市场价的 75%，其余 25%

[①] 保有方式中立性原则指家庭租房和买房的成本收益完全相同，有两个前提条件：一是住房销售、住房租赁市场完全竞争；二是完备的资本市场。虚拟租金免税也不满足保有方式中立性原则（巴尔，2003）。

[②] 其他举措包括金融政策（放松金融管制、住房金融创新）（见第 5 章），税收制度中除财产税率差异外，尚有税收补贴对有房户的倾斜。

[③] 财产税等于财产（住房）市场价值乘财产税率，资本化效应将使住房市场价值增加，同比例的税率降低并不影响有房户财产税。

[④] 无论有房户还是租房户对住房均具有占有权、使用权，不失一般性，本书将占有权、使用权归一化为零，目的是讨论方便。

[⑤] 在英国，保有方式多元化（社会出租、全产权、共有所有权）常用于提高社会经济融合（Berube，2006）。

由 RLS 提供无息资本金贷款（equity loan）（Bramley and Karley，2005）。FmHA 第 502 条款项目由政府向购房者提供低利率贷款[①]（Carliner，1998）；首付救助项目主要有两种方式：个人发展账户（individual development accounts，IDAs）、租买所有权（lease-purchase ownership）（Collins and Dylla，2001；施瓦兹，2008），首付救助的产权结构类似于英国的共有所有权模式。

房产价值产权多元化式的有限产权房主要特点如下。

需要政府补贴：经济适用住房建设用地实行行政划拨方式供应（即免收土地出让金），免收城市基础设施配套费等各种行政事业性收入费用和政府性基金。RLS 需要政府拨款，这是制约共有所有权住房扩展的主要原因（Bramley and Karley，2005）。FmHA 第 502 条款项目贷款利率与市场利率之差由政府弥补（Carliner，1998），首付救助项目由政府或非营利组织出资（施瓦兹，2008）。

购房者需满足一定条件：经济适用住房供应对象为城市低收入住房困难家庭（国发〔2007〕24 号）。共有所有权、购房针对"夹心层"（Bramley and Karley，2005）。FmHA 第 502 条款项目的首付救助对象是中低收入家庭（Carliner，1998；施瓦兹，2008）。

交易受限制：购房 5 年后可转让经济适用住房，且需向政府补交一定比例的土地收益。购房转让后要求按转让时的市场利率补交利息（Bramley and Karley，2005）。FmHA 第 502 条款项目转让收益部分归 FmHA 所有（Carliner，1998），首付救助项目要求住房出售时返还救助资金或一定比例的住房增值由救助部门所有（Collins and Dylla，2001）

第二，从融资角度，即融资方式多元化。传统住房金融，购房皆采用负债融资，融资方式多元化指同时采用资本金融资和负债融资。对住房成本影响表现在两方面：一是直接影响——抵押贷款额减少而降低住房支出；二是间接影响——抵押贷款额减少使金融机构贷款风险降低，导致利率下调，从而降低住房成本。

已开发的这类产品包括共享增值抵押贷款（shared-appreciation mortgages，SAM）、共享资本金抵押贷款（shared-equity mortgages，SEM）（Caplin et al.，2007）。此时，购房资金结构如图 2.8 所示。

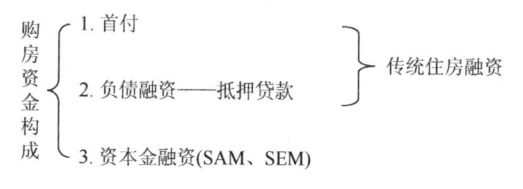

图 2.8　购房资金结构

[①] 贷款利率随不同借款者、不同时期而变，以保证住房成本占家庭收入的 20%（Capone，2008）。

SAM 于 20 世纪 70 年代晚期发端于美国，20 世纪 90 年代中期英国苏格兰银行正式发行。SAM 存在的问题是投资者收益随时间下降、借款者逆向选择和道德风险。SEM 克服了 SAM 定价中时间依赖和状态依赖的弊端。资本金投资者收益来源于房价增值（Caplin et al., 2007）。

负债融资与资本金融资比较如下。

（1）均有资金使用期限。负债融资期限较长，最长可达 40 年（Quigley and Raphael, 2004）；资本金融资期限较短，一般为 10 年（Caplin et al., 2007）。

（2）负债融资要求购房者在贷款期限内还本付息，SEM（或 SAM）要求购房者在期末偿还本金与一定比例的房价增值；因此，本质上，SEM（或 SAM）类同于欧式看涨期权。

（3）资本金融资比负债融资定价困难。由于资本金收益（投资者收益）取决于未来房价增值，不同地区、同一地区不同地段、同一地段不同住房类型，房价增值差异极大，且房价差异根源并不清楚（Caplin et al., 2007），这导致：一是定价困难；二是定价不具有普遍性；三是定价灵活导致歧视性（如次贷定价）；四是二级市场投资者信息不对称而导致资本金融资难以普及。

（4）在美国，由于住房贷款利息可免税，收入越高税收补贴越多（见第 5 章），可预计资本金融资对高收入购房者不具有吸收力。

（5）既然资本金融资基于房价增值，那么完全采用负债融资的杠杆效应更明显，即负债融资优于资本金融资。

（6）住房负债融资与企业负债融资本质完全相同，但住房资本金融资不同于企业资本金（股本）融资：一是住房资本金融资有一定合同期限、收益要求；二是住房资本金融资收益仅在合同期末兑现。由此可见，住房资本金融资更类似于定期不付息债券融资。

（7）理论上正确的住房资本金融资方式为：投资者收益源于虚拟租金、无合同期限。

住房融资方式多元化的有限产权体现在构成房价的住房增值收益不仅由有房户所有，住房资本投资者也享有一定份额的增值收益。

住房资本金融资尽管在合同期内降低了住房成本，但合同到期后，购房者将一次性支付资本金与一定比例的房价增值。根据 Caplin 等（2007）的文献，资本金成本为 11.5%，远大于常规抵押贷款利率（图 2.3）。总体而言，SEM（或 SAM）并没有降低住房成本，仅推迟了住房成本发生时点，类似于 20 世纪 20 年代美国盛行的气球贷款和子弹贷款（Carliner, 1998）。

综上所述，由于有限产权旨在降低住房成本，提高低收入家庭住房支付能力，采用政府补贴方式的有限产权更合理。

2.4 住房成本特性

本书将住房成本特性归结为时间差异性、空间差异性。时间差异性指不同时点住房成本不同;空间差异性指不同地点住房成本不同。住房成本(主要指自有住房的住房成本)特性源于住房固有特性、住房消费特性和房价增值特性。

住房固有特性包括空间固定性、耐用性、异质性(Smith et al., 1988);住房消费特性指一次性投入大、需要住房金融支持[①];房价增值特性包括时间效应、空间效应和邻居效应(Quercia et al., 2000a)。

2.4.1 时间差异性

任何消费品均可能存在时间差异性,住房成本时间差异性表现如下。

同一消费者,住房成本随时间而异。无论有房户还是租房户,均面临相同的居住支出变化;但两者住房支出变化并不相同。对于有房户,由于价格锁定效应,如果采用固定利率贷款,仅在贷款还清之后住房支出不同于还贷期住房支出,而在还贷期住房支出完全相同(等额还本息时),或者说住房支出流在贷款时就已经确定;如果采用可调利率贷款,还贷期住房支出将随利率而变。对于租房户,住房支出随市场租金而变[②](图 2.9)。

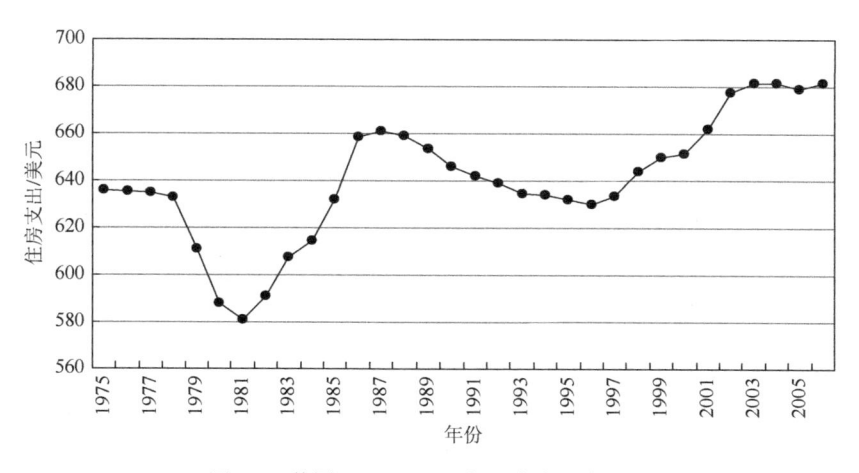

图 2.9 美国 1975～2006 年租房户住房支出

资料来源:Joint Center for Housing Studies of Harvard University(2007)

---

① 建设部课题组(2007)指出,我国 30～35 岁购房者,贷款家庭占 66.15%,比例最低的是 65 岁以上购房者,贷款家庭占 30.65%。1998～2005 年末,个人住房贷款余额从 637 亿元增加到 1.8 万亿元(任宏等,2007a)。

② 美国 HUD 每年发布全美 2600 多个住房市场公平市场租金(fair market rent, FMR),作为计算低收入家庭租房补贴的标准(施瓦兹,2008)。

不同消费者，住房成本随时间而异。对于有房户，购房时点不同，其住房成本则不同（图 2.6）。

住房成本时间差异性意味着：即使收入、非住房支出完全相同的有房户，其住房支付能力随购房时点不同而异，换言之，住房销售时价不能用于计算所有有房户住房支出；反之，出租房市场租金可反映租房户住房支出。

2.4.2 空间差异性

空间固定性、异质性，住房市场交易成本高，以及房价增值特性导致住房成本空间差异性。

空间固定性使住房空间套利成为不可能，异质性使房价差异成为必然，交易成本高降低了交易频率，增大了价格差异（Salop and Stigilitz, 1982），房价增值不仅与住房本身质量有关，而且与地理位置、周围环境质量有关（Quercia et al., 2000a）。所有这些因素使住房成本空间差异不同于其他商品空间差异。此外，有房户的价格锁定效应造成了住房成本的路径依赖，也导致有房户住房成本空间差异性，即考虑某时点不同有房户住房成本时，住房成本因不同购房时点而异。

图 2.10 为我国 2006 年 35 个大中城市房价频数分布。相同时点、贷款利率相同、相同贷款期限时，用房价差异反映了不同城市首次购房者住房成本差异。

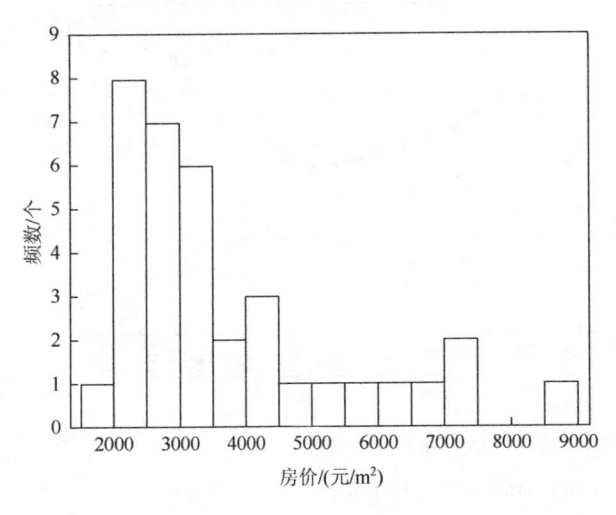

序列名：	FJ
样本数	135
观测值	35
均值	3 688.229
中位数	3 073.000
最大值	8 848.000
最小值	1 940.000
标准差	1 760.234
偏度	1.305 203
峰度	3.855 093
JB统计量	11.003 72
概率	0.004 079

图 2.10 2006 年我国 35 个大中城市房价频数分布

资料来源：《中国统计年鉴 2007》

图 2.11 为美国 2008 年 35 个人口较多城市有房户住房成本和租房户住房成本

分布，有房户住房支出按固定利率 7%、贷款期限 30 年计算，租房户住房成本为美国 HUD 公布的公平市场租金（两居室）。

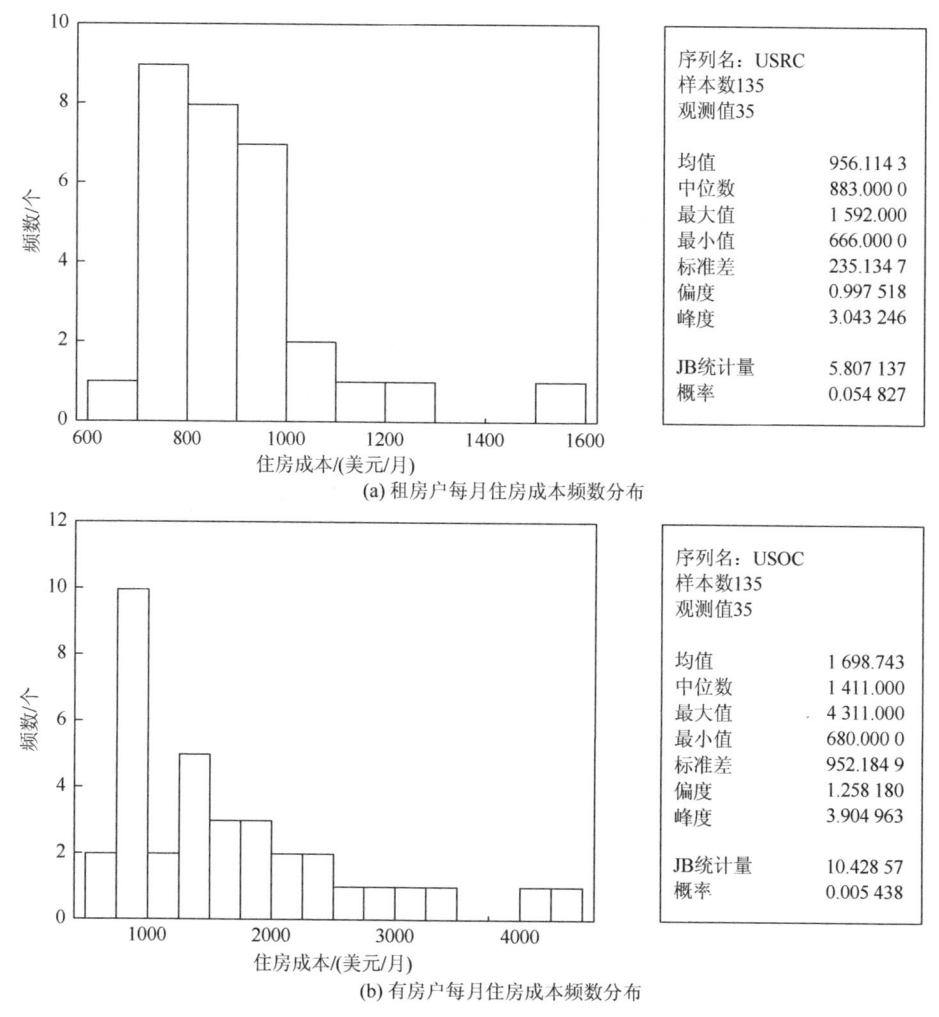

序列名：USRC	
样本数135	
观测值35	
均值	956.114 3
中位数	883.000 0
最大值	1 592.000
最小值	666.000 0
标准差	235.134 7
偏度	0.997 518
峰度	3.043 246
JB统计量	5.807 137
概率	0.054 827

(a) 租房户每月住房成本频数分布

序列名：USOC	
样本数135	
观测值35	
均值	1 698.743
中位数	1 411.000
最大值	4 311.000
最小值	680.000 0
标准差	952.184 9
偏度	1.258 180
峰度	3.904 963
JB统计量	10.428 57
概率	0.005 438

(b) 有房户每月住房成本频数分布

图 2.11　2008 年美国 35 个人口较多的城市住房成本频数分布

资料来源：Rho 等（2008）

由图 2.10 和图 2.11 可计算不同情况下的变异系数：中国 0.48，美国租房户 0.25、有房户 0.56。这说明，市场化程度、经济发展水平与住房成本空间差异性没有必然联系。

不仅不同城市，同一城市住房价格差异也极为明显。如上海内环、外环、内外环之间平均每平方米价格分别为 30 258 元、5358 元、13 175 元；而重庆最高的九龙坡区为 4485 元、最低的大渡口区为 1720 元（中国指数研究院，2005）。

住房成本空间差异性意味着：其他条件相同的家庭，居住城市不同，则住房支付能力不同。同一城市，住房成本空间差异将导致社区隔离①，社区隔离进一步强化住房成本空间差异。

2.5 本章小结

住房成本可分为货币成本和使用成本。本章评析了两类住房成本的相关文献，论证了住房支付研究采用货币成本的合理性，分析了住房融资方式、房价、税收、产权结构对货币成本的影响，最后讨论了住房成本的特点。结论如下：

（1）与使用成本相比，住房支付能力研究采用货币成本更合理。

（2）货币成本包括住房支出和居住支出，住房支出为抵押贷款每月还贷，居住支出指水、电、燃气费用，物业管理费，财产税，财产保险等。

（3）不同住房金融产品对住房成本影响不同。

（4）与房价相比，住房支出可以更合理地解释住房市场供需关系。

（5）与融资多元化相比，降低住房成本采用政府补贴方式的有限产权更合理。

（6）住房成本具有时间差异性和空间差异性。

---

① 谢林（Schelling，1971）提出社区隔离假说（communities segregation hypothesis）：即使每个人均愿意居住在混合（综合）小区（mixed（integrated）neighborhood），但所有人的自由选择将导致社区隔离；Young（1998；2001）证明隔离状态是稳定的；Zhang（2001a；2001b）拓展了谢林假说，证明隔离状态具有随机稳定性。

第 3 章 收入与房价关系研究

3.1 概　　述

住房成本、收入、非住房支出三者共同决定住房支付能力，第 2 章研究表明影响住房成本的因素有很多，其中房价与收入关系最为密切，房价是连接收入和住房成本的纽带。

孤立地看，房价增长，则住房成本增长，从而导致住房支付能力下降；但房价增长可能是由于收入增长。或者说，收入增长未必一定提高住房支付能力，因为收入增长可能同时伴随房价上升。

本章研究收入与房价的关系，旨在说明住房支付能力问题不会随着收入增长而自动消失，因为收入增长将伴随房价上升；同时房价增长，将使有房户财富增加，从而增加收入来源，进而改善住房支付能力。

本章从两个方面开展工作，首先梳理房价和收入研究的相关文献，其次对我国有关城市房价和收入关系进行实证研究。

需要说明的是本书不对收入统计的精确度进行探讨，因为这远远超出了本书的研究范围。家庭收入精确统计几乎在所有国家均是一个普遍性的难题，现唯有瑞典建立了完善的全国性家庭财产数据库（Campbell，2006）。

本章创新之处在于建立了房价收入关系的固定效应模型，模型表明人均工资增加 1 万元，城市房价增加 880 元，从而增加住房成本。

后续内容安排如下：3.2 节梳理相关文献；3.3 节实证分析我国 6 个城市（北京、天津、上海、广州、深圳、重庆）房价关系；3.4 节分析我国 35 个大中城市房价与收入关系，并建立回归模型；3.5 节是本章小节。

3.2 文 献 评 析

3.2.1 收入与房价（或租金）关系

收入与房价均是住房需求研究中的两个重要变量，均影响住房需求，常用价格弹性和收入弹性表示其影响程度。根据微观经济学定义[①]，价格弹性指在保持其

[①] 可参见微观经济学教材，如范里安（2006）文献的第十五章相关内容。

他条件不变的情况下，价格每变化1%而引起的商品需求量变化的百分数。价格弹性小于零的商品为普通商品（即价格下降，需求量增加），对于普通商品，价格弹性（绝对值）小于1，则称该商品具有乏弹性需求，大于1为具有弹性需求，等于1为具有单位弹性需求，当一种商品没有相近的替代品时，需求就会非常缺乏弹性；价格弹性大于零（即价格增加，需求量增加）的商品称为吉芬商品。收入弹性定义与价格弹性类似，收入弹性大于零（即收入增加，需求增加）的商品为正常商品，其中弹性大于1的商品称为奢侈品，小于1的商品称为必需品，等于1时表示消费者具有位似偏好（homothetic preference），即消费与收入同比例增加；收入弹性小于零（即收入上升，需求减少）的商品为低档商品。平均而言，每个人消费组合的收入弹性约等于1。

收入与房价不仅是住房需求必须考虑的两个因素，收入也是房价的重要解释变量，其中工资收入是劳动力市场基本面的反映，房价是住房市场的基本信号，两者的关系也是住房经济学家研究的重要内容。

收入与房价是辩证的关系，收入影响房价，房价也会影响收入。收入不仅包括劳动力市场的工资收入，自有住房具有资产属性，从而产生资产收益（或损失），故而房价的变化也会影响住户收入构成，进而影响住户的住房支付能力，最终表现出对住房消费的影响。

Malpezzi和Mayo（1987）给出了基于住户和城市两个层次的结论，对于住户：①租房户的需求收入弹性一般为0.3～0.6，有房户的需求收入弹性一般为0.4～0.8[1]；②相同收入水平，有房户住房消费大于租房户。这主要不是需求收入弹性差异所致，而是支出方程中常数项差异所致。这表明在造成有房户与租房户消费差异的原因中嗜好（taste）和资产等变量至关重要；③住房需求的永久收入弹性大于现有收入弹性，但在包含价格项和人口特征变量相对"完整"的需求模型中，两者相差并不明显；④需求的价格弹性为-1.0～-0.8，远高于其他文献报道结果。对于城市：①不同城市，收入增加，租金收入比随之增加；②长期需求收入弹性（城市之间）不小于1，而价格弹性的绝对值小于1，估计中收入弹性精度高于价格弹性；③通常的情况是，有房户要为所有权本身支付一定的溢价。溢价等于住房资本的机会成本与住房估算租金之差，不同的市场条件溢价悬殊。特别地，在房价增长快以及储蓄率或外地汇款比例高的城市，所有权溢价高。保有方式的保障程度也影响所有权溢价。比较住户和城市两个层次，得出如下结论：①长期收入弹性大于同一市场的收入弹性。截面结果与市场行为直接相关，而长期结果则

---

[1] 我国自有住房（自有私房）户收入弹性为0.655，承租（私房）户收入弹性为0.499；相应的价格弹性为-0.490、-0.309（郑思齐，2007）。需要说明的是Malpezzi和Mayo（1987）以住户为样本对象，而郑思齐（2007）以家庭为样本对象，两者并不完全相同。

可用于市场预测。②城市水平的长期价格弹性绝对值低于截面价格弹性。按理来说，长期价格弹性应更大，Malpezzi 和 Mayo 的解释是：因为方程设定偏误，不同城市间的需求方程向 0 偏向，而住户需求方程向 1 偏向。政策建议如下：①住房保障政策中，通常的住房支付能力计算假定住户可以支付 25%～30%的收入用于住房消费是完全错误的。不同地区、不同收入、不同保有方式，其比例并不相同。②大多数现有公共住房项目都有直接或间接的补贴，其效率主要取决于享受参与方的收入和价格弹性。③现有支付能力计算没有考虑不同城市保有方式的差异，所以计算结果误差极大。④不同城市住房所有权溢价的巨大差异表明，在某些城市，增加出租房存量的措施更合理且效果更好；而在高溢价的城市，重点则是增加自有住房存量。

Poterba（1991）对房价变化给出了三种不同的解释。第一，建造成本的冲击。建造成本系统性变化使价格上涨超过全国生产通胀平均值。如果这个观点成立，不同质量的住房房价增长率大体上应相同。第二，税收和通胀（未预期的）共同作用产生需求冲击。这种使用成本的观点意味着面积较大的住房的增值波动率较大，因为在美国通常购买这类住房的高收入住户的相对需求预期在 20 世纪 70 年代增加，而在 80 年代降低。第三，Mankiw 和 Weil（1989）指出的 20～34 岁年龄段人口购房对住房市场的冲击。这一观点与使用成本的观点相反，该观点认为：70 年代后期及 80 年代住房市场大量的婴儿潮居民住房需求应当使低端住房大量增加，而不是大量增加高端住房（trade-up house）。Poterba 用美国 39 个城市 1980～1990 年的中位房价数据对上述三个因素对房价影响相对程度进行了检验。结果表明收入和建造成本的变化对真实房价变化有很大的影响，人口因素并不显著。其研究也证实了如下观点：房价变化可根据滞后信息预测——滞后房价增长和滞后人均真实收入变化有助于预测未来房价变化。Downs（2002）对美国 85 个大都市区房价变化的研究结果表明，收入是影响房价的主要因素。

越来越多的证据表明长期住房价格增长的主要动因是收入增长、就业增长以及资本使用成本部分变化（或资本使用成本中部分或全部构成要素的变化，构成要素包括真实利率、边际税率、房价期望）；其他要素有建筑成本和住宅开发管制约束程度（Case and Shiller，1989；Glaeser and Gyourko，2003，McCue and Belsky，2007）。

以上文献从均衡理论的角度将房价和收入建立了联系，而且在构建房价模型时，将住房类同于金融资产。例如，Poterba（1991）即假设住房提供住房服务，而住房服务的价格是前向式的（forward-looking），通过与金融资产套利定价。在理性假设前提下（这是套利定价的基石），这种方法不能解释房价的序列相关性，即为什么过去的房价影响未来的房价；没有考虑交易量的波动，且假设不同类型的住房的相对价格不变。为了对动态的住房市场（价格和交易量的变化）给出合理解释，人们主要从三个方面进行了理论上的拓展：一是从住房市场的不完备[1]入手，考察住房市场搜寻匹配对房价的影响[2]；二是从资本市场的不完备入手，考察住房净资产约束（equity constraint）对房价的影响；三是从人们偏好的非一致性入手，考察损失厌恶[3]对房价的影响。前两个理论均基于理性经济人假设，后一个理论则基于行为经济学的有限理性假设；后两个理论关注的均是名义房价下跌对住户的影响，但是两者对住房市场行为的解释及其政策含义完全不同。资产约束理论认为：资产约束源于住房抵押贷款需要首付，名义房价下跌将使资产约束的住户不能自由流动，从而降低了住房市场的需求，进一步导致房价下跌，住户流动性减少，因此政府可以通过放松资产约束来化解市场失灵。与之相反，损失厌恶理论认为：损失厌恶是人们偏好所具有的特性，政策工具不会对它产生影响（Engelhardt，2003）。资产约束理论与搜寻匹配理论的主要区别在于对交易形式处理方式不同：搜寻匹配理论强调住房市场的不完备影响住房"横向"交易，所谓"横向"交易指搬家前后住房质量没有改变的交易；资产约束理论则强调信贷市场不完备影响了住房"纵向"交易，所谓"纵向"交易指搬家前后住房质量发生了改变的交易。而损失厌恶理论只能解释房价下跌时交易量将下跌，不能解释房价上升，交易也上升。现有的损失厌恶理论可看作资产约束理论的补充（Benito，2006）。

  资产约束理论发端于 Stein（1995），他用如下事例对此进行了诠释：某家庭有一套价值 10 万元的住房，抵押贷款余额 8.5 万元，无其他资产。假设该家庭打算搬到其他城区，如那里教育质量高。重新购买一套住房至少需要 10% 首付。如果房价维持不变，该家庭将旧房出售，还清抵押贷款后，余额 1.5 万元作为首付足以购买不低于以前质量的住房。但是如果房价下跌 10%，旧房出售后仅余 0.5 万元，按 10% 首付，则只能购买一套价值 5 万元的住房。理性的家庭只能选择不搬家，或者试着"钓鱼"（fishing），即将现有住房标价高于市场价，以期侥幸卖出，钓鱼几乎不存在机会成本。反之，如果房价升高，人们可以如愿以偿地购买新的住房，没必要钓鱼。这说明，交易量和交易时间与房价有关[4]。因此，名义房价的变化对人们流动的影响是不对称的：可以利用资本收益的杠杆效应购买更大

---

[1] 完备市场（perfect market）指没有摩擦且完全竞争的市场，没有摩擦的市场是指所有资产无限可分且无交易费用。完备市场不同于后面将要提及的完全市场（complete market），完全市场指线性无关的证券数量等于未来所有世界状态的总数，从理论上讲，如果存在完全的证券市场，则未来财富价值的风险可降为零（Copeland and Weston，1992）。

[2] 可参见郑思齐（2007）住房搜寻匹配的相关文献综述及对我国的实证研究。

[3] 损失厌恶（loss aversion）是行为经济学前景理论中的一个重要概念，是指一定数量的损失引起人们精神上的痛苦感受要远远强于相同数量的获利引起的愉快感受（周爱民和张荣亮，2005）。

[4] 显然，Stein 描述的是一个静止且没有交易费用的住房市场，只考虑了房价的变化。

的住房，但是也会受到资本损失的约束[①]。Stein 将上述直觉构建为住房市场的流动性模型，结果表明不对称效应会导致住房市场均衡时的乘数效应并产生多重均衡，也就是说首付效应使住房市场的价格和交易量比有效市场假设条件下的波动更大。乘数值取决于住房市场中受约束搬家户比例，只有当达到一定比例时，资产约束才产生明显的乘数效应。Ortalo-Magné 和 Rady（2006）将 Stein 模型进一步拓展，在时间上从静态拓展为动态（全寿命期），从信贷约束拓展到信贷约束和收入冲击，行为人从已购房者拓展到包括准备购房者（但仅限于年轻的住户）。模型表明年轻住户的首付能力和收入是住房市场最为重要的影响因素；收入的变化会导致房价的过度反应，且高端住房[②]的房价波动更大，房价与交易正相关。上述论点成立需要满足的条件是：首次购买的不是高端住房，首次购房者均在金融机构贷款，房价相对变化不会对无约束住户购买高端住房的意愿产生太大的影响。资产约束理论也得到了实证研究的支撑（见 Ortalo-Magné 和 Rady（2006）对相关实证文献的综述）。

Genesove 和 Mayer（2001）首次在住房市场的研究中引入了名义损失厌恶的概念，用于分析人们的售房行为。样本数据为美国波士顿市区公寓房交易数据，结果发现大多数售房者均表现出名义损失厌恶行为。Engelhardt（2003）采用美国 1985~1996 年的 149 个城市住房交易数据，研究了信贷约束和风险厌恶效应对年轻自有住房户流动性的影响，结果表明：名义损失厌恶对住户的流动性有显著影响，房价下跌而产生的信贷约束几乎没有影响。Einio 等（2008）利用芬兰 1987~2003 年所有公寓房交易数据，实证检验了住户在住房出售中存在损失厌恶和心理账户行为[③]。上述住房市场行为用损失厌恶来解释仅是实证研究，尚没有构建理论上的框架，正如 Engelhardt（2003）所言：首先，为了更好地理解房价和交易量的动态性以及均衡性，基于损失厌恶的行为人假设，需要构建住房市场完整的理论模型；其次，有房户出售住房和流动性决策中出现的损失厌恶行为与抵押贷款首付和损失住户的违约行为并不矛盾；最后，损失厌恶的研究对住房资产保险产品、期权和期货的需求与定价具有一定的指导意义。

上述文献讨论了房价的影响因素，主要是收入对房价的影响。实际上房价也会影响收入，进而对消费产生影响。房价对消费的影响有三种不同的解释：财富

---

① 资本收益的杠杆效应与资本收益的财富效应无关。为了阐明这一点，考虑没有抵押贷款的情形，即购房只能采用现金支付。某一住户有一套价值 10 万元的住房，如果房价上涨 10%，则仅可购买价值 11 万元的住房。而住户可以借款购房则意味着 1 元的资本收益可以购买超过 1 元的住房。前者是财富效应，后者是杠杆效应（Engelhardt, 2003）。

② 高端住房是质量比低端住房更高的住房，后者的服务设施更为简陋。在英、美等国，低端住房一般指公寓式住房，而高端住房一般为独立式住房。

③ 心理账户即心理上的收支平衡账户，人们在某些无法精细计算其收入与支出的时候，凭心理上的所觉所悟来衡量收支平衡，它是行为金融学中的一个术语（周爱民和张荣亮，2005）。

效应（wealth effect）、担保效应（collateral effect）、预防储蓄（precautionary saving）或短视行为（myopic behavior）（Campbell and Cocco，2007）。

为了购买其他商品和服务，有房户可以通过三种途径利用住房资产融资，从而改变收入的构成：一是出售现有住房并购买价值更低的住房或者租房，这种方法中重新购房的成本很高，如需要支付房地产中介费、手续费、搜寻成本、搬迁费等；二是再融资，简单说来就是初级抵押贷款（primary mortgage）未还清前重新与金融机构签订住房抵押贷款合同；三是第二抵押贷款（second mortgage），第二抵押贷款指住户用住房净资产（home equity）作为抵押向金融机构申请贷款，包括住房净资产贷款（home equity loan）和住房净资产授信（home equity line of credit）两种形式。相对于其他信用贷款，住房担保贷款（上述第二、第三种方式）利率低、可税收入中可以扣减利息。Hurst 和 Stafford（2004）考察了消费平滑中住房资产和再融资的作用，结论是：在失业期间，流动资产较少的住户更有可能通过再融资方式平滑消费。Peristiani 等（1997）研究表明贷款房价比[①]较低的住户，再融资的概率更高。Manchester 和 Poterba（1989）探讨了第二抵押贷款和住户净财富水平的关系，发现资本收益增加的住户第二抵押贷款的概率更高；Salandro 和 Harrison（1997）通过考察住户最大信贷额度为住房资产授信的概率以及该概率与住户特征的关系，发现住房资产与住房价值的比例越高，住户采用住房资产授信方式的概率越低。Manchester 和 Poterba（1989）、Salandro 和 Harrison（1997）均采用截面数据，但结论却相反。Gross 和 Souleles（2002）研究了住房价值增加，即信贷额度增加时的消费者行为，发现对于贷款额接近信贷额度的居民（说明这部分居民更有可能面临信贷约束），当信贷额度增加时，边际消费倾向增加。与之类似，Yamashita（2007）研究了当住房增值使信贷额度增加时，流动性约束住户的消费行为，发现财富收入比不同的有房户的借款方式明显不同，财富收入比越低，利用第二抵押贷款的比例越高，即财富较低的住户更多地使用第二抵押贷款，因此房价的增值可以刺激这部分人的消费，而对于财富较多的住户，房价增值对其消费不产生影响。

Case 等（2001）采用 14 个发达国家 25 年的年度面板数据和美国 1980～1990 各个州的季度面板数据实证检验了不同财富（金融财富和住房财富）对消费的影响，结果表明在发达国家，住房财富对消费的影响大于金融财富。

真实房价增值对家庭储蓄行为将产生多种可能的影响。在确定性条件下的传统生命周期储蓄模型中，储蓄的资金是为了退休消费。真实住房资本增值将降低非住房的储蓄，对退休消费的非住房财富产生替代效应。这一结论基于如下假设：

---

① 贷款房价比（loan-to-value ratio，LTV）指贷款额与住房市价之比，是金融机构用于评定住房贷款风险的指标；比例越大，贷款风险越高。

第一，没有流动性约束，有房户预计真实住房资本收益长期存在，但无法预测。暂时收益不影响消费和储蓄行为，可预期的住房收益在消费平滑中已考虑，故收益实际产生时也不会影响储蓄行为。

第二，住房财富与其他财富完全可替换，而 Thaler 和 Johnson（1990）认为家庭有不同的心理账户，住房仅是其中之一，不同心理账户的资产不可替代；因此，家庭不会因住房资产增值而减少其他资产的持有量。

第三，住房资本收益家庭可用于消费。理论上，可通过金融工具，如反向抵押/第二抵押贷款等实现。Manchester 和 Poterba（1989）研究了第二抵押和储蓄行为的关系，发现 20 世纪 80 年代二次抵押普及很快，且第二抵押贷款每增加 1 元，家庭净财富减少 75 分。与二次抵押不同，反向抵押很少（Mayer and Simons, 1994），这说明或是金融机构很少提供反向抵押工具，或是老年人不需要用他们住房聚集的财富来消费。家庭还可通过出售住房获得住房资本收益，收益通过这种方式影响储蓄的条件是搬家成本（包括精神成本和货币化成本）不能过高，而诸多研究表明搬家成本可能较高（Venti and Wise, 1984; Haurin and Gill, 2002）。

第四，对后代没有利他主义或留给遗产的动机。遗产动机可能带来的结果是住房收益并不消费，而是将其留给后代，即住房资本收益很高的家庭并不减少非住房储蓄，而是将住房收益留给子女。Engelhardt 和 Mayer（1994）发现初次购房者中约有 20%家庭的首付是由亲戚无偿援助或贷款的。

如果上述任何一项假设不成立，则上述结论不成立。即使所有假设均成立，由于有储蓄抵消效应，模型所预测的结果不一定就是住房收益增加 1 元，则非住房储蓄减少 1 元。

Engelhardt（1996a）采用家庭层面微观数据实证分析了美国 20 世纪 80 年代房价增值与自有住房户储蓄行为的关系。研究中家庭储蓄行为用财富真实变化度量，分析了不同地区、不同时间房价的储蓄效应，结果表明：真实住房资产增值的边际消费倾向，对平均储蓄家庭为 0.14，对中位储蓄家庭为 0.04。此外，房价变化对储蓄行为的影响是不对称的，对于房价增值的家庭，其储蓄行为不会改变；对于房价贬值的家庭，储蓄率下降。

Campbell 和 Cocco（2007）认为从理论上不能合理解释住房的财富效应，房价的增加并不一定意味着真实财富的增加，由于住房也属于消费品，对于有房户，高房价仅意味着补偿其较高的虚拟租金。正如 Sinai 和 Souleles（2005）指出的，自有住房是租金和房价波动的对冲工具，因此无论波动有多大，并没有真实的财富效应，也没有替代效应，不会影响消费决策；因此房价变化对消费的影响只能通过实证检验。Sinai 和 Souleles（2005）采用英国微观混合面板数据估计了房价波动对消费的影响，财富效应对不同住户影响各异：大于 40 岁的有房户财富效应最明显，非耐用品消费对住房价格的弹性系数为 1.7；价格弹性最小的是小于 40

岁的租房户，不显著异于 0。地区房价影响地区消费，这说明在估计房价对消费的影响时要考虑地区差异。房价可预测变化影响消费可预测变化，特别是对于可能存在借款约束的住户更是如此，但影响的因素是全国层面的房价变化而不是地区层面的房价变化，而且影响的不仅是有房户，也包括租房户。

郑思齐（2007）通过国家统计局城市社会经济调查总队的家庭微观截面数据估计了我国辽宁省、广东省、四川省等的自有私房家庭的财富效应，结果表明住房价格上涨1%，消费支出上升0.11%；辽宁省的住房财富效应低于其他两省，但没有讨论财富效应是如何形成的，也没有分别讨论不同收入家庭的财富效应。郑思齐也估计了住房价格增长对租赁私房家庭的储蓄效应，结果表明住房价格增长率增加1%，消费支出下降0.01%，即储蓄增加，具有储蓄效应（90%显著水平）。

综上所述，可得出如下论点。
（1）住房属于必需品，且有房户收入弹性大于租房户。
（2）住房属于乏弹性商品。
（3）收入是影响房价的重要因素。
（4）住房价格变化影响住户的非住房消费，而且对不同住户的影响不同。

3.2.2　收入和房价的不确定性与住房消费行为

3.2.1 节综述了房价和收入与住房需求的关系以及两者之间关系的相关文献，本节主要综述房价、收入在不确定性条件下对住房消费行为影响的相关文献。

Henderson 和 Ioannides（1983）认为房价不确定性降低了人们的购房意愿，因为风险厌恶住户可以将购房资金投资于其他具有固定收益的资产，从而弥补租房负外部性[①]。Weicher（1977）提出有房户可以通过住房对冲通胀风险，从而增加住房支付能力。Berkovec 和 Fullerton（1992）提出住房可以对冲未来住房成本风险的观点，Sinai 和 Souleles（2005）将风险对冲观点进行了模型化处理，指出购房是一项高风险投资的传统观点忽略了租房也有高风险这一事实，与其他资产不同的是，自有住房产生的红利完全等于市场租金，所以自有住房可以对冲租金风险。因此，仅仅考虑住房资产价格的风险不能合理解释住户的风险头寸。例如，当租金上涨时，所有住户的租金"负债"均会增加，但是因为红利相应增加，所以有房户的房价将增加，从而补偿"负债"增加的损失。这种弥补效应降低了房价变化导致的财富风险效应[②]。当然，当有房户搬迁（或死亡）而需要售房时，也

---

① 租房负外部性指由于承租合同的不完全性，房东不会承担承租人维修住房所发生的费用（Henderson and Ioannides，1983）。

② 住房财富风险效应指在一个波动性的住房市场中，不确定性增加了未来住房资产收益的风险，从而风险厌恶的经济人将降低住房消费的现象（Han，2008）。

会面临住房价格的风险。这样的风险在未来产生，所以其现值较小；如果居住时间无限长（或者后代继承），自有住房完全不存在风险，因为根本没有售房风险。Sinai 和 Souleles 构建了有限居住时间的多阶段住房保有方式选择模型，结果表明住户预期居住时间延长、未来搬迁地区与现居住房地区房价相关性越大，则自有住房的净风险（指扣除租金风险后的售房风险）越低。实证结果表明，净租金风险增加，租售比和自有住房概率均增加。

Ortalo-Magné 和 Rady（2002）将自有住房风险对冲的观点进一步拓展[①]，不仅考虑房价、租金风险，而且包括收入风险，建立了一个两时期的保有方式选择模型。考虑收入风险是基于 Ortalo-Magné 和 Rady 的模型假设：同类型的住房（Ortalo-Magné 和 Rady 将住房分为两种类型：低端住房和高端住房），住户无论买或是租，其效用相同（即买或租是完全可替代的），因此保有方式的选择取决于非住房消费的期望效用，而非住房消费依赖于收入与住房成本，所以模型中必须考虑收入风险。模型结论是：给定住户住房消费计划，收入与房租协方差减少，则自有住房概率增加。如果住户将来计划购买的住房的使用成本与现有住房的使用成本协方差越大，则住户现在越有可能购买该住房。计划居住时间越长，住户越有可能购房；反之，则有可能租房。Ortalo-Magné 和 Rady 最后指出，由于所有权的不可分性以及存在个体风险，住房并不是完备的对冲工具。

上述文献主要从保有方式（广延边际）研究自有住房的对冲效应。Han（2008）从集约边际研究了自有住房的对冲效应。Han 对集约边际上的对冲效应进行了如下例证式的说明：有一对准备购房的新婚夫妇，根据现有经济实力可以购买一套公寓房，打算待经济宽裕后换一套独立式住房，两类住房未来的价格均是不确定的。传统的经济学理论认为，不确定性增加了未来住房资本收益的风险，因此这对风险厌恶的夫妇应该推迟购房或购买面积较小的公寓，这就是所谓的住房财富风险效应。通过调查研究，住房经济学家发现，该夫妇居住城市的公寓房价格与独立式住房价格有很强的正相关性，也就是说购买公寓具有实物对冲效应，即自我对冲机制（self-hedging mechanism），与金融对冲类似，与面包师可通过购买小麦期货对冲未来小麦价格波动风险一样[②]。而 Flavin 和 Yamashita（2002）研究表明，其他金融资产与住房价格几乎不相关。经如此解释，这对夫妇毫不犹豫地购买了一套面积较大的公寓。Han 将上述直觉构建为生命期住房需求模型，模型考虑了房价的不确定性以及住房交易成本高两个因素。结论是：房价不确定性对住房需求的净效应取决于对冲激励强度，取决于住户未来住房消费计划，如果住户计划换更大的住房且两类

[①] Sinai 和 Souleles（2005）的论文 2001 年曾在宾夕法尼亚大学沃顿商学院专题论文（mimeo）中发表，所以时间上要早于 Ortalo-Magné 和 Rady（2002）。

[②] 小麦期货的例子并非原文所有，而是本书作者所加。原文是指购买与将来打算购买的资产价格正相关的证券。

住房有很强的相关性，则对冲效应大于住房财富风险效应，价格不确定性增加，住房投资（消费）增加；如果住户计划更换更小的住房或两类住房没有相关性，则对冲效应减弱，房价不确定性将抑制住房需求。福利的含义是：当住户的对冲效应大于住房财富风险效应时，房价不确定性的增加降低了住户福利成本；由此，在不完全的住房市场中，家庭无法通过金融工具分散住房价格的风险，只能依靠住房的自我对冲机制平滑生命期住房消费。由此可见，Shiller（1993）提出的建立住房市场保险的工具将影响某些住户所采用的住房自我对冲机制的实施，因此建立住房市场保险工具的效果并没有以前研究文献所称得那么理想。

Davidoff（2006）从集约边际和广延边际探讨了工资收入不确定性与房价不确定性的协方差对住房消费的影响。在两期条件下，考虑了工资收入和房价的协方差可能存在异方差，理论分析了住房消费与协方差的关系。结论是：协方差增大，集约边际和广延边际的最佳住房消费量均减少，而 Ortalo-Magné 和 Rady（2002）的结论仅是其模型中的一个特例。Davidoff 用美国住户微观数据对模型进行了验证，协方差增大，购房概率减少，但是统计显著性并不明显，且影响的程度较轻；协方差增大明显影响住房消费量。平均说来，协方差增加一个标准差，在两种效应作用下，住房投资约减少 7500 美元；因此，没有保险的工资收入和房价，加之住房无法分散投资，严重扭曲了住房消费和投资。同时 Davidoff 指出，从长期来看，股票市场的回报不仅与工资收入正相关，而且与房价正相关。Shiller（1993）提出建立区域房价的衍生品市场以对冲住房投资收益的波动风险。Caplin 等（1997）提出应开发一种新的金融工具，分散有房户住房资产的风险。Davidoff（2006）的研究表明，在一般均衡条件下，尽管上述风险分散方法的福利效果并不明朗；但如果分散风险的证券定价合理，那么大多数住户均会从中受益。实际上，如果收入和房价有较强的相关性，即使不考虑平滑住房投资的资本收益，住户也愿意看空区域住房价格指数，以平滑未来工资收入。现实状况是，大多数住户几乎没有住房以外的资产，对于这些住户，通过购买证券来对住房风险实现完全保险是不太可能的。由此可见，提议取缔虚拟租金和住房资本收益免税的观点是值得考虑的；假设房价名义增长率大于零，对住房资本收益征税可以降低自有住房户收入和房价的协方差，从而相应减少住房消费和投资扭曲，但总的福利效果并不明朗。

以下文献研究了收入不确定性对住房消费的影响。

DeSalvo 和 Eeckhoudt（1982）分析了收入不确定性对住房消费的影响，其不确定性的代理变量是失业概率，结果表明不确定性增加、住房消费减少（即负效应）。Turnbull 等（1991）采用相同的分析框架发现，收入风险对住房需求有负效应，但是同时指出如果预期工资收入包含收入风险补偿，则工资收入的不确定性可能产生非负效应；因此并没有明确的结论。Fu（1995）分析了流动性约束下的住房需求，结果表明在流动性约束和不变风险厌恶条件下，确定性收入增加了住房投资，降低了消费。但是，如果风险厌恶高，投资有可能降低；如果投资者流动性约束增加，投资有可能降低。因此，不确定性的影响并不明朗。

尽管理论模型并没有给出明确的答案，但是对美国住房市场现有的实证研究结论无一例外地表明收入不确定性对自有住房有负效应。Haurin 和 Gill（1987）、Haurin（1991）以及 Robst 等（1999）的实证研究表明收入风险增加，住房需求和自有住房概率均下降。

旨在厘清收入不确定性对自有住房概率影响的现有文献只考虑了收入方差。实证研究发现风险增加、违约概率增加也具有负效应。因此，风险厌恶的住户可能更偏好于租房，McGoldrick（1995）、Hartog 和 Vijverberg（2002）对美国的研究，以及 Hartog 等（2003）、Diaz-Serrano 等（2003）对欧盟部分国家的研究表明，个人更偏好收入正偏态[①]分布。这是因为与对称收入分布相比，正偏态收入分布中高收入概率和大损失的概率均较小；换言之，在一个正偏态越明显的收入分布中，低于均值收入的可能性越小。这种行为称为"偏态倾向"（skewness affection）（Hartog and Vijverberg，2002）。

行为经济学中的前景理论（Kahneman and Tversky，1979；1991）可用于解释偏态倾向，该理论认为损失造成的负效用大于等值收益带来的正效用。据此，风险厌恶的住户可能感觉正偏态收入分布更安全。Diaz-Serrano（2005a）用德国和西班牙 1994~2001 年面板数据实证检验了收入不确定性对住房消费的影响，其结论是收入的方差对自有住房产生负效应，偏态产生正效应；而且 Diaz-Serrano 给出的不同方程设定均支持这一结论。收入不确定性的度量方法如下：将收入分为永久收入和临时收入，如下：

$$W_{it} = W_{it1} + W_{it2} = \beta_1 X_{it1} + \beta_2 X_{it2} + u_{i1} + u_{i2} + \varepsilon_{it1} + \varepsilon_{it2}$$

式中，下标 i 表示某一住户；t 表示时间，年；W_{it} 为住户总收入；W_{it1}、W_{it2} 分别为户主和配偶的总收入；X 为影响永久收入的变量集合，如学历、性别、企业类型等；u 为不可观察因素，如能力、尽职程度等产生的工资收入系统性变化，是一个常数[②]。方程右式前面四项为住户永久收入，后两项构成住户临时工资收入，即回归方程的白噪声项。然后计算临时收入的方差和偏态，得到收入的不确定性和偏态的度量指标。

Diaz-Serrano（2005b）以意大利住户为样本对象进行实证研究，结果表明工资收入不确定性与自有住房负相关的动因是住户对抵押贷款违约的风险厌恶而不

[①] 偏态（skewness）是用于描述随机变量的概率密度函数是否遵从正态分布的指标，当某分布的均值与正态分布下的均值不同时，即称为偏态。其表达式为：$s = \dfrac{[E(X-\mu)^3]^2}{[E(X-\mu)^2]^3}$，$S>0$ 为正偏态分布，反之则为负偏态分布，等于 0 为正态分布。

[②] u 相当于回归方程的常数项。

是信贷约束。研究中，Diaz-Serrano 首先对住户的风险进行度量，其方法是：根据问卷调查结果计算每个住户的 Arrow-Pratt 绝对风险厌恶值，并用三个回归方程对所计算的风险值进行了检验，检验结果说明风险值的度量是合理的。其次对影响自有住房率的各种因素进行了回归分析，结果表明收入不确定性、信贷约束（收入约束和首付约束）与自有住房率负相关，但收入约束统计不显著；当回归方程中加入风险厌恶变量后，风险厌恶与自有住房率正相关（90%显著性水平），收入约束与自有住房率正相关，但统计不显著。最后对不同类型住户（有无收入约束、有无首付约束、有无风险厌恶）收入不确定性对自有住房率的影响进行了回归分析；结果表明，无信贷约束（收入约束、首付约束）、风险厌恶的住户的收入不确定性与自有住房率负相关，而对于不厌恶风险、存在信贷约束的各类住户的收入不确定性与自有住房率相关性不显著。为了解释没有信贷约束的住户的收入不确定性与自有住房率负相关的原因，作者对不同类型住户（有无收入约束、有无首付约束）的风险厌恶与自有住房率进行了回归分析，发现无首付约束、无收入约束的住户的风险厌恶与自有住房率正相关，而存在信贷约束（收入约束、首付约束）的住户，其风险厌恶与自有住房率统计不显著。最终结论是：无信贷约束的住户的风险厌恶程度大于信贷约束的住户[①]，只有风险厌恶而无信贷约束的住户的收入不确定性与自有住房率负相关，即收入不确定性与自有住房负相关是由风险厌恶导致的[②]。其收入不确定性的度量与 Diaz-Serrano（2005a）相同。

本节综述结论如下。

（1）不确定性影响住房消费：收入风险（不确定性）增加，自有住房消费降低；房价（租金）风险增加，购房概率增加；收入与房价的协方差增大，购房概率和自有住房消费均减少。

（2）住房消费不仅与收入、房价的不确定性有关，而且与住户特征有关，这些特征包括偏好、年龄、住房消费计划等。

3.3 我国不同城市房价相关性分析

上述文献中，Sinai 和 Souleles（2005）、Ortalo-Magné 和 Rady（2002）、Han（2008）探讨了不同住房市场（同一城市不同类型的住房和不同地区住房市场）房

[①] 这似乎暗合了中国的一句俗话："虱多不痒，债多不愁。"但这与通常认为的收入越高风险厌恶程度越低是不吻合的。或许更为合理的解释是低收入家庭（存在信贷约束的家庭）几乎没有临时收入，也就是说，不存在收入不确定性；故而，收入不确定性与这些低收入家庭的自有住房率在统计上是不显著的，这从另一个角度说明了这些家庭抗外界冲击的能力极低，因为缺乏临时收入这一缓冲工具。

[②] 因为这样的住户根本不存在信贷约束，所以信贷约束不可能是收入不确定性与自有住房率负相关的原因。而对于存在信贷约束的住户，其收入不确定性与自有住房率不相关，这进一步排除了信贷约束的影响。

价相关性对住房消费的影响，Sinai 和 Souleles（2005）、Ortalo-Magné 和 Rady（2002）从广延边际的角度进行了讨论，Han（2008）则从集约边际的角度进行了讨论，结论是相关性增加，自有住房概率（或消费）增加。根据上述三篇文献的理论模型，郑思齐（2007）认为我国住房市场化后住房需求极为旺盛，人们更愿意购房而不是租房，因此预计不同城市房价应该有较强的相关性。如果结果存在很强的相关性，则表明影响房价的不仅有地区因素，而且有整个宏观经济基本面的因素；如果相关性很弱，则表明影响房价的主要是地区因素。

3.3.1 数据分析

城市房价采用中国指数研究院的住宅价格指数月度数据，时间为 2000 年 12 月～2007 年 12 月，包括北京、天津、上海、广州、深圳、重庆六个城市（图 3.1）。需要说明的是，该指数反映了住房市场各类质量住房的价格变化，也就是说该指数包含质量变化和价格变化导致的某地区房价的变化，并不是真实的价格指数。真实的价格指数必须保持相同的质量[①]。我国现有住房质量不变价格指数为中国指数研究院编制的 Hedonic 指数[②]（图 3.2），该指数从 2005 年 1 月以后编制发布（北京、上海从 2004 年 1 月开始），由于时间较短（36 个月），代表性不足，所以本书没有对 Hedonic 指数进行回归分析。但可以对两类指数作简单对比分析。

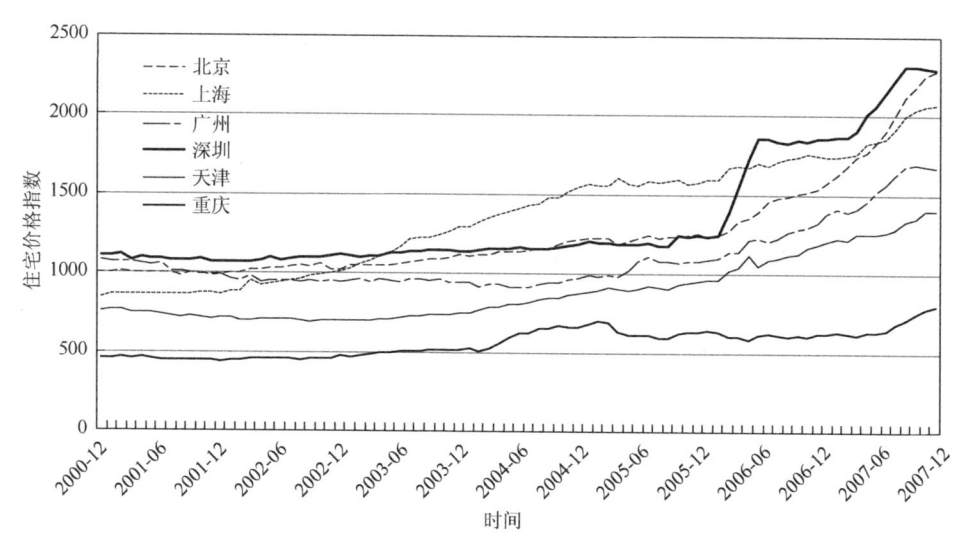

图 3.1　住宅价格指数（2000 年 12 月～2007 年 12 月）

[①] 注意，这里的质量是广义的质量，不仅包括住宅本身物理质量，也包括住宅区位、环境、面积等。
[②] Hedonic 指数详细介绍见中国指数研究院（2005）：《中国房地产指数系统：理论与实践》（第二版）。

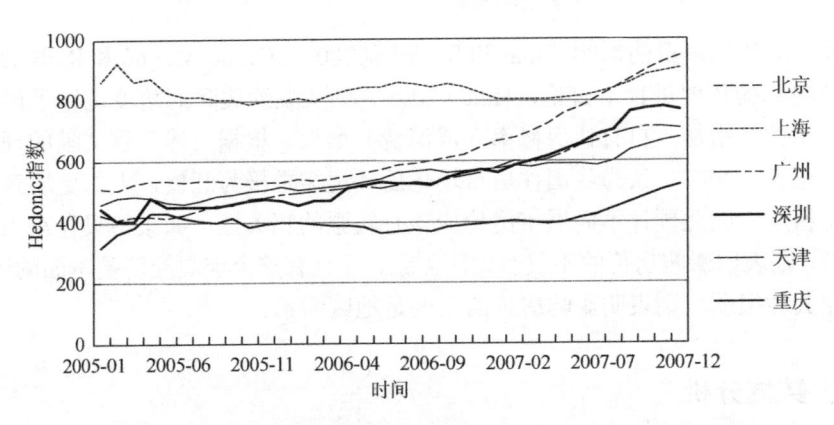

图3.2 Hedonic指数（2005年01月~2007年12月）

中国指数研究院（2005）指出，不同时期房价可以看作该时期只受供求关系影响的"基准价格"与只受住房质量特质影响的"特征价格"之和，即总房价=基准价格+特征价格；其中总房价用图3.1的住宅价格指数反映，基准价格用图3.2的Hedonic指数反映。通过比较图3.1与图3.2相同时段（2005年1月~2007年12月）的数据，可得如下结论。

第一，Hedonic指数增长低于住宅价格指数增长（表3.1）。北京的住宅价格指数月均增长30.3，Hedonic指数月均增长12.4，其他各城市的住宅价格指数增长也大于Hedonic指数增长。唯一例外是重庆，重庆Hedonic指数增长大于住宅价格指数增长，有两方面原因：一是基期Hedonic指数处于最低位，而同期的住宅价格指数处于高位；二是2007年6月新特区[①]利好消息刺激了重庆的住房需求。由图3.2可知，2007年下半年重庆需求拉动极为明显，但也不能排除物价上升致使指数上涨；因为由图3.2可看出，此间6个城市Hedonic指数增长幅度均极为明显。

表3.1 Hedonic指数与住宅价格指数月平均增长（2005年1月~2007年12月）

指数	北京	上海	广州	深圳	天津	重庆
住宅价格指数	30.3	14.5	19.6	31.2	14.7	3.3
Hedonic指数	12.4	1.1	8.1	9.2	6.3	5.8
Δ	17.9	13.4	11.5	22.0	8.4	−2.5

第二，各地区房价上涨的原因并不相同。表3.1第3行为住宅价格指数与Hedonic指数之差，它反映由质量导致的房价上升。由需求拉动房价的主要有北

---

① 2007年6月，经国家发展和改革委员会批准，成渝两地成为城乡统筹试验区，重庆本地媒体将该试验区称为"新特区"。

京、深圳、广州，由质量导致房价上升最为明显的是上海，其质量贡献平均占 92.4%$\left(\frac{13.4}{14.5}\times 100\%\right)$；而重庆的质量贡献为负，总体而言，这说明重庆住房市场需求不旺。

第三，判定城市房价涨幅应当采用不变质量指数。与其他消费品最大的差异是，住房同时具有耐用性、空间固定性、异质性三个属性。不基于同质住房的价格比较，得出的结论往往大相径庭。最为突出的例子是深圳，2006年2月~2006年6月，短短4个月时间，住宅价格陡升48.8%，一举夺回了2003年4月失去的全国住宅价格冠军的"宝座"，而同期Hedonic指数仅增长了13.7%，这说明深圳房价上升主要由质量提高而致。由图3.2可知，深圳与广州同质量住房的上涨速度是较为接近的。不同质量的住房的价格根本没有可比性。

由于质量的不一致，用住宅价格指数对比不同时期住房的价格显然不合理，但可用于反映不同时期人们对房价的可接受程度，也就是，对于本书的主题研究——住房支付能力，采用住宅价格指数可满足要求。

3.3.2 不同城市房价回归估计

通过单位根检验可知，各个城市的房价时间序表现出不同的平稳性：北京$I(0)$、上海$I(1)$、天津$I(1)$、广州$I(0)$、深圳$I(1)$、重庆$I(1)$，即北京、广州的住宅价格指数序列是平稳的，而其他四个城市的住宅价格指数序列是一阶求积的（差分一次后平稳）。计量经济学中对非平稳时间序列建模有两种方式：一是将原始序列通过差分转换为平稳序列，然后对差分后的平稳序列回归建模；二是对原始序列协积检验，如果序列之间存在协积关系，则可对非平稳时间序列回归建模，如果不存在协积关系，则必须采用第一种方式建模。对差分后的时间序列建模就如同古扎拉蒂（2004）所说：按照这样的方式去解决非平稳性问题就会把孩子连同洗澡水一起泼掉。因为我们更多需要的是时间序列水平值之间的关系，而不是差分值之间的关系。本书采用第二种方式估计城市间房价的关系，具体步骤如下：第一步对两个城市间房价求协积回归（cointegrating regression）；第二步检验回归方程的残差是否平稳，如果是平稳的，则两个城市间房价关系满足协积关系，如果残差不是平稳序列，则说明两个城市间房价不存在长期平稳关系。

（1）协积回归，两个城市房价回归方程如下：

$$P_{it} = \beta_1 + \beta_2 P_{jt} + \mu_t \tag{3.1}$$

式中，P_{it}为城市i第t月的住宅价格指数；P_{jt}为城市j第t月的住宅价格指数；β_1为截距项；β_2为协积参数；μ_t为残差项。

（2）残差检验方程如下（单位根检验）：

$$\Delta\mu_t = \xi_1 + \xi_2 t + \delta\mu_{(t-1)} + \sum_{h=1}^{L}\varphi_h\Delta\mu_{(t-h)} + \varepsilon(t) \tag{3.2}$$

式中，$\Delta\mu_t = \mu_t - \mu_{(t-1)}$，$\Delta\mu_{(t-1)} = \mu_{(t-1)} - \mu_{(t-2)}$；$\mu_t$ 为式（3.1）中的残差；$\mu_{(t-h)}$ 为残差滞后项（滞后 h 项）；$\varepsilon(t)$ 为白噪声项。

方程（3.2）的虚拟假设（null hypothesis）是 $\delta = 0$，即存在一个单位根，也就是说方程（3.1）中的残差是非平稳的。如果检验结果不拒绝虚拟假设，则拒绝方程（3.1）是协积回归；如果检验结果拒绝虚拟假设，则不拒绝方程（3.1）是协积回归。单位根检验结果见表3.2。

表3.2 单位根检验结果（τ）

被解释变量	解释变量					
	北京	上海	天津	广州	深圳	重庆
北京	—	3.37*	0.38	−1.88	−1.82	−0.22
上海	2.31	—	−0.55	−0.15	−1.16	−1.76
天津	−0.21	−0.48	—	−1.31	−3.09	−1.50
广州	−2.05	0.13	−0.92	—	−2.13	−0.85
深圳	−2.09	−1.33	−2.98	−2.44	—	−1.69
重庆	−1.48	−2.20	−1.47	−1.64	−1.80	—

注：分析软件为EViews5.0，所有结果均取小数点后2位；检验方法：ADF（augmented Dickey-Fuller，扩充迪基-富勒）；麦金农（Mackinnson）临界 τ 统计量1%、5%、10%分别为−4.07、−3.46、−3.16
* 表示显著性水平10%

表 3.2 中单位根检验结果为方程（3.2）中 δ 的 τ 值。如北京～上海的 τ 值为3.37，其含义是指以北京的住宅价格指数为被解释变量（因变量），即方程（3.1）中的 P_{it}，以上海的住宅价格指数为解释变量（自变量），即方程（3.1）中的 P_{jt}，按式（3.1）回归，回归所得残差按式（3.2）进行单位根检验，δ 的 τ 值为3.37。为了突出中心问题，表3.2中只反映了 τ，没有列出 δ 值、判定系数等回归结果。由表3.2可知，解释变量与被解释变量互换后其 τ 值不同，这是由于计量经济学中对两者的性质要求不同，被解释变量要求是随机的，而解释变量要求是确定性的。

由表3.2可知，只有北京～上海回归关系在10%的显著性水平内不拒绝协积回归，其他回归方程均不满足协积回归，也就是说不能采用式（3.1）回归这些城市间的价格关系，只有将其差分平稳后才能进行回归分析。

北京～上海住宅价格指数回归方程如下：

$$\text{BJZ} = 254.2 + 0.73 \times \text{SH} \qquad (3.3)$$
$$(3.64)\ (14.80)$$
$$R^2 = 0.725 \quad d = 0.0255$$

式中，BJZ 表示北京的住宅价格指数；SH 表示上海的住宅价格指数；0.73 为协积参数；截距项为 254.2，表示用上海住宅价格指数不能解释的其他因素对北京住宅价格指数的影响程度；括号中的数值为 t 值，由此可知，上海住宅价格指数与北京住宅价格指数的关系统计显著。上海的住宅价格指数每增加 100，北京的住宅价格指数增加 73。根据判定系数 R^2，72.5%北京住宅价格指数的变化可用上海的住宅价格指数反映；同时可以得到北京与上海住宅价格指数的相关系数 R 为 0.851（$\sqrt{0.725}$）。d 为德宾-沃森（Durbin-Waston）统计量，用于判断序列相关，取值范围为[0，4]；一般说来，当该值在 2 附近时表示不存在序列相关，远小于 2 表示正序列相关，远大于 2 表示负序列相关，式（3.3）中 $d = 0.0255$ 远小于 2，按常规标准判断，方程残差存在严重的正序列相关，即式（3.3）可能存在严重的设定偏误（specification bias）。用式（3.2）对式（3.3）回归残差进行单位根检验，结果拒绝单位根（10%显著性水平）假定，这说明方程（3.3）设置合理。之所以出现不同的判定结果是因为方程中的两个时间序列（北京住宅价格指数、上海住宅价格指数）存在协积关系，也就是说，尽管两个序列个别而论是非平稳的，但这两个序列的线性组合是平稳的。

不考虑方程（3.2）中的趋势项，即 $\xi_2 = 0$，所得单位根检验结果见表 3.3。

表 3.3 单位根检验结果（τ）

被解释变量	解释变量					
	北京	上海	天津	广州	深圳	重庆
北京	—	2.59*	−0.19	−1.72	−1.69	−0.32
上海	−1.89	—	−1.87	−2.29	−1.59	−2.01
天津	−0.60	−0.49	—	−1.80	−2.65*	−1.18
广州	−2.15	0.31	−1.47	—	−2.38	−1.22
深圳	−2.17	−1.36	−2.92**	−2.66*	—	−1.48
重庆	−1.53	−2.33	−1.44	−1.42	−1.52	—

注：分析软件为 EViews5.0，所有结果均取小数点后 2 位；检验方法：ADF；麦金农临界 τ 统计量 1%、5%、10%分别为 −3.51、−2.89、−2.58

* 表示显著性水平 10%；** 表示显著性水平 5%

由表 3.3 可知，10%以上显著性水平统计显著的 τ 值由表 3.2 的 1 个增加到 4 个，即北京~上海、天津~深圳、深圳~天津、深圳~广州，而且深圳~天津的 τ

在5%显著性水平时统计显著,这说明其协积回归方程出现单位根的可能性要小于另外3个方程,也就是说深圳~天津住宅价格指数回归方程的平稳性更好。天津~深圳、深圳~天津、深圳~广州等协积回归方程如下:

$$TJ = 191.5 + 0.52 \times SZ \tag{3.4}$$
$$(7.8) \quad (29.7)$$
$$R^2 = 0.914 \quad d = 0.137$$

$$SZ = -220.8 + 1.75 \times TJ \tag{3.5}$$
$$(-4.1) \quad (29.8)$$
$$R^2 = 0.914 \quad d = 0.141$$

$$SZ = -541.8 + 1.72 \times GZ \tag{3.6}$$
$$(-8.5) \quad (30.1)$$
$$R^2 = 0.916 \quad d = 0.132$$

式中,TJ、SZ、GZ分别表示天津、深圳、广州住宅价格指数。其他统计量的解释类似于方程(3.3)的解释。三个协积回归方程的判定系数R^2均大于方程(3.3),也就是说这三个方程的拟合程度更高,这与在不考虑趋势项情况下,其τ值更大是吻合的。由方程(3.4)、方程(3.5)可知,天津~深圳、深圳~天津两个方程的相关系数相同,均为0.956($\sqrt{0.914}$),但两个方程并非互为倒数,也就是说,不能从方程(3.4)推出方程(3.5)。深圳~广州的相关系数为0.957($\sqrt{0.916}$)。

3.3.3 不同城市房价增长率回归估计

在研究的6个城市中,满足协积回归的方程仅4个。占总方程个数30的13.3%,这表明城市房价更多表现出地区差异。为了更清楚地了解各城市房价关系,需要对住宅价格指数序列进行平稳化处理,即对非平稳序列进行差分处理。按常规的处理方法,差分就是相邻时间住宅价格指数相减,得出的是一个差额值,用差额值来解释不同城市之间的房价关系,与人们的常识极为不协调;因此,本书用增长率来反映各城市间的房价关系。

$$g_t = \frac{HI_t - HI_{(t-1)}}{HI_{(t-1)}} \times 100\% \tag{3.7}$$

式中,g_t为($t-1$)月的住宅价格指数增长率;HI为住宅价格指数。

根据式(3.7)对6个城市的住宅价格指数进行处理后,时间序列数据从85个减少为84个。下面首先分析新生成序列的统计性质,然后检验其平稳性。

图3.3~图3.8为6个城市2000年12月~2007年11月的住宅价格指数增长率。直觉上,这些城市住宅价格指数增长率是平稳的。

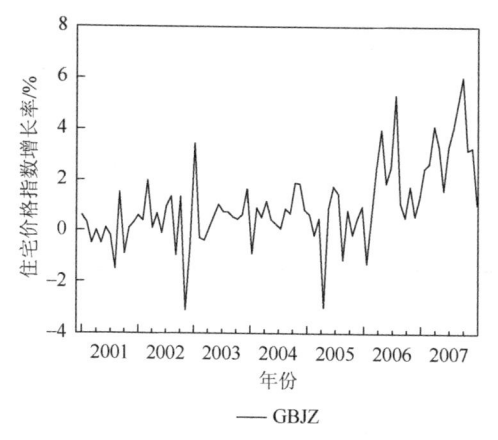

第3章 收入与房价关系研究

图 3.3 北京住宅价格指数增长率

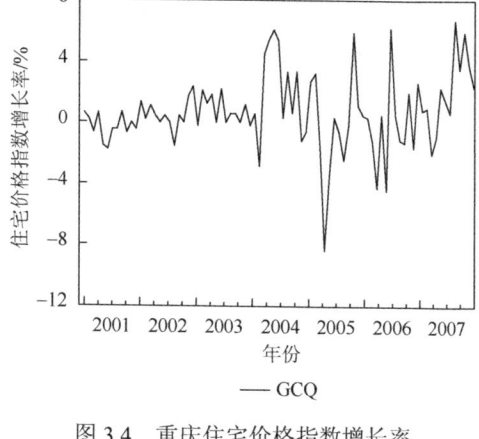

图 3.4 重庆住宅价格指数增长率

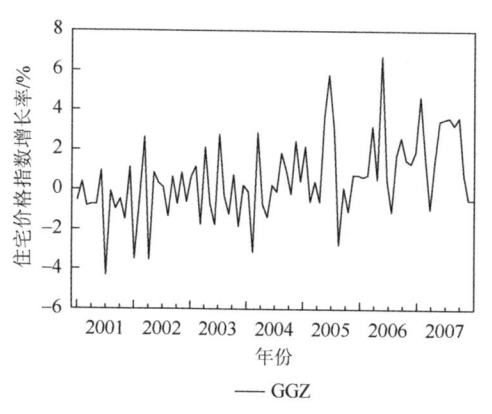

图 3.5 广州住宅价格指数增长率

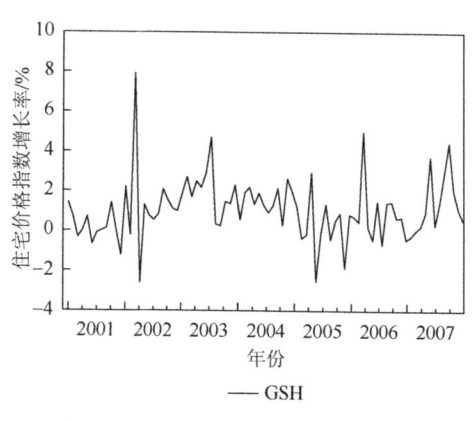

图 3.6 上海住宅价格指数增长率

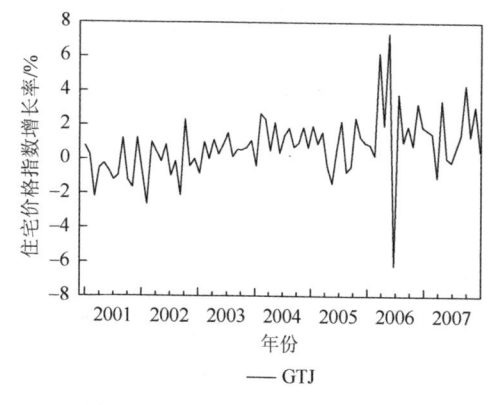

图 3.7 天津住宅价格指数增长率

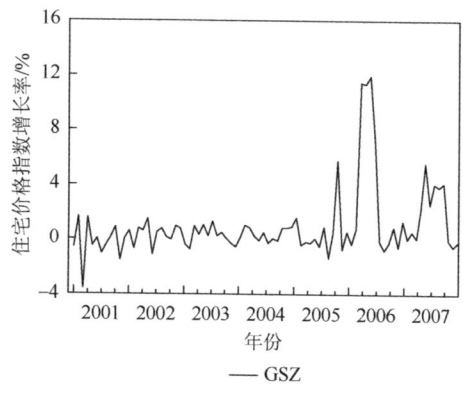

图 3.8 深圳住宅价格指数增长率

同样，也采用单位根检验法对新生成的住宅价格指数增长率序列进行平稳性检验，与前面检验回归方程残差是否存在单位根不同的是，这里是检验住宅价格指数增长率序列是否存在单位根。检验方程与式（3.2）相同，只是这里用住宅价格指数增长率 g_t 代替残差，虚拟假设也是 $\delta = 0$，即存在单位根。检验结果见表3.4。

表3.4　住宅价格指数增长率序列单位根检验结果

城市	τ	R^2	d
北京	−7.06	0.38	2.01
上海	−9.56	0.53	1.97
天津	−12.88	0.67	1.97
广州	−9.75	0.54	1.98
深圳	−4.75	0.22	1.93
重庆	−6.68	0.36	2.06

注：分析软件为EViews5.0，所有结果均取小数点后2位；检验方法：ADF；检验方程：$\Delta g_t = \xi_1 + \xi_2 t + \delta g_{(t-1)} + \sum_{h=1}^{L} \varphi_h \Delta g_{(t-h)} + \varepsilon(t)$；麦金农临界 τ 统计量1%、5%、10%分别为−4.07、−3.46、−3.16

由表3.4可知，6个城市的 τ 绝对值均超过了任何一个临界值的绝对值，因此拒绝 $\delta = 0$ 的假设。也就是说，6个城市的住宅价格指数增长率序列是平稳的，这与前面的直觉是吻合的；而且 d 值也处于合理水平。因此这些序列可用于建立回归方程。

下面建立城市住宅价格指数增长率的回归方程，由于本书的主要目的是反映城市之间房价增长率的相关关系，即计算其相关系数，只给出了单边的回归方程，如北京～上海、上海～北京，只给出其中一个回归方程。就如同上面给出的房价回归方程一样，两个方程的相关系数相同。为了清晰地说明回归方程的构建过程，以北京～重庆为例予以说明。

采用软件EViews5.0，得到北京～重庆住宅价格指数增长率回归方程如下：

$$GBJZ = 0.89 + 0.15 \times GCQ \qquad (3.8)$$
$$t = （4.99）（2.19）$$
$$R^2 = 0.0555 \quad d = 1.15$$

式中，GBJZ 为北京住宅价格指数增长率；GCQ 为重庆住宅价格指数增长率。

根据回归估计结果可知，d 值过低，可能存在正序列相关，当存在序列相关时，估计量无效，即式（3.8）中 t 值的统计显著性不可靠。查德宾-沃森统计量表[①]，在

---

① 古扎拉蒂（2004）《计量经济学》（下册）附录 D 表 D.5a。

5%显著性水平、84 个观察值（近似于 85 个）和 1 个解释变量时，$d_L = 1.624$，$d_U = 1.671$，d 的估计值是 1.15，低于临界下限，故存在正序列相关。

对序列相关的补救方法分为两步（古扎拉蒂，2004）：第一步，计算自相关系数 ρ 的估计值 $\hat{\rho}$；第二步，用这个估计值对变量作变换，估计广义差分方程。计算 ρ 有很多种方法，这里采用德宾-沃森法。

第一步，根据德宾-沃森法：

$$\hat{\rho} = 1 - \frac{d}{2} \tag{3.9}$$

由方程（3.8）知 $d = 1.15$，则 $\hat{\rho} = 0.425$。

第二步，对变量进行变换：

$$\text{GBJZ}_t^* = \text{GBJZ}_t - 0.425 \times \text{GBJZ}_{(t-1)} \tag{3.10}$$

$$\text{GCQ}_t^* = \text{GCQ}_t - 0.425 \times \text{GCQ}_{(t-1)} \tag{3.11}$$

式（3.10）、式（3.11）表示变换后的变量等于当前值减 0.425 倍的前期值。由于第一次观察没有先前值，有两种选择：一是省略不计；二是采用普莱斯-温斯滕变换（Prais-Winsten transformation），构造第一个观察值，即第一次观察值分别为 $Y_1\sqrt{1-\rho^2}$、$X_1\sqrt{1-\rho^2}$，其中 Y_1、X_1 分别为被解释变量和解释变量的第一次观察值，本书则分别为 GBJZ_1、GCQ_1。

略去第一次观察值，所得广义差分方程如下：

$$\text{GBJZ}^* = 0.55 + 0.071 \times \text{GCQ}^* \tag{3.12}$$

$$t = (3.46) \quad (1.10)$$

$$R^2 = 0.0147 \quad d = 2.13$$

式中带星号变量是式（3.10）、式（3.11）转换后的变量。注意 $0.55 = \hat{\beta}_1(1-\hat{\rho}) = \hat{\beta}_1(1-0.425)$，其中 $\hat{\beta}_1$ 为原回归方程，即构造广义差分方程的原方程，在这里相当于方程（3.8）中的截距项系数，由此得出 $\hat{\beta}_1 = 0.96$，而原方程（3.8）中为 0.89。

包括第一次观察值（普莱斯-温斯滕变换），广义差分方程如下：

$$\text{GBJZ}^* = 0.55 + 0.072 \times \text{GCQ}^* \tag{3.13}$$

$$t = (3.50) \quad (1.11)$$

$$R^2 = 0.0148 \quad d = 2.13$$

根据 d 值判断，式（3.12）和式（3.13）已不存在自相关问题。

对回归方程（3.8）存在的序列相关补救后，所得广义差分方程为方程（3.12）或方程（3.13）。由方程（3.12）、方程（3.13）知，GCQ 统计不显著，也就是说北京的住宅价格指数增长率与重庆的住宅价格指数增长率不相关。

同理，可以估算其他城市间的回归方程，见表3.5。

表3.5 住宅价格指数增长率回归方程

城市	原回归方程	广义回归方程	相关性
北京～上海	GBJZ = 0.82 + 0.16×GSH (3.86) (1.42) $R^2 = 0.0241$ $d = 1.12$	GBJZ* = 0.55 + 0.043×GSH* (3.32) (0.47) $R^2 = 0.00281$ $d = 2.08$	不相关
北京～天津	GBJZ = 0.75 + 0.32×GTJ (4.22) (3.51) $R^2 = 0.131$ $d = 1.22$	GBJZ* = 0.49 + 0.19×GTJ* (3.14) (2.63) $R^2 = 0.0789$ $d = 2.13$	相关 $R = 0.28$
北京～广州	GBJZ = 0.84 + 0.29×GGZ (4.89) (3.52) $R^2 = 0.131$ $d = 1.44$	GBJZ* = 0.55 + 0.094×GGZ* (3.47) (1.24) $R^2 = 0.0187$ $d = 2.16$	不相关
北京～深圳	GBJZ = 0.78 + 0.24×GSZ (4.52) (3.77) $R^2 = 0.148$ $d = 1.33$	GBJZ* = 0.49 + 0.14×GSZ* (3.06) (2.07) $R^2 = 0.0506$ $d = 2.25$	相关 $R = 0.22$
上海～天津	GSH = 0.95 + 0.16×GTJ (5.23) (1.77) $R^2 = 0.0368$ $d = 2.18$		不相关
上海～广州	GSH = 0.99 + 0.15×GGZ (5.70) (1.85) $R^2 = 0.0401$ $d = 2.06$		不相关
上海～深圳	GSH = 0.96 + 0.13×GSZ (5.42) (2.02) $R^2 = 0.0475$ $d = 2.08$		相关 $R = 0.22$
上海～重庆	GSH = 1.02 + 0.081×GCQ (5.79) (1.18) $R^2 = 0.0169$ $d = 2.21$		不相关
广州～天津	GGZ = 0.23 + 0.41×GTJ (1.06) (3.67) $R^2 = 0.141$ $d = 1.82$		相关 $R = 0.38$
广州～深圳	GGZ = 0.27 + 0.30×GSZ (1.27) (3.87) $R^2 = 0.155$ $d = 1.89$		相关 $R = 0.39$
广州～重庆	GGZ = 0.55−0.016×GCQ (2.44) (−0.19) $R^2 = 0.000441$ $d = 1.69$		不相关
天津～深圳	GTJ = 0.51 + 0.26×GSZ (2.62) (3.71) $R^2 = 0.144$ $d = 2.47$	GTJ* = 0.62 + 0.26×GSZ* (3.24) (4.36) $R^2 = 0.190$ $d = 1.89$	相关 $R = 0.44$
天津～重庆	GTJ = 0.77−0.044×GCQ (3.78) (−0.55) $R^2 = 0.00372$ $d = 2.18$		不相关
重庆～深圳	GCQ = 0.67 + 0.016×GSZ (2.32) (0.15) $R^2 = 0.000277$ $d = 1.39$	GCQ* = 0.45 + 0.052×GSZ* (1.64) (0.43) $R^2 = 0.00232$ $d = 2.06$	不相关

注：分析软件为EViews5.0

表 3.5 中是否对原回归方程进行广义回归的判别条件如图 3.9 所示。图 3.9 中横轴表示德宾-沃森 d 统计量。$d=0$ 时，表示完全正相关；$d=2$ 时，表示不相关；$d=4$ 时，表示完全负相关；图 3.9 中拒绝域表示拒绝无正（负）相关假设的 d 取值范畴，无决定域表示当 d 值在此范围时，不能确定是否拒绝。前面已说明 1.624、1.671 为查表所得，2.329 为 4 减 1.671 的差，2.376 为 4 减 1.624 的差。当 d 位于 1.671～2.329 时，不拒绝回归残差无自相关，此时不用对原方程进行广义回归，如表 3.5 中上海～天津等 7 个回归方程，当 d 为其他值时（包括无决定域），需要对原方程进行广义回归。

根据上面的回归分析，6 个方程呈现统计显著，但相关系数[①]仅为 0.22～0.44，即表示出弱相关性，而 9 个方程统计不显著。前面住宅价格指数表现出强的相关性，但呈现相关性的方程仅 4 个，而且是在考虑了不同方向后所得的。

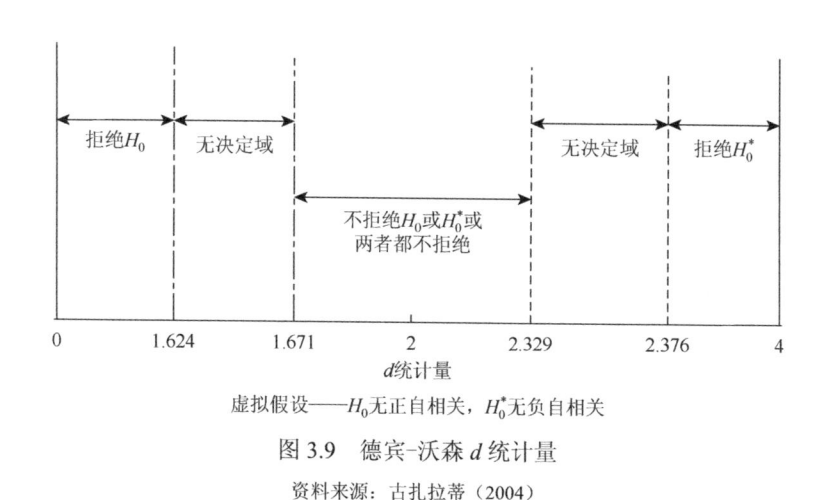

图 3.9 德宾-沃森 d 统计量

虚拟假设——H_0 无正自相关，H_0^* 无负自相关

资料来源：古扎拉蒂（2004）

本节的结论是：不同城市间房价增长率的相关性较弱，这说明房价增长率主要取决于地区的基本面。

3.4 我国 35 个大中城市房价与收入回归估计

3.3 节研究了不同城市房价、房价增长率之间的关系，结果表明在研究的 6 个城市之间，只有 13.3%的两个城市间房价存在协整关系，在 15 个房价增长率回归方程中，有 6 个统计显著，但两个城市间房价增长率均属于弱相关，这说明，

[①] 注意这里的相关与 d 值中的相关完全不同，d 值中的相关是指回归方程残差的序列相关，而这里的相关是指解释变量与被解释变量之间的相关。

影响城市房价的主要因素是地区的基本面，如工资收入、就业率、人口、建造成本、地方政府房地产政策等。根据本书的研究目的，仅研究收入与房价的关系，即建立两个模型，第一个是房价收入截面数据回归模型，第二个是面板数据回归模型，模型中加入城市人均产值、人均购置土地面积等两个控制变量。

3.3 节各城市住房价格指数不满足本节建模要求：一是没有对应时段（每月）的收入数据；二是城市数量太少，代表性不足。

本节数据来源于《中国统计年鉴》和《中国房地产统计年鉴》。

分析软件为计量经济学软件 EViews 5.0。

3.4.1 截面数据回归模型

第一个回归模型采用截面数据，探讨同一时期不同地区收入与房价的关系。这里的房价采用统计年鉴数据而不是住宅价格指数，其原因是中国指数研究院的住宅价格指数仅覆盖 10 个城市，而对于截面数据回归分析，10 个城市的数据远远不能满足要求。本书分析的房价为 35 个大中城市 2006 年平均房价，收入为 35 个大中城市 2006 年在岗职工人人均工资。

首先分析数据统计特性，由图 3.10 可知，35 个城市的平均房价为 3688.229 元/m^2，中位为 3073 元/m^2，最高房价为 8848 元/m^2（深圳），最低房价为 1940 元/m^2（西宁），房价呈不连续左偏峰分布，结合图 3.11 可以看出，总体而言，房价与人均工资呈正相关关系。

根据 3.3 节研究知道，各地区的房价主要取决于地区基本面；因此可以假设各城市间房价不相关，从而满足回归方程对被解释变量的要求。房价与人均工资回归结果如下：

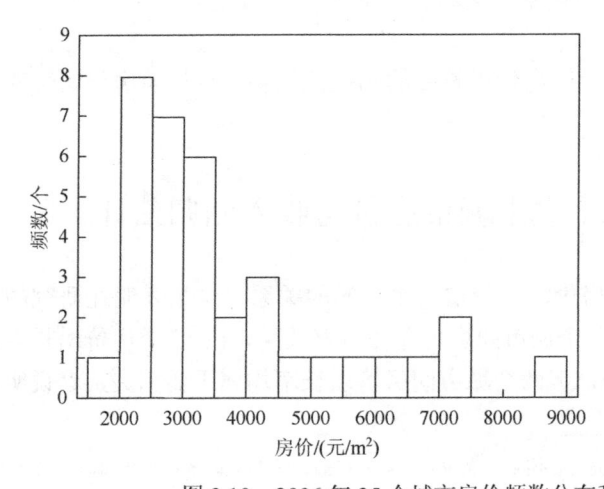

图 3.10　2006 年 35 个城市房价频数分布和统计描述

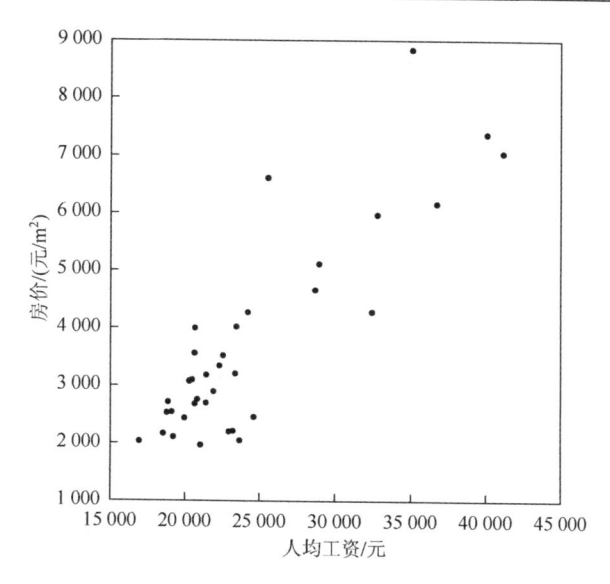

图 3.11 35 个城市房价与人均工资关系散点图

$$\text{PRICE} = -2186.4 + 0.24 \times \text{WAGE} \tag{3.14}$$
$$t = (-3.5)\ (9.6)$$
$$R^2 = 0.74$$

式（3.14）中，解释变量为人均工资 WAGE，被解释变量为房价 PRICE。由于是截面数据，可能存在异方差。对方程（3.14）的残差进行怀特异方差检验，结果如下：

$$\hat{u}_t^2 = -1.07 \times 10^8 + 810 \times \text{WAGE} - 0.013 \times (\text{WAGE})^2 \tag{3.15}$$
$$R^2 = 0.163$$

则 $n \times R^2 = 35 \times 0.163 = 5.705$。2 个自由度，5%临界 χ^2 值是 5.99；因此，根据怀特检验，不存在异方差。

根据方程（3.14）可知，平均说来，人均工资每增加 1000 元，房价上升 240 元，房价变化 74%可由人均工资解释。除了采用式（3.14）的线性函数，也可采用双对数模型，其回归结果如下：

$$\log(\text{PRICE}) = -7.27 + 1.53 \times \log(\text{WAGE}) \tag{3.16}$$
$$t = (-4.1)\ (8.7)$$
$$R^2 = 0.70$$

同样，对式（3.16）进行怀特异方差检验的结果表明，回归方程不存在异方差。方程（3.16）的含义是：人均工资每增加 1%，房价增长 153%。

尽管式（3.14）的判定系数 R^2 大于式（3.16），但不能据此判断线性模型优于双对数模型；因为当两个模型的被解释变量不一致时（一个是 PRICE，另一个是 log（PRICE）），其判定系数不能直接相比。相对而言，式（3.16）经济学含义更明显，且用人均生产总值增长率的变化来反映房价的增长率更为合理。式（3.14）中，无论人均工资高低，只要每增加 1000 元，房价就增加 240 元。而且由前面的分析可知，房价水平值的时间序列往往是非稳定的，而增长率的时间序列是稳定的；因此，采用双对数模型更为合理。

上述模型表明，房价与人均工资正相关，且人均工资可较好地解释房价变化[①]。

3.4.2 面板数据回归模型

截面数据模型的前提条件是：第一，各个城市，不仅收入对房价影响相同，而且模型中未包含的其他变量对房价影响相同（即模型中常数项相同）；第二，不同年份影响相同，即模型与时间无关。两个假设条件均非常严格。

为了放松上述假设，本节用 35 个大中城市面板数据建立回归模型，数据时间跨度为 2001~2006 年。被解释变量为住房价格，解释变量除在岗职工人均工资收入外，尚包括人均生产总值（用于反映城市经济实力）、人均土地购置面积（用于反映城市住房供应稀缺程度）。

通过面板数据可建立混合模型、固定效应模型（城市固定、时间固定）、随机效应模型（城市随机、时间随机），F 检验表明：城市固定效应模型优于混合模型，混合模型优于时间固定效应模型。Hausman 统计检验表明：城市固定效应模型优于随机效应模型；所以本书最终根据面板数据所得模型为城市固定效应模型。这意味着，3.4.1 节截面数据模型假设条件中第二个条件成立，第一个条件不成立。

数据来源：人均生产总值（RC）、在岗职工人人均工资（RG）、人均土地购置面积（RT）为作者根据统计年鉴（2002~2007 年）我国大中城市相关数据计算所得；住房价格（PRICE）（元/m^2）2001 年数据来自《中国房地产统计年鉴》（2002 年和 2003 年），2002~2006 年数据来自《中国统计年鉴》（2003~2007 年）。

首先可得如下混合模型、固定效应模型、随机效应模型。

（1）混合模型。

$$\text{PRICE} = 6.9 + 0.0138 \times \text{RC} + 0.132 \times \text{RG} - 113.36 \times \text{RT} \quad (3.17)$$

[①] Case 和 Shiller（2003）研究表明单是人均收入可以精确地解释美国除了 9 个州外的房价波动。考虑因素较为全面的 Capozza 等（2004）模型的 R^2 最大值为 0.49。

$t = (0.052)(9.7)$ (16.9) (-1.3)
$R^2 = 0.82$，SSE = 66 255 835

（2）固定效应模型。

①固定城市。

$$\text{PRICE}_i = C_i + 552.0 + 0.022 \times \text{RC}_i + 0.088 \times \text{RG}_i - 106.1 \times \text{RT}_i \quad (3.18)$$
$t =$ (3.8) (6.6) (9.8) (-1.2)
$R^2 = 0.93$，SSE = 27 313 043，$S_{\text{rg}} = 0.009$

式中，C_i 为城市固定效应系数，见表 3.6，i 表示第 i 个城市。

表 3.6 城市固定效应系数

城市	C_i	城市	C_i	城市	C_i	城市	C_i	城市	C_i
北京	**1461**	长春	−112	福州	181	长沙	−541	贵阳	−240
天津	138	哈尔滨	183	厦门	368	广州	265	昆明	96
石家庄	−351	上海	1106	南昌	32	深圳	**−1341**	西安	154
太原	163	南京	−70	济南	−50	南宁	246	兰州	−183
呼和浩特	−924	杭州	582	青岛	138	海口	−179	西宁	−556
沈阳	370	宁波	−215	郑州	−63	重庆	−358	银川	−250
大连	388	合肥	75	武汉	113	成都	204	乌鲁木齐	−730

注：表中带下划线粗体数据表示极值

②固定时间。

$$\text{PRICE}_i = D_i - 178.5 + 0.013 \times \text{RC}_i + 0.143 \times \text{RG}_i - 112.8 \times \text{RT}_i \quad (3.19)$$
$t =$ (-1.2) (9.1) (15.1) (-1.3)
$R^2 = 0.83$，SSE = 63 001 464，$S_{\text{rg}} = 0.009$

式中，D_i 为时间固定效应系数，见表 3.7，i 表示第 i 年。

表 3.7 时间固定效应系数

年份	2001	2002	2003	2004	2005	2006
D_i	268	76	−72	−153	−31	−87

（3）随机效应模型。

①城市随机。

$$\text{PRICE}_i = S_i + 427.0 + 0.017\,6 \times \text{RC} + 0.103 \times \text{RG} - 136.7 \times \text{RT} \quad (3.20)$$
$t =$ (3.0) (9.0) (13.5) (-1.8)
$R^2 = 0.81$，$S_{\text{rg}} = 0.007\,65$

式中，S_i 为城市随机效应系数，见表 3.8，i 表示第 i 个城市。

表 3.8 城市随机效应系数

城市	S_i	城市	S_i	城市	S_i	城市	S_i	城市	S_i
北京	1157	长春	−104	福州	151	长沙	−489	贵阳	−203
天津	91	哈尔滨	152	厦门	388	广州	171	昆明	65
石家庄	−298	上海	882	南昌	18	深圳	−580	西安	106
太原	133	南京	−130	济南	−49	南宁	169	兰州	−168
呼和浩特	−772	杭州	426	青岛	130	海口	−167	西宁	−530
沈阳	330	宁波	−240	郑州	−47	重庆	−336	银川	−223
大连	245	合肥	46	武汉	118	成都	192	乌鲁木齐	−633

②时间随机。

$$\text{PRICE}_i = T_i + 6.9 + 0.013\,8 \times \text{RC}_i + 0.132 \times \text{RG}_i - 113.4 \times \text{RT}_i \quad (3.21)$$

$$t = \quad (0.053) \quad (9.8) \quad (17.2) \quad (-1.3)$$

$$R^2 = 0.82, \quad S_{rg} = 0.007\,68$$

式中，T_i 为时间随机效应系数，i 表示第 i 年，$T_i = 0$；

模型比较①如下。

混合回归模型与固定效应回归模型用 F 统计量检验。

虚拟假设 H_0：模型中不同个体截距项相同（混合模型）。

备选假设 H_1：模型中不同个体截距项不同（个体固定效应模型）。

首先比较混合回归模型与城市固定效应回归模型。

$$F = \frac{(\text{SSE}_r - \text{SSE}_u)/(N-1)}{\text{SSE}_u/(NT-N-k)} \quad (3.22)$$

式中，SSE_r 为混合模型残差平方和，$\text{SSE}_r = 66\,255\,835$；$\text{SSE}_u$ 为固定效应模型残差平方和，$\text{SSE}_u = 27\,313\,043$；$N$ 为城市数量，$N = 35$；T 为年数，$T = 6$；k 为自变量个数，$k = 3$。

将上述数据代入式（3.22），得 $F = 7.2$。

查表②知 $F_{0.05(34,172)} \approx 1.5$。

因为 $F = 7.2 > F_{0.05(34,172)} \approx 1.5$，拒绝虚拟假设，即固定效应模型更合理。

同理可比较时间固定效应模型与混合模型，此时 $\text{SSE}_u = 63\,001\,464$，$N = 6$，$T = 35$，$k = 3$，得：$F = 2.08$。

查表知，$F_{0.05(4,172)} \approx 2.26$。

---

① 参见张晓峒（2008）的文献。

② 参见古扎拉蒂（2004）《计量经济学》（下册）附录 D，表 D.3。

$F = 2.08 < F_{0.05(4,172)} \approx 2.26$，不拒绝虚拟假设，即混合模型比时间固定效应模型更有效。

根据以上比较可知，城市固定效应回归模型优于混合回归模型，混合回归模型优于时间固定效应模型；因此，下面仅比较城市固定效应回归模型与城市随机效应模型。

固定效应与随机效应用 Hausman 统计检验。

虚拟假设 H_0：个体效应与回归变量（WAGE）无关（个体随机效应模型）。

备选假设 H_1：个体效应与回归变量（WAGE）相关（个体固定效应模型）。

$$H = \frac{(\hat{\beta}_{rg} - \tilde{\beta}_{rg})^2}{\hat{S}_{rg}^2 - \tilde{S}_{rg}^2} \tag{3.23}$$

式中，$\hat{\beta}_{rg}$ 为固定回归模型中人均工资（RG）回归系数，$\hat{\beta}_{rg} = 0.088$；$\hat{S}_{rg}$ 为固定回归模型中人均工资标准差，$\hat{S}_{rg} = 0.0090$；$\tilde{\beta}_{rg}$ 为随机回归模型中人均工资回归系数，$\tilde{\beta}_{rg} = 0.103$；$\tilde{S}_{rg}$ 为随机回归模型中人均工资标准差，$\tilde{S}_{rg} = 0.00765$。

将有关数据代入式（3.23）得：$H = 10.01$。

查表[①]得：$\chi^2_{0.05(3)} = 7.8$。

$H = 10.01 > \chi^2_{0.05(3)} = 7.8$，拒绝虚拟假设，即采用固定效应模型更合理。

因此，本节面板数据所得模型为式（3.18），即城市固定效应模型，这意味着 3.4.1 节截面数据构建的回归模型（各城市截距项相同）不合理。

式（3.18）中固定截距为 552.0，反映了同时影响各个城市房价的有关因素，如宏观经济、住房政策等；城市固定效应系数（C_i）反映了各个城市除人均工资、人均生产总值、人均土地购置面积 3 个解释变量之外的因素对房价的影响。C_i 大于零意味着地区因素使房价增加，小于零则意味地区因素使房价降低。

将表 3.6 中 C_i 按大小顺序排列得图 3.12，C_i 最大的是北京（1461），最小的是深圳（-1341），即 35 个大中城市房价的三个解释变量（人均生产总值、人均工资、人均土地购置面积）斜率相同时，北京市房价模型的截距最大，为 2013（= 552 + 1461），深圳最小，为 -789（= 552 - 1341）。

对此的解释及其含义如下。

（1）三个解释变量和城市固定效应系数均反映的是不同城市各自的特点，这意味着房价不仅反映住房提供服务的价值，也反映城市各项服务的价值以及给居民发展提供的机会，或者说城市价值（任宏等，2007b）。总体而言，经济较为发达的沿海地区房价高于均衡价值（$C_i = 0$ 时的房价）；反之，经济较为落后的城市，

[①] 参见古扎拉蒂（2004）《计量经济学》（下册）附录 D，表 D.4。

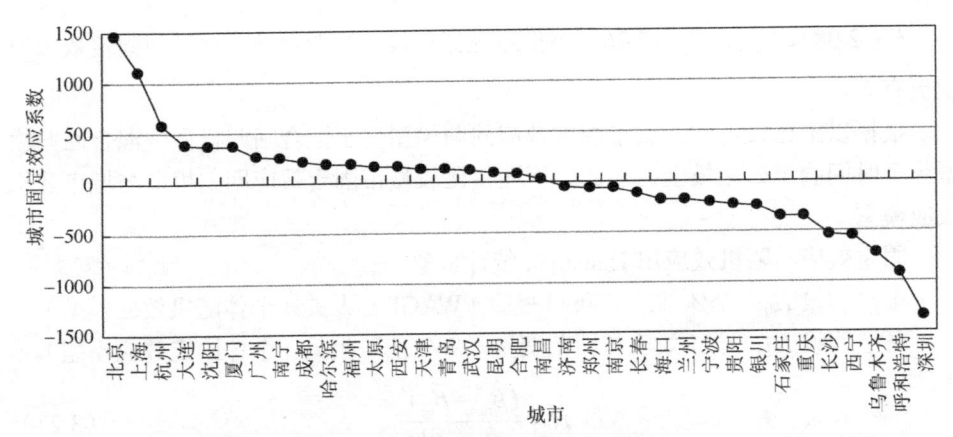

图 3.12 35 个城市固定效应系数排序

房价低于均衡价值。例外的是深圳，主要是因为深圳人均生产总值远高于其他城市（2006 年为 29.5 万元，远高于第二名广州的 79 843 元），而房价尽管最高（8848 元/m²），但与其人均生产总值并不相称，故 C_i 最低。

（2）固定效应系数反映了三个解释变量（人均生产总值、人均工资、人均土地购置面积）之外各个城市自有特点对房价的影响。这说明，不同城市房价差异原因各不相同，采用一刀切式的房价调控政策，其效果可能并不理想。

由式（3.18）知，人均工资、人均生产总值增加，城市房价上升；而人均土地购置面积增加，城市房价下降。解释变量对房价的影响与经济学理论预期一致：需求增加，房价上升；供应增加，房价下降。但人均工资、人均生产总值对房价的影响统计显著，而人均土地购置面积统计不显著。

人均土地购置面积统计不显著可能原因如下：土地出让尚未对住房开发形成约束，如重庆，尽管人均土地购置面积远低于全国平均值，1996～2006 年重庆土地购置面积 10 432 hm²，开发面积 5674 hm²，按现有开发速度，在不重新购置土地情况下，开发剩余土地大约需要 5 年时间；土地出让价格对房价产生滞后影响，而本节分析的是当年人均土地购置面积对当年房价的影响。

由式（3.18）知，人均工资每增加 10 000 元，城市房价上升 880 元；人均生产总值每增加 10 000 元，城市房价上升 220 元，三个解释变量（人均工资、人均生产总值、人均土地购置面积）可解释房价变化的 93%。三个变量中人均工资影响程度最大，这与 Poterba（1991）、Downs（2002）等对美国房价的研究结论是一致的。

3.4.3 收入增长对住房成本的影响

人均工资每增加 10 000 元，城市房价上升 880 元。显然，工资增加，住房成本增加，不同购房面积、贷款利率、贷款期限，住房成本增加幅度不同（表 3.9），表中贷款利率为2007年9月15日中国人民银行公布的个人购房贷款利率：6.66%。计算的假设条件是：工资增长对不同面积住房的价格影响相同。

表 3.9 工资增长 10000 元导致的住房成本增加额（单位：元/年）

购房面积/m²	贷款期限/年			
	5	10	20	30
50	10 634	**<u>6 149</u>**	4 025	3 404
60	12 740	**<u>7 379</u>**	4 830	4 085
80	16 986	**<u>9 839</u>**	6 440	5 447
100	21 233	12 299	**<u>8 050</u>**	6 809
130	27 603	15 988	10 465	**<u>8 852</u>**

注：表中带下划线粗体字表示住房成本增加值小于工资增加值时的贷款期限、购房面积临界值（表 3.9 给定条件下）

由表 3.9 可知，当贷款期限为 5 年时，住房成本增加值大于工资收入增长，随着期限延长，住房成本增加值下降，当大于 30 年时，表中不同购房面积的住房成本增加值均小于工资增长。购房面积为 60m²（我国经济适用住房标准面积），贷款期限为20 年时，约50%的工资增长用于住房支出；而当购房面积扩大到100m²时，约80%的工资增长用于住房支出；当购房面积为130m²时，收入增长不足以弥补住房支出的增长。住房面积越大，要保持不变住房成本（即收入增长等于住房支出增加值），所需的收入增长越高。收入增长小于平均增长 50%的家庭，经济发展不会改善其居住贫困状况[①]，即使购房面积仅为 60m²。换言之，对于那些预期收入增长小于平均增长 50%的家庭，如果现在购买 60m²的住房，住房支出超出家庭支付能力，随着时间推移，住房支付能力恶化，这样的家庭包括最低收入户和部分低收入户。

3.5 本 章 小 结

本章首先界定收入概念。其次从两方面梳理房价与收入关系的相关文献，一是确定性条件下，二是不确定性条件下。最后实证分析我国房价与收入的关系，实证由两部分构成：一是回归估计 6 个城市之间的房价关系，二是建立我国 35 个大中城市房价收入模型，由此得出收入增长对住房成本的影响。第一部分是第二部分回归分析的基础，房价不相关或弱相关是房价作为依赖变量的前提。本章结论如下。

---

① 1997～2006 年我国城镇家庭人均年收入年均名义增长率分别为：最低收入户 6.4%、中等收入户 13.8%、最高收入户 26.5%，平均 16.1%。

（1）第 2 章将住房税收补贴归类于收入与黑格-西蒙斯定义一致。

（2）住房是一种必需品（因为其收入弹性小于 1），自有住房户的收入弹性大于租房户的收入弹性；住房是一种乏弹性商品（因为其价格弹性绝对值小于 1）。

（3）住房价格变化影响住户的非住房消费，其影响随不同的住户而异。

（4）住房消费不仅与收入、房价的不确定性有关，而且与住户特征，如偏好、年龄、住房消费计划等有关。

（5）不同城市房价弱相关或不相关，城市房价更多地受当地因素的影响。

（6）城市固定效应模型优于混合模型，混合模型优于时间固定效应模型，且城市固定效应模型优于随机效应模型。本书最终采用的是城市固定效应模模型。

（7）保持其他条件不变，人均工资每增加 10 000 元，城市房价上升 880 元。从而使住房支出增加，增加幅度随不同购房面积、贷款期限、贷款利率等不同而异，收入增长小于城市平均增长 50%的居住贫困家庭，即使购买经济适用住房，经济发展也不会改善其居住贫困状况，这样的家庭包括最低收入户和部分低收入户。

第4章 住房支付能力的用途研究

4.1 概　　述

本章研究住房支付能力的用途，即第1章探讨的住房支付能力识别和加总的现实意义。

住房支付能力是研究住房市场的一种工具。无论采用何种方式（剩余收入法、比率法、房价收入比）研究住房支付能力，其目的无外乎两点：一是描述住房市场现实；二是为住房市场利益相关方提供政策建议[①]。因此，住房支付能力用途涉及两方面：现实描述和政策建议。现实描述是基础，政策建议是最终目标。

住房市场利益相关方包括住房消费者、住房投资者、投机者、政府、金融机构、住房供应者、中介机构等。不同的主体对住房支付能力的关注重点各不相同。对于消费者，住房支付能力影响其住房消费决策，包括广延边际决策，保有方式选择租房还是购房；集约边际决策，是更换更大（更小）的住房还是维持现状。住房投资者关注的是住房支付能力对其投资收益的影响。投机者关注的是人们是否有能力购房。政府关注的是不同收入阶层家庭是否有房居住，当然更多关注的是低收入家庭的住房保障。金融机构关注的是住房支付能力与贷款风险的关系。住房供应者关注的是支付能力与产品定位（房价）、市场细分的关系。中介机构关注的是住房支付能力与房价、交易量的关系。由于住房的特殊性，住房消费者、住房投资者、住房供应者可能三位一体，例如，二手房市场中的住房供应者，同时是住房消费者、住房投资者；出租房市场中，住房供应者同时是住房投资者。另外，上述利益相关者并非在所有的住房子市场均同时出现，如住房一级市场，没有租房户；住房消费市场中则没有投机者。

由此可见，由于住房市场的复杂性，住房支付能力用途纷繁复杂。不同的视角，有不同的用途。现有文献主要侧重于两个方面：一是住房租赁市场，通过住房支付能力反映低收入家庭居住状况，为政府制定低收入家庭住房政策提供依据；二是自有住房市场，通过住房支付能力研究自有住房率，如何提高自有住房率，以及金融机构的信贷约束如何通过住房支付能力影响自有住房率。而对于住房一

[①] 这里的市场指资源配置机制。

级市场,即住房生产市场,尚没有文献研究住房支付能力与产品定价的关系。本章即从这一角度研究住房支付能力的用途,基本思路如下:购房者面临首付约束(即财富约束)和收入约束,在满足两个约束条件下,只有当住房成本不大于剩余收入时,消费者才可能购房,从而得出不同收入水平家庭最大可支付的房价,即住房供应商产品细分的合理房价[①]。

在 4.3 节中,本书区分住房购买能力与住房支付能力,给出合理房价计算公式,对合理房价进行比较静态分析,并以重庆 2005 年住房市场数据为例分析首付约束、收入约束、住房支付能力约束下的合理房价,结论表明,大多数情形下,住房支付能力约束决定合理房价,从而决定住房购买能力。由于初次购房者的住房购买能力决定自有住房率,而住房购买能力取决于住房支付能力,初次购房者的住房支付能力决定了自有住房率,而不是首付约束和收入约束。因此本书观点不同于 Linneman 和 Wachter(1989)、Zorn(1989)、Jones(1989)、Duca 和 Rosenthal(1994)、Haurin 等(1997)、Linneman 等(1997)、Listokin 等(2001)、Barakova 等(2003)的观点,上述文献认为首付约束和收入约束是影响自有住房率的关键因素;而与 Ambrose 和 Goetzmann(1998)、Carneiro 和 Heckman(2002)、Cameron 和 Taber(2004)、Hurst 和 Lusardi(2004)、Ortalo-Magné 和 Rady(2006)、Vigdor(2006)的观点类似。Ambrose 和 Goetzmann(1998)从资产组合角度探讨了降低首付将增加购房者投资风险,从而降低住房投资,故降低首付并不能增加自有住房率;Carneiro 和 Heckman(2002)、Cameron 和 Taber(2004)、Hurst 和 Lusardi(2004)等认为家庭消费模式并不取决于流动性约束(对于住房则为首付约束),而是取决于其他方面差异,所以放松流动性约束几乎不影响均衡消费;Ortalo-Magné 和 Rady(2006)、Vigdor(2006)则认为放松借款约束将导致价格效应,从而降低边际购房者福利。

本章研究表明,住房支付能力问题不仅存在于低收入家庭,也存在于高收入家庭。其区别表现在:高收入家庭住房支付能力问题通过市场调节解决,即住房生产者提供合理房价满足消费需要;而低收入家庭住房支付能力问题通过住房保障改善。

本章后续章节安排如下:4.2 节评析现在文献对住房支付能力用途的研究,4.3 节提出用住房支付能力剩余收入法计算合理房价,4.4 节是本章小结。

4.2 文献评析

本节包括比率法用途相关文献是基于如下原因:一是比率法用途也适用于剩

---

① 本章合理房价指每套住房价格。

余收入法，反之并不成立；二是比率法使用更加普及，相关文献更丰富，从而可拓展剩余收入法用途的研究思路。

4.2.1 比率法用途评析

Hulchanski（1995）将比率法用途归纳为如下六个方面：①描述——描述典型住户住房支出；②分析——分析趋势和比较不同住户类型；③管理——住房补贴管理准则（住户合格标准和补贴水平）；④定义——定义公共政策中的住房需要；⑤预测——预测住户支付租金能力或抵押贷款能力；⑥选择——选择出租或抵押贷款住户。并对比率法在上述六个方面使用的有效性和可靠性进行了分析。作者认为如果使用适当，前三类用途（描述、分析、管理）不仅有效，而且具有指导意义，所谓"使用适当"指研究方法和统计分析技术适当。比率法用于描述和分析不同类型住户的住房支出是有效且可靠的，有效且可靠的描述和分析对家计调查型住房补贴政策具有指导意义，但比率的选择完全基于主观价值判断。后三类用途（定义、预测、选择），即便使用适当也无效，因为比率法并不能提供相关信息。

（1）第一类文献基于动态角度，如 Sternlieb 和 Hughes（1991）、Gyourko 和 Linneman（1993）、Quigley 和 Raphael（2004）、Lau 和 Li（2006）等的文献。Sternlieb 和 Hughes（1991）从人口学角度探讨了支付能力与住房市场的变化，不同人口特征的住房支付能力不同，从而形成不同的住房市场需求；Gyourko 和 Linneman（1993）研究最大的特点是尽管没有采用具体的支付能力指标，但通过比较不同时期不同收入水平、不同房价的变化，得出了收入排序相同的有房户支付能力的变化；Quigley 和 Raphael（2004）独特之处在于分析了引起租房户支付能力下降的原因，对有房户没有进行收入细分，分析精确性差于 Gyourko 和 Linneman（1993）；Lau 和 Li（2006）用房价收入比研究了北京市住房支付能力的变化。

Sternlieb 和 Hughes（1991）从人口学角度探讨了住房支付能力与自有住房，属于 Hulchanski（1995）住房支付能力用途中第一项——描述。20 世纪 90 年代美国进入了第三个人口住房时代（demographic housing era），第二次世界大战结束至 1970 年是第一个人口住房时代，它源自"第二次世界大战后筑巢一代"（post-World War Ⅱ nesting generation）；第二个是"婴儿潮住房需求"（baby boom housing demand）时代，时间从 1970 年至 20 世纪 80 年代后期；第三个是"成熟住房需求"（maturing housing demand）时代，此间 1946～1964 年婴儿潮出生者步入了住房消费高峰期，住户增长和住房市场总需求增长将减缓。年轻一代少数族裔比例逐步增加，由于其收入普遍较低，年轻一代的住房支付能力问题依然存在。尽管如此，自有住房需求仍然保持较高的水平。90 年代住房市场总体特征是自有住房需求和支付能力约束同时并存。

Gyourko 和 Linneman（1993）研究了 1960～1989 年美国自有住房户支付能力变化，属于 Hulchanski（1995）住房支付能力用途中第二项——分析。Gyourko 和 Linneman 分析了不同年份住房质量不变情况下，收入排序相同、住房条件相同的自有住房户住房支付能力的变化，其支付能力用收入和房价反映，如果收入和房价增长率相同，则支付能力保持不变，如果收入增长大于房价增长，则支付能力提高，如果收入增长低于房价增长，则支付能力下降。与房价收入比不同的是，Gyourko 和 Linneman 分析了不同收入阶层收入与房价变化。结果表明，1960～1974年，有房户住房支付能力均提高；1974～1989 年，收入较低的非熟练工人家庭住房支付能力下降，而高收入家庭住房支付能力并未下降，这说明房价收入不能真实反映住房支付能力的变化；另外由于许多婴儿潮时期出生的非熟练工人不可能购房住房，人口学家预测的自有住房率增加并不会出现。

Quigley 和 Raphael（2004）研究了 1960～2000 年美国有房户和租房户住房支付能力的变化，属于 Hulchanski（1995）住房支付能力用途中第二项——分析。有房户支付能力用家庭中位收入与满足住房销售中位价的常规抵押贷款要求的收入之比表示，租房户可支付租金为收入的 30%。结果表明，有房户支付能力并未下降，中位租房户支付能力有所下降，贫困线附近住户租金负担明显增加。租房户支付能力下降是由于租金增加超过收入增加（1960～2000 年，位于收入分布最低分位家庭收入增加 38%，而租金增加 50%），租金增加是由于住房质量提高，住房质量提高并非出于需求而是由于政府对住房标准的要求提高，同时房租上涨也与出租房供给、人口变化、经济等相关。

Lau 和 Li（2006）研究了北京 1992～2002 年住房支付能力变化，住房面积按 60m^2，房价收入比 1992～2002 年呈波浪形变化，1992 年为 11.65，1995 年为 9.92，1997 年为 13.31，2002 年为 6.74。1997 年后住房市场由单位购房转变为个人购房，需求量下降，收入增长大于房价上涨，故而房价收入比下降。1997 年前高房价收入比并不表示购买能力低，因为单位有大量的购房补贴。

（2）第二类文献基于静态视角，如 Bramley（1992）、Nelson（1994）、Bogdon 和 Can（1997）、Chaplin 和 Freeman（1999）等的文献。Bramley（1992）研究了有了多少新成立的家庭可以买房、租房；Nelson（1994）探讨了出租房市场供应和需求是否匹配；Bogdon 和 Can（1997）拓展了 Nelson（1994）的匹配法，用于研究支付能力问题的地理分布；Chaplin 和 Freeman（1999）比较了不同地区住房支付能力严重程度。

Bramley（1992）探讨了英国 1990 年不同地区有多少新成立的家庭可以购买新房、二手房、限价房或共有产权房，或仅能租房。结果表明：全英范围内新成立家庭可支付新房、二手房、低价房（low-cost sale）、共有产权房、住房协会出租房、社会租房百分率分别为 28%、45%、50%、61%、73%、38%，各地区差异极大，如伦敦地区可以购买二手房的新成立的家庭仅为26%，而北部地区为53%；与1989年相比，住房支付能力下降，如1989年伦敦地区可以购买新房的新成立的家庭为20%，1990年为16%。根据新成立家庭住房支付能力，Bramley估算全国每年所需社会住房为75 000~114 000套。

Nelson（1994）研究美国不同收入水平租房户与现有存量出租房是否匹配，从而评价住房供应项目LIHTC是否合理。结果表明收入为地区中位收入50%~80%的租房户的可支付出租房供应在1980年剩余量逐步增加，而收入低于地区中位收入30%租房户的可支付出租房供应严重不足且逐步恶化。政策含义：一是许多联邦住房项目定义的"可支付"租金远大于需要住房家庭的支付能力（不同住房项目收入定义及可支付租金划分标准见图4.1）；二是LIHTC项目并不能解决极低收入家庭的住房问题，需要进一步补贴；三是很低收入家庭的住房支付能力需要通过需方补贴解决。Nelson（1994）研究存在如下问题：收入数据来自AHS，而AHS中家庭收入存在低估，因此，研究结果高估了极低收入住户数；如果LIHTC项目本旨不是针对极低收入家庭，则极低收入家庭住房严重不足并非LIHTC之过，只能表明过滤机制失效（Smith，1994）。Nelson（1994）研究是否匹配采用的是再配置法（reallocation method），即假设所有存量出租房在不同收入租房户的间重新分配，从而评价不同收入水平家庭与相应出租房数量是否相等；而现实中，许多可支付租金的出租房由高收入租房户居住，故再配置法低估了存在支付能力问题的家庭数量；另外，收入30%作为可支付标准不能反映不同家庭规模、不同收入租房户的实际支付能力（Stone，1994）。住房市场不完备也影响最佳匹配的实现[1]。

Bogdon和Can（1997）用三个指标反映住房支付能力状况（主要针对出租房市场）：一是过度成本负担和严重成本负担[2]家庭比例；二是租金低于FMR[3]的出租房比例；三是不匹配比[4]。然后用三个指标分析了纽约雪城（Syracuse）都市区不同地区住房支付能力，首先分析各个地区总体住房市场状况，然后分析各个地区支付能力地理位置分布。从而指导政府合理确定保障对象；指导住房保障新建项目选址，避免贫困家庭的聚集。采用不匹配比度量住房市场支付能力状况，其存在问题与Nelson（1994）的研究相同。

---

[1] 详见第1章分析。

[2] 过度成本负担（excess cost burden）指住户住房成本超过收入30%，严重成本负担（severe cost burden）指住户住房成本超过收入50%（Bogdon and Can，1997）。

[3] FMR由HUD每年公布，涉及2600多个住房市场。起初被定义为最近出租公寓的房租中间值，根据公寓大小调整。1984年，定义为最近出租公寓房租第45分位值，1995年调整为第40分位值，2001年，39个房价最贵的住房市场提高到第50分位值（施瓦兹，2008。此处引用与原书文字表述略有差异）。

[4] 不匹配比（mismatch ratio）指某收入水平住户可支付住房数与该收入水平住户数之比，用于反映可支付住房的需求和供给现状，可支付是指租金不超过收入30%；不匹配比大于1表示供应大于需求，等于1表示供应等于需求，小于1则表示供应小于需求（Bogdon and Can，1997）。

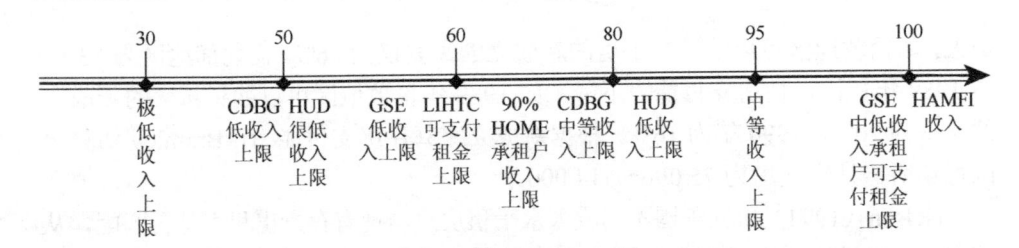

```
   30        50         60      80        95       100
───●─────────●──────────●───────●─────────●────────●──────→
   极        CDBG HUD   GSE LIHTC 90%  CDBG HUD    中       GSE  HAMFI
   低        低收入 很低  低收 可支付 HOME 中等收 低收    等       中低收 收入
   收        上限   收入  入上 租金   承租户 入上限 入上限 收       入承租 承
   入              上限  限   上限   收入                 入       户可支
   上                                 上限                上       付租金
   限                                                     限       上限
```

图 4.1　用 HAMFI 百分数表示的收入和可支付租金（Nelson，1994）

美国住房和城市发展部不同地区家庭中位调整收入（HUD's adjusted area median family income，HAMFI）由 HUD 每年公布所有都市区（metropolitan statistical area，MSA）与非都市县（nonmetropolitan county）住户中位收入[①]。据此标准，HUD 住房项目提供给相应收入的家庭。CDBG 指社区发展综合拨款（community development block grant）[②]；LIHTC 指低收入住房税收补贴（low-income housing tax credit）[③]；HOME 指 HOME 项目[④]，图中数轴上数据表示占 HAMFI 的百分比，如 30 表示极低收入上限为 HAMFI 的 30%。可支付租金指租金占收入的 30%

Chaplin 和 Freeman（1999）借助贫困加总中的居住贫困指数法比较了英国不同地区的住房支付能力问题，其中单个家庭的住房支付能力以比率法为基准，并与人口数指数法、平均数法进行了比较，居住贫困指数法更能真实反映支付能力问题的严重程度。

（3）第三类文献基于住房补贴及政策效果评述。住房补贴更多讨论见第 5 章。

Ho 和 Chiu（2002）通过对中国香港私有住房出租业的实证研究，旨在探讨租金收入比的影响因素以及住房可达性对支付能力的影响，结论是租金收入比的影响因素各不相同，即使相同的变量对租金收入比的影响也各不相同，进而对不同可达性位置的住房的支付能力影响各不相同。尽管中国香港租金收入比远远高于许多其他城市，然而剩余收入法计算结果表明中国香港的支付能力问题并不显著，这主要与可达性有关。

Yip 和 Lau（2002）对中国香港公屋租定设定过程中采用支付能力作为依据进行了评述，认为由于中国香港公屋政策目标的多元性，采用租金收入比作为支付能力指标不能反映租房户实际支付能力状况，一是因为收入差异，二是因为不同

---

① HAMFI 并非每个地区住户收入中位数，大约 1/2 住户收入低于 95%HAMFI，原因如下：HAMFI 基于家庭（family）收入，而可支付标准划分基于住户（household）收入；HAMFI 基于 4 口之家，而大多数住户不到 4 人；HUD 根据各地区住房成本进行了调整（Bogdon and Can，1997）。

② CDBG 项目 1974 年开始施行，截至 2006 年，HUD 累计拨款 1160 亿美元（HUD，2006）。

③ LIHTC 是美国 1986 年《税收改革法案》内容之一，属于供方补贴项目。允许州政府发行联邦税收补贴（tax credit），开发商可用于抵扣所得税，或出售给外部投资者，从而为项目初期建设筹集资金。补贴额度由国内税务局负责核定，不属于年度预算支出范畴。1987～2005 年累计补贴 502.68 亿美元（Quigley，2007，更详细介绍见第 5 章）。

④ 根据 1990 年美国《全国可支付住房法案》推出的项目，由 HUD 向州及地方住房部门提供综合拨款（block grants），用于向低收入家庭提供可支付住房，1992～2006 年，共资助 635 个社区修建住房 74.3 万套，其中 30 万套提供给初次购房者（HUD，2006）。

居住环境决定了租金高低，而不是住房条件。支付能力基于市场导向，而公屋具有保障性质，两者取向不同，故而采用支付能力（比率法）设定租金产生了不可避免的矛盾，影响了公屋的政策目标。

Mak 等（2007）对中国住房市场私有化、住房条件及支付能力进行了研究，他们认为：过去 20 年中国的房地产市场发生了巨大变化，但是诸多问题依然存在，如过度开发、高空置率、不平等以及分配不均。尽管政府一直在努力提高人们的居住条件，但许多地方住房条件差的状况依然普遍；且每年新增 800 多万个家庭，可能都需要购房。在所有问题中，住房支付能力是一个急需解决的问题，这是由于诸多因素使然，如人口增长、经济发展、投机、可支付住房供应不足。为了解决住房问题，政府出台了增加可支付住房供应、打击炒房投机等相关政策，但效果并不理想。由于这些问题相互关联，政府希望各个击破是不可能的。要解决住房问题，需根据市场条件的变化进行制度改革，制定综合性的政策措施。而且政府必须对住房需求和供给定期进行准确评估，采取适当的措施缓解供给和需求的波动。

4.2.2 剩余收入法用途评析

Stone（2006a）认为剩余收入法与比率法度量住房支付能力，至少在如下用途中存在明显区别：分析住房问题和需要；住房补贴标准；抵押贷款审贷标准（mortgage underwriting standards）。Grigsby 和 Rosenburg（1975）、Hancock（1993）、Kutty（2005）、Leonard 等（1989）、Yip（1995）等用剩余收入法度量支付能力问题归宿，但仅考虑了静态居住贫困，如 Kutty（2005）计算美国 1999 年居住贫困状况，如图 4.2 所示，图中贫困线附近指 100%~150%贫困线范围，结果表明居住贫困率为 16.8%，比贫困率高 2.8%。贫困户中有 96 万户不是居住贫困户，而非贫困户中有 377 万户属于居住贫困户。

Hancock（1993）计算了 1988/1989 年英国格拉斯哥市不同支付能力定义（详见第 1 章）下的居住贫困率，结果见图 4.3，图中 H^* 为社会认可的最低住房消费标准，每间卧室 1.5 人，H_{max} 为过度住房消费，每间卧室 0.2 人；Y^* 为社会认可的最低非住房消费，等于收入扶持，Y^{**} 等于140%的收入扶持。由图 4.3 可知，按支付能力定义 1（即图中区域 A），格拉斯哥市不存在住房支付能力问题；按定义 2（即区域 $A+C^1$），8.5%住户存在住房支付能力问题；按定义 3（即区域 $A+D+C^1+C^2$），11.1%住户存在住房支付能力问题；按定义 4（即区域 $A+D+C^1+C^2+B^1$），17%住户存在住房支付能力问题。住户包括有房户和租房户，存在住房支付能力问题的有房户主要位于 D 区，其他区域主要是公共住房承租户。

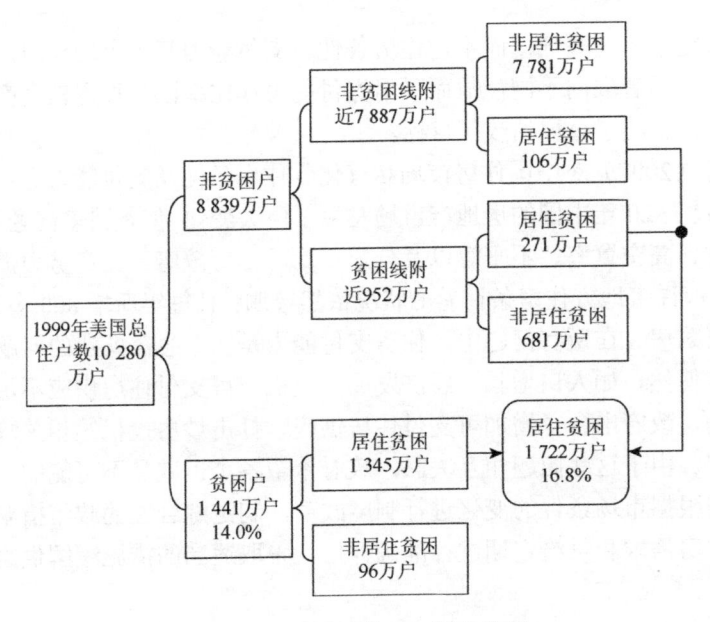

图 4.2 官方贫困状况与居住贫困

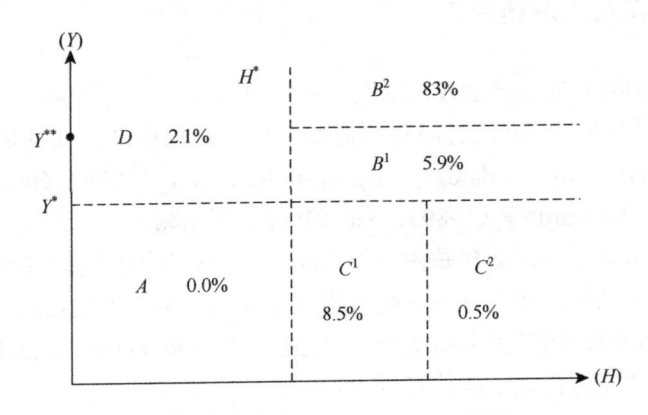

图 4.3 不同定义下的居住贫困率

Bramley 和 Karley（2005）估算了英国可支付住房需要量，结果表明 2002 年英国新增家庭 462 000 户，无力购房的有 325 000 户，政府可提供的出租房 285 000 套，需新增可支付住房 40 000 套，但地区差异极大，北部地区政府可提供的出租房大于可支付住房需要，而南部地区，特别是伦敦可支付住房需求量最大。

与上述文献不同，Stone（1993；2006b）计算了不同年份美国居住贫困率，结果发现自 1970 年始，按剩余收入法计算的美国居住贫困归宿与按 30%比率法计算的结果相近，2001 年剩余收入法计算的居住贫困家庭 3210 万户（其中租房户 1510 万户，有房户 1700 万户），比率法计算的居住贫困家庭为 3460 万户。尽管剩余收入法计算结果与比率法相近，但两者居住贫困分布相差极大，小家庭（不多于2人）中，剩余收入法计算的居住贫困率低于比率法计算结果，而大家庭则相反；1970年后，小家庭居住贫困率下降，而大家庭则增加，这与比率法计算结果相反。结果对住房供应、住房补贴分配具有指导意义。

抵押贷款审贷指金融机构对购房抵押贷款风险和收益进行评估，从而决定是否将资金贷给购房贷款申请人的过程。评估内容包括家庭情况、抵押住房特性，家庭情况包括信贷纪录、现有负债、收入水平和稳定性等（Brueggeman and Fisher，2004）。与住房支付能力有关的常用指标有贷款房价比、还贷收入比（年还贷与收入之比），贷款房价比（首付约束）、还贷收入比（收入约束）越大，金融机构贷款风险越大。Stone（2006a）指出剩余收入法可用于审贷风险评估，且较比率法更为合理，基于美国的制度环境，两者比较结果见表4.1。

表4.1 典型家庭[①]剩余收入法和比率法还贷能力比较

序号	项目	总收入/美元 53 000	总收入/美元 40 000	说明
1	税收	10 000	8 000	
2	可支配收入	43 000	32 000	2* = 总收入−1
3	非住房消费最小支出	23 000	23 000	
4	最大可支付住房成本	20 000	9 000	4 = 2−3
5	非抵押还款住房成本	4 200	4 200	
6	最大还贷（利率和本金）	15 800	4 800	6 = 4−5
7	有房户净税收收益	900	600	
8	考虑税收收益后的最大还贷	16 700	5 400	8 = 6＋7
9	25%收入时的最大还贷	13 250	10 000	9 = 25%总收入
10	33%收入时的最大还贷	17 490	13 200	10 = 33%总收入

＊代表"序号"列中对应的项目数值

由表4.1可知，按比率法，年收入40 000美元家庭每年可还贷10 000美元（25%标准）、13 200美元（33%标准），而根据剩余收入法，年最大还贷5400美元，即家庭满足基本生活需要后最大还贷为5400美元。年收入53 000美元的家庭，满足基本生活需要后，最大还贷16 700美元，其还贷能力位于25%收入与33%收入还贷区间内。由此可见，最大可还贷额与收入之比随家庭结构和收入不同而异，采用同样的比率标准评估家庭借款风险显然不合理。

---

① 典型家庭指四口之家，其中2个成人、2个小孩。

Thalmann（2003）区分了住房补贴和收入补贴，即住房支付能力问题涉及收入保障和住房保障，并非所有住房支付能力问题皆由住房保障政策解决，据此对瑞士出租房市场进行了实证研究，计算出需要收入扶持和住房补贴家庭数量[①]。

根据本节文献评析及住房市场的特性，可得如下论点。

住房市场是一个复杂系统，第一，住房特性决定了住房市场的复杂性：住房具有耐用性、空间固定性、异质性、政策干预性（Smith et al.，1988）等。耐用性决定了住房不仅是消费品，而且是重要的投资品。空间固定性决定了住房市场存在空间结构差异，其他商品可通过商品流动缩小价格差异，而住房只能通过消费者流动缩小价格差异。异质性决定了同一住房市场价格的差异。对于政策干预性，正如巴尔（2003）所言，对于住房市场"鼓吹自由市场也不太现实，更好的解决方案不是采用'不干涉'政策，而是选择更有效的政策工具"。第二，住房市场由不同子市场构成，不同的子市场有不同利益相关方。第三，住房市场与其他市场，如金融市场、劳动力市场、非住房消费市场等密切相关。

由于住房市场的复杂性，住房支付能力仅从一个侧面反映了住房市场，不同利益相关方有不同利益诉求、不同侧重。本质上，住房支付能力更多反映的是个人与住房的关系（Stone，2006a），是微观层面的指标，而现实中住房支付能力更多用于反映中观（某住房市场）或宏观（整个住房市场）层面。剩余收入法住房支付能力可反映微观层面，即家庭住房支付能力；而比率法或房价收入比，用于反映中观、宏观层面，即用于反映住房市场运行状况，不适于提出微观层面的政策建议，这就是 Hulchanski（1995）认为比率法可用于描述、分析，用于管理（住房补贴管理），其补贴标准并没有严格的理论依据，仅源于惯例；不能用于定义、预测、选择的原因，因为后三者涉及家庭微观层面，不同家庭有不同的特性，比率法或房价收入比不能给出相关信息。

4.3　合理房价研究

4.3.1　住房支付能力与住房购买能力的区别与联系

本节研究住房生产者如何根据住房支付能力确定合理房价。根据古典经济学原理，如果生产企业完全竞争，则产品价格等于边际成本；由于住房的异质性和空间固定性，产品差异化非常明显，并不满足古典经济学中生产企业完全竞争假设，其现实表现是：不仅不同地区房价差异极大，同一地区、同一城市也有明显

---

① 详见第 1 章。

差异①。产品差异化要求住房生产者明确产品消费对象,根据消费对象住房购买能力确定合理房价。

需要说明的是,本节的住房生产者不仅包括上述营利性企业,还包括政府。根据合理房价,政府可以确定住房保障对象范围。

住房购买能力(ability to purchase home)与住房支付能力是两个不同的概念。区别如下:第一,如果贷款购房,首付(财富)约束和收入约束是购房的必要条件,这两个约束条件属于金融机构审贷标准范畴,是规范标准;如果房款全额支付,购房的必要条件是预期每月居住支出不大于剩余收入,此条件类似于金融机构收入约束,不同的是,它是理性购房者理性选择的结果,是行为标准。住房支付能力考察的是现实每月住房支出与剩余收入的关系。第二,住房购买能力是住房消费的控制变量,决定集约边际(是否更换更好的住房)和广延边际(保有方式决策)住房消费;住房支付能力是状态变量。换言之,住房购买能力决定家庭是否可由承租转换为自有、由拥有较小住房转换为较大住房;而住房支付能力决定在现有居住条件下,家庭是否存在居住贫困。第三,由于首付约束,住房购买能力是长期财富聚集的结果,而住房支付能力是一种瞬态,即评价是否存在住房支付能力的时间间隔一般为一个月或一年,时间较短。第四,两者均随时间而改变,购买能力随时间推移是增加或降低,取决于房价与收入相对增长率、购房融资成本的变化等,租房户住房支付能力变化取决于租金与收入的相对增长率。一般说来,有房户住房支付能力随时间而增加,这是因为,长期内,个人收入随时间而增加,购房价格锁定情况下,住房成本增长低于收入增长②。第五,类比于企业,住房购买能力类似于企业是否有能力投资新项目或扩产,首付类似于企业资本金,企业投资有不同的融资方式,个人购房也有不同的融资方式,企业投资增加企业资本存量,购房则增加个人住房资本存量;住房支付能力类似于企业运营能力,企业亏损类似于居住贫困。

住房支付能力与住房购买能力联系如下:第一,无住房购买能力不一定是居住贫困,一般说来,居住贫困者无住房购买能力。此处"一般说来"是基于以下考量:由于居住贫困是瞬态过程,某段时间居住贫困并不一定长期居住贫困。第二,住房支付能力是购房决策的内生变量,即无论是准备购房的租房户还是准备更换更大住房的有房户,购房决策时将同时考虑购房后的住房支付能力,理性的购房者购房后不应出现居住贫困。第三,首付是住房购买能力与住房支付能力联系的纽带,其他条件不变时,首付比提高,住房购买能力下降,住房支付能力提高;首付比降低,住房购买能力提高,住房支付能力下降。住房购买能力与住房支付能力的联系是根据支付能力计算合理房价的理论基础。

---

① 详见第2章、第3章讨论。
② 不包括失业或退休等人员。

本节基本思路是：购房者面临金融机构的首付要求[①]和收入要求[②]，同时面临购房后住房支付能力要求。理性购房者除了满足首付约束和收入约束，同时必须满足住房支付能力约束，即购房后不出现居住贫困。分别计算满足首付约束、收入约束、住房支付能力约束时的最大房价，同时满足三个约束的房价为合理房价。

4.3.2 首付效应与合理房价

对住房生产者，只有潜在购房者有能力购买的房价才是合理房价；对于潜在购房者，有能力购买且购房后不会出现居住贫困的房价才是合理房价，即同时满足住房购买能力与住房支付能力的房价是合理房价。

首付是住房购买能力与住房支付能力的纽带，通过如下三种效应同时影响住房购买能力和住房支付能力，进而影响合理房价。一是门槛效应（threshold effect），即购房抵押贷款必须满足金融机构首付要求。二是成本效应（cost effect），每月还贷额随首付比（首付比等于购房贷款首付与房价之比）不同而异，即首付影响住房成本。三是价格效应（price effect）（Ortalo-Magné and Rady，2006；Vigdor，2006），即房价将随首付比的降低而增加，从而恶化住房支付能力。本章仅研究本书提出的两种效应——门槛效应和成本效应对合理房价的影响。

首付款源于购房者财富或亲戚、朋友、社会资助。家庭满足基本生活需要有各种途径，正如 Hulchanski 和 Michalski（1994）所指出的 5 种经济圈：家庭经济（家庭内部）、非正式经济（家族、挚友）、社会经济（邻里、社区、中介）、市场经济（市场交易关系）、国家经济（社会保障）。例如，美国约 20%初次购房家庭的首付款由亲戚资助，80%来自购房者存款，而首付全额由亲戚资助的仅占 4%（Engelhardt，1996b）；仅 4%再次购房家庭首付由亲戚朋友资助（Engelhardt and Mayer，1998）。英国 23%初次购房家庭首付由亲戚或朋友支助，56%为存款（Benito，2006）。本章仅探讨首付款源于购房者财富的情形。

初次购房者与再次购房者财富结构有很大差异，前者首付源于存款，而后者住房资产占有相当比例，例如，美国 1993 年再次购房家庭首付款有 34%来自住房资产，而 1988 年 52%来自住房资产（Mayer and Engelhardt，1996）；英国再次购房者购房资金 1993 年有 76%来自住房资产，2003 年 83%来自住房资产（Benito，

[①] Engelhardt（1996b）将金融机构要求首付原因归结为三点：住户与贷款机构共同分担房价下跌风险；降低住户在保持房产价值时可能存在的道德风险；缓解抵押贷款市场信息不对称而产生的逆向选择效应。首付要求是根据房价限制最大借款额。

[②] 金融机构对借款者收入要求可用前端比和后端比表示（其含义见第 2 章），存在收入要求是为了规避违约风险（Linneman et al.，1997）。收入要求是根据借款者收入限制最大借款额。

2006)。本章仅研究初次购房者。根据建设部课题组（2007）的研究结果，五个受访城市（北京、上海、广州、武汉、重庆）中有 87.43%受访房屋为业主第一套商品房，这说明我国住房市场初次购房者比例远高于再次购房者。而美国初次购房者比例 1988 年为 41.4%、1993 年为 47.6%[①]（Mayer and Engelhardt，1996），远低于我国。这从另一个侧面说明了我国现有住房市场更多地是为了满足基本住房需要，基于居住改善[②]购房所占比例很低。

图 4.4 表示保持其他条件不变情况下首付效应。横轴表示首付比，从左到右增大；纵轴分别为住房成本和首付储蓄时间。住房成本代表住房支付能力，首付储蓄时间代表住房购买能力。住房成本计算见第 2 章，首付储蓄时间计算见式（4.6）。由图 4.4 可知，住房成本随首付比增加而降低（从左向右下倾斜的实线），C_{max} 为等于剩余收入时的住房成本，当住房成本大于 C_{max} 时，住户存在住房支付能力问题，即 C_{max} 为住户最大可支付住房成本，此时最低首付比为 D_C，保持其他条件不变，首付比大于 D_C 时，住户不存在住房支付能力问题。住房成本随首付比而改变，不同的住房成本产生不同的住房支付能力，这就是首付的成本效应。

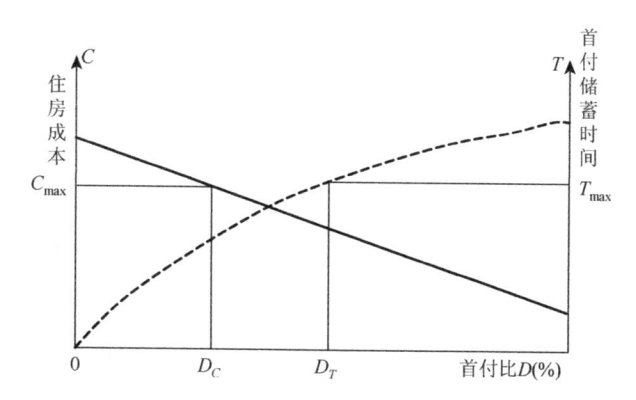

图 4.4 首付比对住房支付能力和住房购买能力的影响

与住房成本不同，首付储蓄时间随首付比增加而增加（从左向右上倾斜的虚线），T_{max} 为最大首付储蓄时间。初次购房者为满足首付要求而储蓄的时间取决于收入、非住房支出、租金、存款利率、房价等因素，本书假定当首付储蓄时间大于 10 年时（即 $T_{max}=10$ 年），家庭无能力购房。该假设基于以下考虑：家庭收入

[①] 本书作者根据 Mayer 和 Engelhardt（1996）文献的表 2 计算。
[②] 居住改善指在现有住房基础上购买质量更高（如面积更大、居住环境和居住质量更高）的住房，相当于高端住房，原有住房可称为低端住房。

在社会中的排序相对稳定,故首付储蓄时间越长的家庭其还贷时间也越长;最长工作时间为 40 年(20~60 岁),我国商业银行购房抵押贷款最长期限 30 年,故剩余年限 10 年为最大首付储蓄时间[①]。T_{max} 时对应的首付比为 D_T,即当首付比要求大于 D_T 时,家庭无能力购房,此谓首付门槛效应。购房门槛是保有方式改变的必经过程,如图 4.5 所示,购房门槛增高,住房成本降低;当首付比为 100%(即无购房抵押贷款)时,住房成本最低。

由于门槛效应和成本效应时点不一致,将两者同时进行探讨存在困难——研究时点的确定,如图 4.5 所示,如果从租房户角度,则门槛效应与成本效应发生在未来,从而研究的是租房户保有方式选择;如果从有房户角度,则门槛效应发生在过去,成本效应发生在现在,从而研究的是自有住房率的影响因素。本书对此的处理是,假定门槛效应和成本效应同时发生,储蓄时间为虚拟时间,当此时间大于 10 年时,住户无住房购买能力。所谓虚拟时间指住户为了满足某一首付要求,年金为现有剩余收入、利率为现有存款利率,等额储蓄所需时间。此假定隐含的假设是住户收入的社会排序保持不变,房价与收入增长率相同,存款利率不变。此假定的优势在于:可以直接判定在现有房价下,哪些收入水平的家庭可以购房且住房成本不大于剩余收入。存在的问题是:如果现实中该家庭首付储蓄时间小于虚拟时间,某收入水平有住房支付能力的家庭现实中未必能买房。例如,月收入 5000 元的承租家庭 N 户,首付 20%,房价 30 万元,首付虚拟时间为 5 年,即只要首付储蓄时间大于 5 年的租房户均可购买 30 万元的住房[②]。现实中,首付储蓄时间并不相同;但随着推移,该收入水平的家庭均可实现购房。

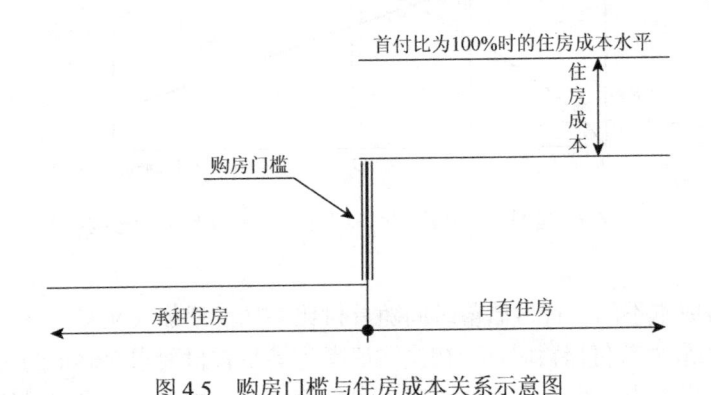

图 4.5 购房门槛与住房成本关系示意图

根据上述假定,由图 4.4 可知,由于门槛效应和成本效应,不同区间首付比

---

① 美国初次购房者平均首付储蓄时间 1988 年为 3.0 年,1993 年为 3.8 年(Mayer and Engelhardt, 1996)。
② 例子中所有数据均为假想数据。

决定了有房户不同住房支付能力。当 $D_C < D < D_T$ 时，不存在住房支付能力问题；称 $D = D_C = D_T$ 时的购房者为临界购房者（critical homebuyer），临界购房者对影响住房支付能力的各种变量的变化极为敏感；若 $D > D_T$，则因门槛效应而无力购房；若 $D < D_C$，则因成本效应而产生居住贫困。

根据 $D = D_C$、$D = D_T$ 可计算出两相不同的房价，前者满足住房支付能力条件，后者满足住房购买能力条件，取两个房价最小值，得合理房价。

4.3.3 合理房价计算

设某家庭年收入为 Y，住房租金为 R，基本非住房支出为 C_{NH}，每年可用于储蓄的收入为 S，则

$$S = Y - R - C_{NH} \tag{4.1}$$

购房家庭必需满足金融机构首付约束和收入约束。

首付约束：

$$W \geqslant DV \tag{4.2}$$

式中，W 为流动性财富；D 为首付比；V 为房价。

收入约束：

$$pY \geqslant (V - DV)\frac{(1+r)^n \cdot r}{(1+r)^n - 1} \tag{4.3}$$

式中，p 为收入中可用于抵押贷款的最大百分比，如表 4.1 中的 25%、33%，不同购房抵押贷款金融机构有不同要求；r 为抵押贷款利率；n 为贷款期限。

购房家庭财富源于储蓄，存款利率为 i、每年可用于储蓄的收入为 S，则储蓄 T 年后的财富 W 为

$$W = \frac{(1+i)^T - 1}{i} \times S \tag{4.4}$$

$$T = \frac{\ln\left(1 + \dfrac{Wi}{S}\right)}{\ln(1+i)} \tag{4.5}$$

当式（4.2）相等时，得购房所需最低财富，将 $W = DV$ 代入式（4.5），此时首付储蓄时间为

$$T = \frac{\ln\left(1 + \dfrac{DVi}{S}\right)}{\ln(1+i)} \tag{4.6}$$

式（4.6）对首付比 D 求导：

$$\frac{\partial T}{\partial D} = \frac{1}{\ln(1+i)} \cdot \frac{\dfrac{Vi}{S}}{1+\dfrac{DVi}{S}} > 0$$

$$\frac{\partial^2 T}{\partial^2 D} = -\frac{1}{\ln(1+i)} \cdot \frac{\left(\dfrac{Vi}{S}\right)^2}{\left(1+\dfrac{DVi}{S}\right)^2} < 0$$

故 T 是 D 的增凹函数，见图 4.4。

最大存款年限为 10 年，可得最大可能购买房价 V_1^*：

$$V_1^* = \frac{W_{T=10}}{D} = \frac{S}{D} \cdot \frac{(1+i)^{10}-1}{i} \tag{4.7}$$

式（4.7）为首付约束下最大可能购买房价。

式（4.3）相等时，得满足收入约束时最大可购买房价 V_2^*，即

$$pY = (V_2^* - DV_2^*)\frac{(1+r)^n \cdot r}{(1+r)^n - 1}$$

$$V_2^* = \frac{pY}{1-D} \cdot \frac{(1+r)^n - 1}{(1+r)^n \cdot r} \tag{4.8}$$

式（4.8）为收入约束下最大可能购买房价。

不存在居住贫困时的购房价格必须满足的条件为：住房成本不大于剩余收入，即

$$C \leq R_I \tag{4.9}$$

式中，C 为住房成本；R_I 为剩余收入。

由第 1 章可知：

$$C = C_P + C_S \tag{4.10}$$

式中，C_P 为住房支出；C_S 为居住支出。

$$C_P = (V - VD)\frac{(1+r)^n \cdot r}{(1+r)^n - 1}$$

$$V = \frac{C_P}{1-D} \cdot \frac{(1+r)^n - 1}{(1+r)^n \cdot r} \quad (4.11)$$

$$R_I = Y - C_{NH} \quad (4.12)$$

式（4.9）等式成立时，得最大购房价格 V_3^*，即

$$V_3^* = \frac{R_I - C_S}{1-D} \cdot \frac{(1+r)^n - 1}{(1+r)^n \cdot r}$$

$$= \frac{Y - C_{NH} - C_S}{1-D} \cdot \frac{(1+r)^n - 1}{(1+r)^n \cdot r} \quad (4.13)$$

式（4.13）为满足住房支付能力时的最大购房价格。

合理房价必须同时满足 V_1^*、V_2^*、V_3^*，即

$$V^* = \mathrm{Min}(V_1^*, V_2^*, V_3^*) \quad (4.14)$$

式中，V^* 为合理房价。

式（4.14）表示合理房价等于 V_1^*、V_2^*、V_3^* 三个房价中的最小值。

式（4.7）、式（4.8）、式（4.13）、式（4.14）为计算合理房价的相关公式。

4.3.4 合理房价比较静态分析

下面分别讨论收入、非住房支出、首付比、利率、抵押贷款期限等因素对合理房价的影响。并以重庆市 2005 年统计数据为例进行说明，基准数据如下：首付 30%，抵押贷款利率 5.31%，存款利率 4.14%，贷款期限 30 年，收入约束还款比 p 为 50%，非住房支出 12 984 元，居住支出（水、电、气、燃料费）1172 元，平均租金 1146 元[①]。

1. 收入对合理房价的影响

$$\frac{\partial V_1^*}{\partial Y} = \frac{\partial V_1^*}{\partial W_{T=10}} \cdot \frac{\partial W_{T=10}}{\partial S} \cdot \frac{\partial S}{\partial Y} = \frac{1}{D} \cdot \frac{(1+i)^{10} - 1}{i} > 0 \quad (4.15)$$

$$\frac{\partial V_2^*}{\partial Y} = \frac{p}{1-D} \cdot \frac{(1+r)^n - 1}{(1+r)^n \cdot r} > 0 \quad (4.16)$$

$$\frac{\partial V_3^*}{\partial Y} = \frac{1}{1-D} \cdot \frac{(1+r)^n - 1}{(1+r)^n \cdot r} > 0 \quad (4.17)$$

---

① 数据来源：存贷利率来自中国人民银行网站。非住房支出等于最低收入与低收入家庭非住房消费平均值，居住支出等于统计年鉴中最低收入与低收入家庭水、电、气、燃料费平均值，平均租金为统计年鉴中平均住房支出，统计年鉴数据来自《2006 重庆市统计年鉴》。

由式（4.15）～式（4.17）可知，收入增加，合理房价增加；且由于 $p<1$，说明收入增长对 V_3^* 的影响大于 V_2^*，即相同收入增长，V_3^* 增加速度大于 V_2^*。

根据基准数据，得不同约束条件下房价与收入关系，见图 4.6。图中横轴表示家庭收入 Y，纵轴表示最大可能购房价格，图例 $V(1)$、$V(2)$、$V(3)$ 分别表示 V_1^*、V_2^*、V_3^*。由图 4.6 可知，不同收入区间，合理房价取决于不同约束条件。当收入低于 15 000 元时，根据首付约束和住房支付能力条件，房价低于 0，即无能力购房。收入在 15 000～28 000 元时，住房支付能力决定合理房价，收入大于 28 000 元时，收入约束决定合理房价。因实际住房有一个最低价，根据房价与收入关系可得出可购房的最低收入。以 2005 年重庆房价为例，经济适用住房 1485 元/m²，面积 60m²，房价为 89 100 元，可购买经济适用住房的最低收入为 19 000 元，此收入水平的家庭购买经济适用住房后不会出现居住贫困。根据重庆 2005 年家庭收入分布，19 000 元收入水平位于低收入（18 077 元）与中等偏下收入（23 180 元）之间，即重庆经济适用住房供应对象为低收入以上家庭，低收入以下家庭无能力购买经济适用住房。

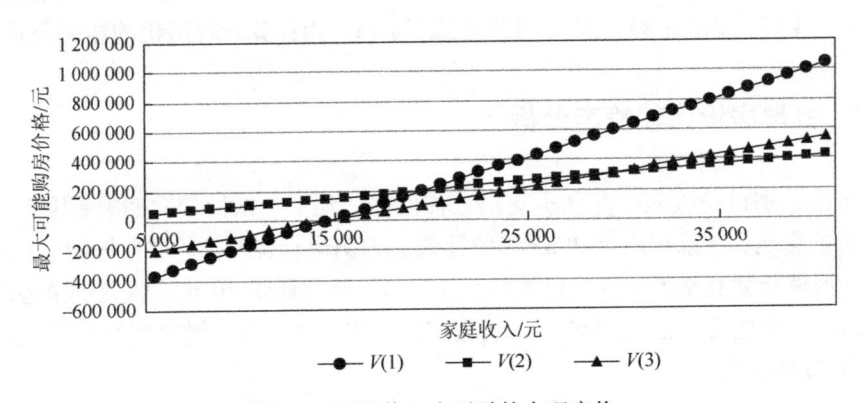

图 4.6　不同收入水平时的合理房价

2. 非住房支出对合理房价的影响

非住房支出影响 V_1^*、V_3^*，对 V_2^* 无影响。

$$\frac{\partial V_1^*}{\partial C_{NH}} = \frac{\partial V_1^*}{\partial W_{T=10}} \cdot \frac{\partial W_{T=10}}{\partial S} \cdot \frac{\partial S}{\partial C_{NH}} = -\frac{1}{D} \cdot \frac{(1+i)^{10}-1}{i} < 0 \quad (4.18)$$

$$\frac{\partial V_3^*}{\partial C_{NH}} = -\frac{1}{1-D} \cdot \frac{(1+r)^n-1}{(1+r)^n \cdot r} < 0 \quad (4.19)$$

由式（4.18）和式（4.19）知，最大房价与非住房支出成反比。

图 4.7 为收入为 19 000 元时，非住房支出对合理房价的影响。图中横轴为非住房支出，纵轴为最大可能购房价格，图例 $V(1)$、$V(2)$、$V(3)$ 分别表示 V_1^*、

V_2^*、V_3^*。图 4.7 中非住房支出大于 18 000 元时，根据首付约束和住房支付能力条件，房价为负，即无能力购房。当非住房支出小于 8500 元时，收入约束决定合理房价。由图 4.7 可知，非住房支出对最大可购房价格有明显影响，当非住房支出从 11 000 元增加到 13 500 元(增加 22.7%)时，$V(1)$ 从 276 079 元下降到 175 379 元（下降 36.5%），$V(3)$ 从 144 754 元下降到 91 754 元（下降 36.6%）。满足 $V(1)$、$V(2)$、$V(3)$ 时的最大房价约 200 000 元，此时非住房支出为 8500 元（图中 $V(2)$、$V(3)$ 交点）。

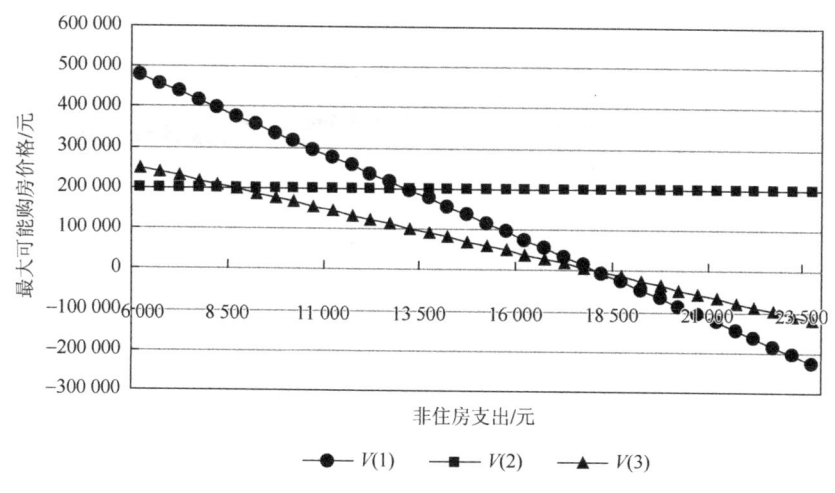

图 4.7 不同非住房支出时的合理房价

3. 首付比对合理房价的影响

$$\frac{\partial V_1^*}{\partial D} = -\frac{W_{T=10}}{D^2} = -\frac{1}{D^2} \cdot \frac{(1+i)^{10}-1}{i} < 0 \quad (4.20)$$

$$\frac{\partial V_2^*}{\partial D} = \frac{pY}{(1-D)^2} \cdot \frac{(1+r)^n-1}{(1+r)^n \cdot r} > 0 \quad (4.21)$$

$$\frac{\partial V_3^*}{\partial D} = \frac{Y-C_{\mathrm{NH}}-C_S}{(1-D)^2} \cdot \frac{(1+r)^n-1}{(1+r)^n \cdot r} > 0 \quad (4.22)$$

由式（4.20）～式（4.22）可知，首付约束时的最大房价与首付比成反比，收入约束和住房支付能力约束下的最大房价与首付比成正比。如图 4.8 所示，横轴表示首付比，纵轴表示最大可支付房价，图例 $V(1)$、$V(2)$、$V(3)$ 分别表示 V_1^*、V_2^*、V_3^*，图 4.8 中收入为 19 000 元。首付比降低，首付约束下的最大房价增加，收入约束和住房支付能力约束下的最大房价降低。在给定参数条件下，最佳首付比为 0.45，此时可购买房价最大，约 130 000 元（图中 $V(1)$、$V(3)$ 交点）。由

图 4.8 可知,尽管降低首付可以减少财富约束,但由于存在支付能力约束,对于边际购房者(本例中收入 19 000 元的家庭),其购房能力并不会随首付比降低而提升;反之,随着首付比降低,其可购最大房价下降。

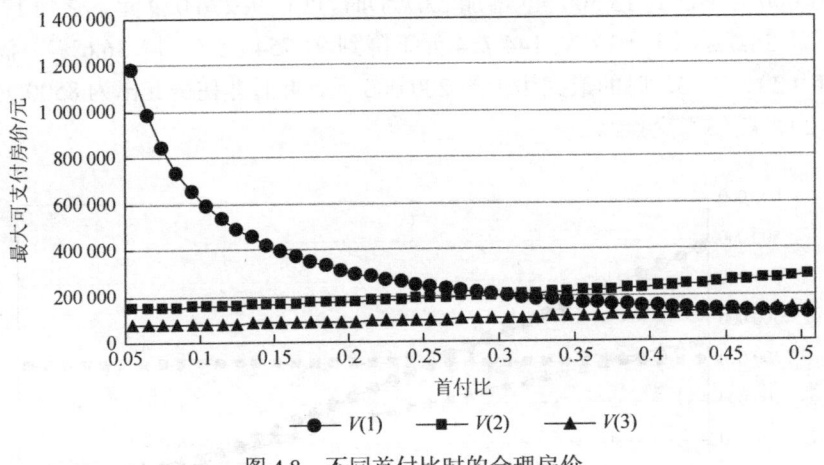

图 4.8　不同首付比时的合理房价

4. 利率对合理房价的影响

存款利率影响首付约束时的最大房价,贷款利率影响收入约束、支付能力约束时的最大房价。图 4.9 为不同利率时的合理房价,图中横轴表示利率变化,纵轴表示最大可能购买房价,图例 $V(1)$、$V(2)$、$V(3)$ 分别表示 V_1^*、V_2^*、V_3^*,图中收入为 19 000 元。由图 4.9 可知,决定合理房价的是支付能力约束,随利率增加,支付能力决定的房价下降。

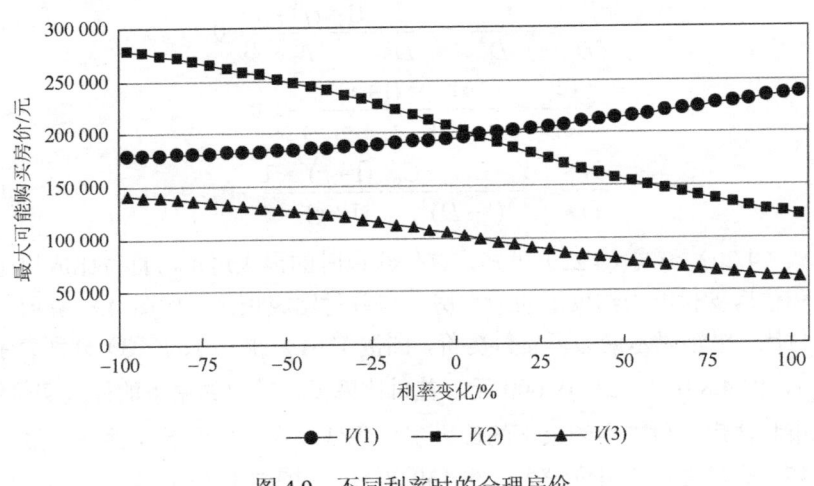

图 4.9　不同利率时的合理房价

5. 抵押贷款期限对合理房价的影响

抵押贷款期限不影响 V_1^*，仅影响 V_2^*、V_3^*。图 4.10 为不同抵押贷款期限时的合理房价，图中横轴表示抵押贷款期限，纵轴表示最大可能购买房价，图例 $V(1)$、$V(2)$、$V(3)$ 分别表示 V_1^*、V_2^*、V_3^*，图中收入为 19 000 元。由图 4.10 可知，在此情形下，住房支付能力约束决定合理房价。贷款期限 5 年、10 年、20 年、30 年、40 年，合理房价分别为 30 000 元、500 000 元、80 000 元、100 000 元、110 000 元。贷款期限增加，可支付的合理房价增加，且合理房价是贷款期限的增凹函数。

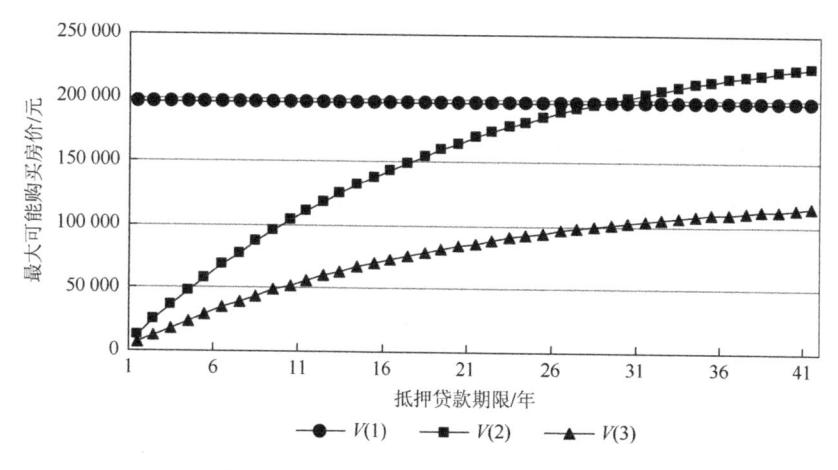

图 4.10 不同抵押贷款期限时的合理房价

各因素对首付约束、收入约束、住房支付能力约束下的最大房价的影响见表 4.2。

表 4.2 不同因素对最大房价的影响

约束类型	收入	非住房支出	首付比	利率	抵押贷款期限
首付约束	+	−	−	+	×
收入约束	+	×	+	−	+
住房支付能力约束	+	−	+	−	+

注：正号（+）表示正相关，负号（−）表示负相关，乘号（×）表示不相关。如首付约束与收入正相关，表示满足首付约束时的最大房价随收入增加而增大

综上所述，可得如下论点。

第一，合理房价受金融市场（首付比、利率、抵押贷款期限）、劳动力市场（工资收入）、非住房消费市场（非住房消费）等市场因素影响；换言之，宏观经济形式影响合理房价。

第二，多数情况下，住房支付能力约束决定合理房价，即住房支付能力是合理房价的紧约束，而首付约束与收入约束是非紧约束，这表明首付的成本效应大于门槛效应。

第三，由于住房支付能力是合理房价的紧约束，住房支付能力决定了住房购买能力，从而决定了自有住房率。降低抵押贷款利率、延长抵押贷款期限、增加收入、降低非住房消费等均可增加自有住房率、提高住房支付能力。

第四，首付约束与收入约束并非是决定自有住房率的关键。这说明降低首付并非是提高自有住房率的有效途径，Vigdor（2006）从价格效应视角研究表明首付降低不能增加自有住房率，而本节则从消费者理性选择（购房后不出现居住贫困是一种理性选择）角度说明，降低首付并不能提高自有住房率。

第五，长期来看，降低首付不仅不能增加自有住房率，反而增加金融机构住房抵押贷款风险[①]。一是首付比降低，住房成本增加，从而增加了边际购房者的违约概率；二是首付比降低使更多低收入家庭满足抵押贷款审贷要求（由上面分析可知，首付约束和收入约束几乎是非紧约束），但并不满足住房支付能力约束，从而增加违约风险；三是即使金融机构预期到低收入家庭贷款风险，通常的做法是增加贷款利率规避风险，而利率增加，增加了住房成本，这更进一步增加了违约风险。

第六，自有住房率取决于初次购房者的住房购买能力，本节研究表明，决定初次购房者住房购买能力的是住房支付能力。

4.4 本章小结

住房支付能力是研究住房市场的工具，由于住房市场的复杂性，住房市场不同利益相关方对住房支付能力关注的焦点不同，住房支付能力有不同用途。本章首先评析了传统比率法和剩余收入法研究住房支付能力用途的有关文献；然后用剩余收入法测算住房供应/需求合理房价，对合理房价进行比较静态分析；并以重庆2005年住房市场相关数据为参照，分析首付约束、收入约束和住房支付能力约束对合理房价的影响，结论如下。

（1）住房购买能力与住房支付能力是两个不同的概念，两者既有区别，也有联系。由于两者存在联系，可通过住房支付能力研究住房消费、自有住房率等。

---

① 首付3%时，贷款违约风险是首付5%的2倍，是首付10%~15%的4倍（Capone，2008）。

（2）同时满足首付约束、收入约束和住房支付能力约束的房价是合理房价。在一般情况下，住房支付能力约束决定合理房价，而首付约束和收入约束是合理房价的非紧约束。

（3）根据住房支付能力约束决定的合理房价可用于住房生产者定位产品价格、明确消费对象。政府根据合理房价确定不同收入水平家庭的最大可支付房价，从而明确哪些收入阶层的住房由政府供应、哪些由市场供应。

第5章 提高住房支付能力研究

5.1 概　　述

本章研究如何提高居住贫困家庭的住房支付能力,对象为中国居住贫困家庭。以1998年《国务院关于进一步深化城镇住房体制改革加快住房建设的通知》(国发〔1998〕23号)的发布为分水岭,我国住房业的市场化进程近20年时间。针对我国住房市场实际,无论理论还是实证研究都乏善可陈,特别是住房支付能力研究需要大量微观层面(个人、家庭)数据,而公开发行的住房市场微观数据几乎是空白。例外的是,通过大量的微观数据,清华大学郑思齐(2007)在住房市场的微观经济学研究方面作出了富有成效的贡献,但其研究对象并不限于中低收入家庭,且其住房支付能力采用的是比率法。因此,本章提出的对策措施借鉴了发达国家,特别是美国通过住房制度[①]提高住房支付能力的经验教训。

提高住房支付能力宗旨在于消除居住贫困。消除居住贫困是基于住房有如下重要性:住房是生活必需品;住房与人们健康休戚相关;住房是家庭稳定和事业成功的基础(Bratt et al.,2006;施瓦兹,2008)。根据马斯洛的需求层次理论,可将住房功用分解如下:给家庭提供居住或保护、安全或保障、归属感、自尊及自我实现等需要,即住房不仅具有物质功用,也具有精神功用。除了对个人或家庭有如上功用,住房尚具有外部效应:住房是一种社会资源,是城市构成的细胞,是社区构成的基本单元;住房是一种绩优品(Whitehead,1991;Hancock,1993)。此外住房也是地方财政的重要源泉(施瓦兹,2008)。

正本方能清源。提高住房支付能力,首先必须明确产生住房支付能力问题(居住贫困)的原因。根据前面章节分析可知,影响住房支付能力的不仅有住房市场,也包括劳动力市场、金融市场、非住房消费市场等相关因素以及个人(或家庭)偏好。概而言之,制度[②]、偏好、住房成本和剩余收入均影响住房支付能力。由此

---

① 住房制度(housing system)包括住房市场和住房政策(housing policy)。住房政策指政府调整住房数量、质量、价格、住房的所有权和控制权等措施(Malpass and Murie,1999)。住房政策可以直接提供资金或通过税收机制提供资助,也可运用调控手段影响住房的供给、房地产经纪人的行为以及在相应地区修建的住房类型、数量和费用等(施瓦兹,2008)。

② 制度指影响住房消费的相关制度,如住房交易制度、购房贷款制度、税收制度、社会保障制度(通过影响非住房消费而作用于住房消费,包括医疗保险、失业保险等)等。

可见，影响住房支付能力的因素众多，有个人或家庭因素、社会因素、制度因素、地区因素[①]等，这可解释为什么居住贫困长期存在[②]，也可解释为什么"住房是福利国家中最不成功的部分"（巴尔，2003）。

提高居住贫困家庭的住房支付能力需要对资源重新进行配置，资源配置有两种方式：市场和计划（国家干预[③]）。实践证明，国家干预是住房市场的常态（Smith et al.，1988；Stone，1993；Malpass and Murie，1999；Hills，2001；巴尔，2003；施瓦兹，2008）；第一次世界大战期间是欧洲发达国家广泛介入住房市场的转折点（巴尔，2003；Malpass and Murie，1999），经济大萧条期间美国政府开始介入低收入家庭住房供应市场，标志性事件是1937年的《住房法案》（Listokin，1991）。市场是社会的产物，市场运行所依赖的法律、法规等制度由政府制定和实施，故而并没有纯粹的市场（Bratt et al.，2006）。另外，国家干预（如新建公共住房供应、旧城改造、住房补贴等）也将影响市场化的住房供应；反之，政府拥有住房（公共住房）多寡也受市场化住房供应的影响（Malpass and Murie，1999）。由此可见，市场与计划是相互依存、互为补充的资源配置方式；两者孰轻孰重，随不同市场[④]、不同时期[⑤]、不同经济发展水平[⑥]、不同执政理念[⑦]的组合而异。

本章基本观点是：居住贫困不因经济发展而自动消失，国家干预是提高居住贫困家庭住房支付能力的必要条件，提高住房支付能力必须同时兼顾住房成本、收入、非住房支出，具体措施因地而异。与本章观点不同的是，Stone（1993）认为社会住房是提高住房支付能力的有效举措[⑧]，即从降低住房成本角度提高住房支付能力；Quigley 和 Raphael（2004）[⑨]认为抵押贷款制度变革（如建立更广泛的个

[①] 地区因素指房价的地区差异极大（见第2章、第3章，也可参见 Poterba（1991）、Chapple 等（2004）的文献）。经济越发达地区，居住贫困越严重，而且存在拐点效应（kinked effect）：房价（租金）超过某一水平后，居住贫困率快速增加（Harkness，2004）。

[②] 在美国，居住贫困长期存在的相关论据见 Stone（1993）、Quigley 和 Raphael（2004）、Grigsby 和 Bourassa（2004）、Marcuse 和 Keating（2006）、施瓦兹（2008）的文献。

[③] 国家干预包括直接干预和间接干预。直接干预有管制、财政、政府生产等方式；收入转移属间接干预（巴尔，2003）。

[④] 如"衣、食、住"同为生活必需品，衣、食的供应几乎完全市场化，而住房市场的国家干预极为普遍。

[⑤] 20世纪70年代以前，发达国家崇尚凯恩斯的国家干预政策，70年代的经济危机后弗里德曼的自由市场理论更受青睐。与之对应的是国家福利制度（包括住房）的变革，由巩固加强转变为福利开支的收缩，详见巴尔（2003）对英国和美国福利制度发展的评述。

[⑥] 1950~1973年是世界经济发展的黄金时期，随着1973年石油危机的爆发，经济增长放缓（赫尔普曼，2007）。在时间上，整个经济的发展与国家干预转向自由市场、福利国家的改革基本是一致的。

[⑦] 不同执政党的政治哲学各不相同（不同政治哲学流派介绍见第1章）。右派强调自由市场，左派注重国家干预（Malpass and Murie，1999）。在美国，右派（保守派）代表是共和党；左派（自由派）是民主党。两者住房政策差异的详细讨论见 Marcuse 和 Keating（2006）的文献。

[⑧] 作者对此观点的驳斥见第1章。

[⑨] Quigley 和 Raphael（2004）的住房支付能力是用比率法度量的，详见4.2.1节介绍。

人信贷记录使审贷标准更合理、建立更加灵活的可调利率贷款、延长贷款期限、实行合伙式购房贷款[①]可提高有房户支付能力,增加出租房供给或提高低收入家庭购买力的政策可以改善租房户住房支付能力,即分别从降低住房成本(有房户)、降低住房成本或增加收入(租房户)角度提高住房支付能力;Thalmann(2003)认为,对于收入较低的家庭,应通过收入扶持提高其住房支付能力;多支付住房消费的家庭采用住房补贴提高其住房支付能力[②],即从增加收入角度提高住房支付能力。

本章后续内容安排如下:5.2 节首先简述发达国家(美国为主,其他国家为辅)提高住房支付能力的对策措施、经验教训。该节是本章对策措施的参照点。5.3 节基于我国现实,分别从降低住房成本、增加低收入家庭收入、降低非住房支出三个方面探讨提高居住贫困家庭住房支付能力的对策措施。5.4 节为本章小结。

5.2 发达国家经验启示

提高住房支付能力是发达国家住房政策的主要目标,如美国政府自 20 世纪 30 年代起,住房支付能力为其住房政策目标之一[③](Listokin,1991;Downs,1991;施瓦兹,2008),Quigley(2007)则认为提高住房支付能力是对低收入家庭进行租房补贴唯一合理的理由。1971 年英国保守党白皮书[④]中将"为每个家庭提供体面的住房,住房价格不超过收入范围"作为其住房政策目标之一;1977 年英国工党绿皮书也将其列为住房政策目标(Malpass and Murie,1999;巴尔,2003),Hills(2001)认为提高住房支付能力是英国政府通过社会住房和住房给付广泛干预住房市场的正当理由[⑤]。

不同国家以及同一国家不同时期,住房政策均存在较大差异,政策差异的直观表征是社会住房[⑥]和自有住房率的差异,表 5.1 为欧盟国家自有住房率和社会住房占该国所有住房的比率;表 5.2 为英国不同时期自有住房率和社会住房比率,

---

[①] 合伙式购房贷款属于多元化住房融资方式,其局限性见第 2 章。

[②] 如何甄别两类不同租房家庭见第 1 章。

[③] Listokin(1991)指出联邦政府住房项目的目标包括住房目标(提供可支付且质量满足标准的住房)、经济目标(刺激建筑业生产,增加就业)、社会目标(消除歧视,给弱势群体提供就业培训机会)以及改善健康状况、为城市提供稳定的税基等。Grigsby 和 Burass 认为多目标之间的冲突是联邦住房政府缺乏连贯性的主要原因。

[④] 白皮书(white paper)指反映政府意图的确定性报告书;绿皮书(green paper)指由中央政府发布、要求讨论和评议的咨询文件(巴尔,2003)。

[⑤] 英国住房给付有三个主要目标:一是作为安全网,避免租金后收入低于某一水平;二是提高住房支付能力;三是推动"砖头和灰浆"(bricks and mortar)补贴向个人补贴转移(Stephens,1995)。

[⑥] 社会住房指用公共资金建造,从而对租金进行补贴的住房,其供应价格(租金)不是基于利润动机确定而是根据需要指定,政治决策对需要的数量、质量和供给条件有重要影响(Oxley and Smith,1996)。

其中社会住房包括公共住房（council housing）和住房协会的住房。政策差异也可反映在住房公共支出占 GDP 比重上，Maclennan 等（1997）将欧盟国家住房支出占 GDP 比重分为四类：第一类 3%以上（荷兰、英国、瑞典），社会住房占较高比重；第二类 1%～2%（奥地利、德国、法国、丹麦），私人和社会出租房占较高比重；第三类 1%左右（爱尔兰、意大利、比利时、芬兰、卢森堡），自有住房比例高，社会住房少；第四类 1%以下（西班牙、葡萄牙、希腊），自有住房比例较高，社会住房很少。

表 5.1　欧盟国家自有住房率和社会住房份额（单位：%）

住房类型	年份	荷兰	瑞典	英国	奥地利	德国	丹麦	法国	芬兰	爱尔兰	比利时	葡萄牙	西班牙
自有住房	2000	53	39	69	59	43/31*	51	54	60	78	74	64	83
社会住房	1980	34	32	34	16		17	14	—	13	7	4	0
	1990	36	31	26	21	20	17	15	15	11	6	4	1

* 43 为联邦德国自有住房率，31 为民主德国自有住房率
资料来源：自有住房率：建设部课题组（2007）；社会住房：Gibb（2002）

表 5.2　英国住房保有方式（1914～1996 年）

年份	自有住房率/%	出租房/%		
		公共住房	住房协会出租房	私有出租房
1914	10	*		(90)
1945	26	12		(62)
1951	29	18		(53)
1961	43	27		(31)
1971	52.7	30.8		(16.5)
1979	54.6	31.9		(13.5)
1981	56.4	30.4	2.2	11.0
1991	65.9	21.4	3.1	9.5
1996	67.0	18.8	4.5	9.7

注：*表示 1914 年公共住房所占比例忽视不计，（ ）中的数字表示住房协会与私有出租房合计所占比例
资料来源：Malpass 和 Murie（1999）

本节以美国为例讨论发达国家提高住房支付能力的经验和教训，这并不是因为美国的住房政策最成功，也不是因为住房供给的市场化程度最高。而是因为，美国住房政策与其他发达国家住房政策有一定的相似性，表现在以下几点。

（1）住房政策发展趋势类同，如一般性补贴（general subsidies）向收入型住房津贴（income-related housing allowance）[①]的转移（Turner and Whitehead，2002）。

（2）均面临居住贫困长期存在、贫困集中等问题[②]。Malpass 和 Murie（1999）将英国住房制度变迁归纳为"三化"，即剩余化（residualisation）、边缘化（marginalisation）、私有化（privatization），其中公共住房的剩余化导致贫困集中，而边缘化和私有化使贫困集中更严重。

（3）现有住房政策均从社会排斥[③]的视角提出提高住房支付能力的对策措施（Malpass and Murie，1999）。

除上述三点共性外，有关美国住房政策的资料更为丰富也是一个重要原因。

美国提高住房支付能力的政策包括住房金融、联邦住房补贴（包括间接住房补贴和直接住房补贴。间接住房补贴指与住房有关的税务支出，税务支出并不直接体现在预算支出中，是一种隐性公共支出；直接住房补贴指用于低收入住房资助的支出，直接体现在预算支出中）、低收入社会保障等，相应的经验教训[④]如下。

住房金融主要影响自有住房户住房支付能力，表现在：影响住房成本——贷款期限、利率、首付比等（详见第2章住房成本影响分析（2.3节）、第4章对首付比分析）；影响收入——住房资本再融资影响有房户的消费构成（见第3章收入与房价关系的讨论（3.2节））、反向抵押贷款对老年家庭收入的影响（Mayer and Simons，1994；Bourassa，1996；Megbolugbe et al.，1997）。除了对自有住房户，住房金融也影响住房开发商的融资成本，从而影响房价，进而对住房支付能力产生影响。住房金融对投资者（自有住房户、开发商等）成本的影响，也将影响住房租金，从而间接影响租房户住房支付能力，尽管租房户本身与住房金融没有直接联系。

美国拥有全世界最为复杂的住房金融系统，具有丰富的住房金融创新产品[⑤]。

---

① 收入型住房津贴是最常用的一种住房需方补贴方式，是基于家计调查的租房户补贴。不同国家有不同的称谓：housing benefit（英国），rent allowance（澳大利亚），shelter assistance（加拿大），housing voucher（美国）（Kemp，2000）。该补贴实行的起始时间如下：美国1971年、德国1965年、英国1972年、荷兰1975年、比利时1970年、瑞典1948年（Haffner and Boelhouwer，2006）。

② 美国公共住房租房户中位收入占全国中位收入的比例如下：1950年为57%，1960年为41%，1970年为29%，20世纪90年代中期不足20%（施瓦兹，2008）。在英国，收入十分位时，收入最低三个分位中公共住房租房户所占比例：1963年为26%，1972年为41%，1979年为47%，1991年为65%（Malpass and Murie，1999）。

③ 社会排斥（social exclusion）是广泛用于欧洲社会政策研究的一个概念，指社会成员愿意参与社会活动但是被不可控制的因素阻止的事实，社会排斥问题的存在影响社会成员公民权利的实现。欧盟的研究表明，社会排斥在健康、就业、社会保护、教育和住房五个与政策相关的领域中存在，社会政策是反社会排斥、达到社会融合的手段。美国的住房研究中很少采用社会排斥这一概念，更强调"机会""自立""反歧视"，但与解决社会排斥的方式类同。

④ 美国住房政策具体内容讨论可参见 Listokin（1991）、Orlebeke（2000）、施瓦兹（2008）等的文献。

⑤ 住房金融创新产品包括抵押贷款创新（mortgage innovation）和融资创新（creative finance）。抵押贷款创新指通过降低首付约束和/或收入约束来提高人们住房购买能力的金融产品（见第2章）（Listokin et al.，2001），针对的是住房消费者；融资创新指低收入住房开发过程中多元化融资方式，针对的住房开发。而传统低收入住房开发所需资金完全来自联邦政府（Stegman，1991；Quercia et al.，2000b）。本书讨论的住房金融创新主要指前者。

联邦政府广泛介入住房金融，其方式包括：提供抵押贷款保险和担保，支持抵押贷款二级市场私有企业，扶持专营住房金融的存款机构，制定鼓励或要求金融机构提供住房资金的管理规定，在某些情况下，直接向购房者提供贷款（Carliner，1998）。20 世纪 30 年代联邦政府介入住房金融对经济复苏厥功至伟（Listokin，1991），但通过住房金融创新提高自有住房率收效甚微（Vigdor，2006）。表 5.3 为英国和美国不同年份自有住房率比较，由此可见美国住房金融创新效果并不比英国传统住房抵押贷款更优[1]。更为严重的是 2007 年爆发的次贷危机，不仅给次贷家庭带来痛苦，也给美国经济，乃至世界经济带来严重的冲击（刘洪，2008a）。

表 5.3 美国和英国自有住房率比较（单位：%）

年份*	1910	1940	1950	1960	1970	1980	1990	2000
	1914	1945	1951	1961	1971	1981	1991	1996
美国	45.9	43.6	55	61.9	62.9	64.4	64.2	66.2
英国	10	26	29	43	52.7	56.4	65.9	67.0

* 年份中上面年份表示美国，如 1910 年美国自有住房率为 45.9%；下面年份为英国，如 1914 年英国自有住房率为 10%

资料来源：美国：U.S. Census Bureau（2005）；英国：Malpass 和 Murie（1999）

通过弥补低收入家庭收入和财富不足来提高其支付能力的政策措施包括免税债券、首付救助[2]、直接抵押贷款补贴、第二抵押贷款[3]四种，其中第二抵押贷款最理想（Collins and Dylla，2001）。

间接住房补贴通过税务支出[4]（税收补贴）补贴有房户和住房投资者，税收补贴增加了有房户的收入，税收补贴降低了住房投资者住房成本。与有房户有关的税收补贴包括抵押贷款利息免税、不动产税的减免、资本收益豁免、虚拟租金免税等[5]。与投资者相关的税收补贴可分为两类：一是补贴面向低收入购房者的投资，

---

[1] 住房金融创新对自有住房率和支付能力影响的分析可参见 Ambrose 和 Goetzmann（1998）、Vigdor（2006）的文献。

[2] 详细介绍见第 2 章。

[3] 第二抵押贷款也称为"骑肩抵押贷款"（piggy-back mortgage），指非营利机构或政府住房金融机构为低收入家庭提供的低利率购房贷款，以弥补第一抵押贷款（first mortgage）资金不足，从而降低低收入家庭首付和每月住房支出，提高住房支付能力。与其他三种政策措施相比，其最大优势在于资金可周转使用。第一抵押贷款指商业金融机构的购房抵押贷款，造成第一抵押贷款金额不足的原因是购房家庭收入过低（Collins and Dylla，2001）。例如，某家庭欲购一套价值 50 万元的住房，根据前端比（或后端比），金融机构最大贷款为 20 万元，通过第二抵押贷款提供资金 20 万元，则首付仅为 10 万元。

[4] 税务支出指联邦政府税收收入的减少额。

[5] Bourassa 和 Grigsby（2000）对美国各项有房户税收补贴利弊得失的评价是：抵押贷款利息免税弊大于利，不动产税的减免弊大于利，资本收益豁免利大于弊，虚拟租金免税利大于弊；故建议保留后两项补贴，为避免对市场的负面影响，可逐步（10～15 年）取消前两项补贴。而 Davidoff（2006）则从收入与房价不确定性角度探讨了取消两项补贴在理论上的合理性（详见第 3 章）。

如面向首次购房者的抵押贷款债券免税，由于这种债券融资成本低，政府以低于市场利率向满足条件的首次购房者放贷；二是补贴出租房投资，其中最主要的是LIHTC，由于融资成本降低，从而降低出租房租金。LIHTC 由 1986 年《税收改革法案》设立，现已是美国最大的供方补贴项目（McClure，2006），2004 年共有 LIHTC 住房单元 129 万套（HUD，2006）。

图 5.1 为美国联邦政府用于住房的税收补贴和住房救助（housing assistance）。1976～2007 年，住房救助从 72 亿美元增加到 311 亿美元，增长 3.3 倍，同期税收补贴从 320 亿美元增加到 1167 亿美元，增长 2.6 倍。2004 年，联邦政府住房救助大约 324 亿美元，而税收补贴为 1224 亿美元，是住房救助的 3.8 倍[①]。图 5.2 为税收补贴中有房户和投资者税务支出构成，由图 5.2 可知服务于低收入租房户的投资者税务支出所占份额极小，如 2004 年，投资者税务支出 148 亿美元，仅占当年税收补贴的 12%。图 5.3 为 2004 年美国联邦政府住房救助和税收补贴在不同收入家庭之间的分布，图中横轴表示收入分布（5 等分），1 表示收入最低，5 表示收入最高。由图可见税收补贴绝大部分流向了高收入住户。需要说明的是图 5.1～图 5.3 中的税收补贴不包括虚拟租金免税、抵押贷款联邦担保支出[②]。

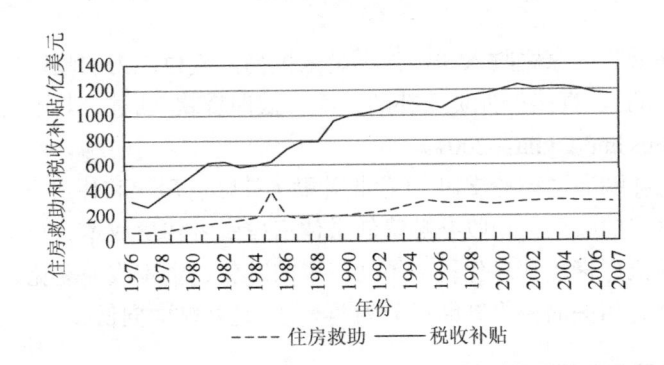

图 5.1 1976～2007 年美国联邦政府用于住房的住房救助和税收补贴（2002 年不变价）

资料来源：Dolbeare 和 Crowley（2002）

住房税收补贴既无效率，也不公平（Freeman，2006；施瓦兹，2008）；且带

[①] 与之对比的是，英国 1996 年有房户税收补贴 48 亿英镑，住房救助 152 亿英镑（巴尔，2003）；同期美国有房户税收补贴 933 亿美元，住房补贴 426 亿美元（包括投资者税收补贴 126 亿美元）（Dolbeare and Crowley，2002）。

[②] 2004 年虚拟租金免税 363 亿美元、联邦担保支出 252 亿美元（Jaffee and Quigley，2007）。需要说明的是有房户四项税收支出没有可加性，如对虚拟租金征税，将降低住房消费，从而减少抵押贷款金额；取消抵押贷款利息免税，可能减少抵押贷款金额（Bourassa and Grigsby，2000）；因此，Dolbeare 和 Crowley（2002）根据预算管理局（Office of Management and Budget，OMB）资料估计的有房户税收支出偏高。

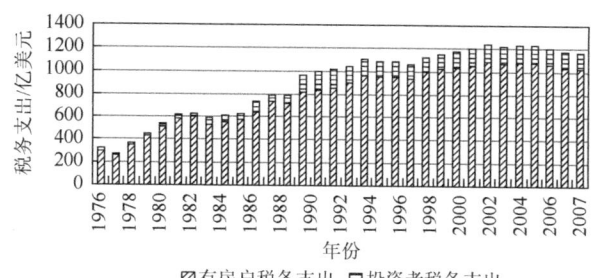

图 5.2　1976~2007 年住房有关税务支出构成（2002 年不变价）

资料来源：Dolbeare 和 Crowley（2002）

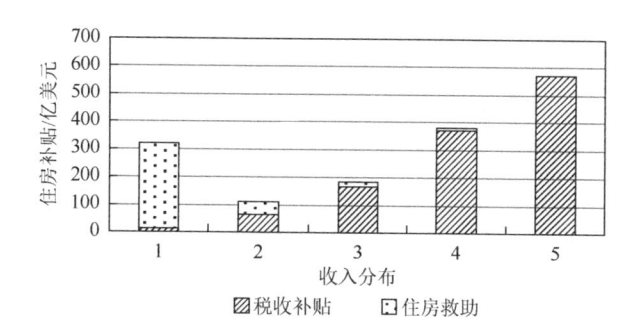

图 5.3　2004 年美国联邦政府不同收入分布的住房补贴分布（2004 年不变价）

资料来源：Dolbeare 等（2004）

来巨大的社会成本（Dreier，2006）。吊诡的是，税收补贴的弊端是其长期存在的根源[①]（Freeman，2006）。从住房支付能力角度，自有住房户税收补贴不仅无效（Quigley and Raphael，2004），相反，房价将因税收补贴而抬高（Dreier，2006），从而恶化低收入者住房支付能力[②]。

与税收补贴不同，住房救助项目所需资金来自预算支出。图 5.1 中住房救助（即直接住房补贴）由下面三项支出构成：一是支持具体的住房工程建设；二是帮助租房者获得私人市场的住房；三是为州及地方政府提供资金开发住房项目。住房补贴是为低收入租房户提供的补贴。第一项属供方补贴，包括公共住房（public housing）、联邦资助开发的私有出租房（即工程资助（project-based assistance））等，第二项属需方补贴（即租户救助（tenant-based assistance）），第三项主要用于

[①] 对美国有房户税收补贴不合理根源（既得利益集团对政策的掣肘）的论述见 Dreier（2006）的文献。

[②] 英国和美国年轻家庭自有住房率差异也可佐证税收补贴恶化低收入家庭住房支付能力的论点。英国和美国自有住房率相近，英国住房税收补贴远低于美国，社会住房比例远大于美国，但英国年轻家庭（34 岁以下）自有住房率远大于美国（Andrew et al.，2006）。

租房户居住社区的改造。2004年美国住房救助项目共25项，其中4项由农业部负责，21项由HUD负责（Dolbeare et al.，2004）。

2004年共有690万户低收入住户获得住房补贴，其中工程资助200万户，租房券资助162万户，公共住房资助120万户，LIHTC资助130万户（施瓦兹，2008）。图5.4为不同年份公共住房、租房券、LIHTC累计数。由图5.4可知公共住房在1993年达顶峰，然后逐年下降；而租房券和LIHTC一直呈增长态势。

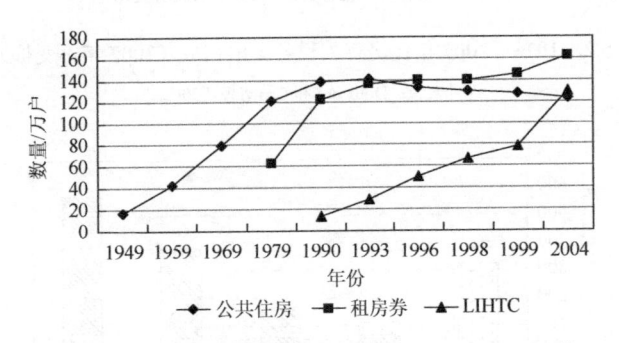

图5.4 不同年份公共住房、租房券、LIHTC累计数

资料来源：公共住房：施瓦兹（2008）；租房券：施瓦兹（2008）；LIHTC：HUD（2002；2006），作者计算整理

与供方补贴相比，需方补贴效率更高、贫困集中程度更低，但需方补贴有效的前提是市场有足够的住房供应（施瓦兹，2008）。

与英国、荷兰等的需求导向型（demand-led）不同，美国的需方补贴（租房券）属于预算驱动型（budget-driven）（Priemus et al.，2005），符合条件的家庭只有很少部分（不到1/4）得到需方补贴[1]（Stegman et al.，2004；Quigley，2007），且需要排队等候[2]。

美国住房救助项目特点如下。

（1）项目覆盖面广，不仅针对低收入家庭，也针对老、弱、病、残等特殊群体，但大多数单一项目的补贴深度不足以完全解决住房支付能力问题（施瓦兹，2008）；管理部门多，除了HUD和农业部，还有国防部（负责军队家庭在国内外军事基地及非军事基地的住房救助）、退伍军人管理局（退伍军人抵押贷款担保）、联邦存款保险公司（抵押贷款银行破产后处理的房地产）等（Dreier，2006）。

（2）极低收入租房家庭可支付住房供应严重不足。如图5.5所示，图中横轴

---

[1] 为何联邦政府不对所有需要低收入住房补贴者提供足够援助？Grigsby和Bourassa认为是如下三方面原因共同作用的结果：漠视穷人的生存状况；剥夺根源不确定，故克服剥夺同时需要什么样的住房及非住房政策并不明朗；确信过去和现有政策导致了部分剥夺。

[2] 1998年住房排队等候平均时间，全美28个月、洛杉矶10年、休斯敦7年、孟菲斯和芝加哥5年（Stegman et al.，2004）。

表示收入分布，1 表示收入低于地区中位收入的 30%、2 表示收入为地区中位收入的 30.1%~50%、3 表示收入为地区中位收入的 50.1%~60%、4 表示收入为地区中位收入的 60.1%~80%、5 表示收入为地区中位收入的 80.1%~100%、6 表示收入为地区中位收入的 100.1%~120%、7 表示收入大于地区中位收入的 120.1%；纵轴表示 100 户租房户中既可支付[①]又可获得的出租房不足或剩余量，图中负值表示不足，正值表示剩余。

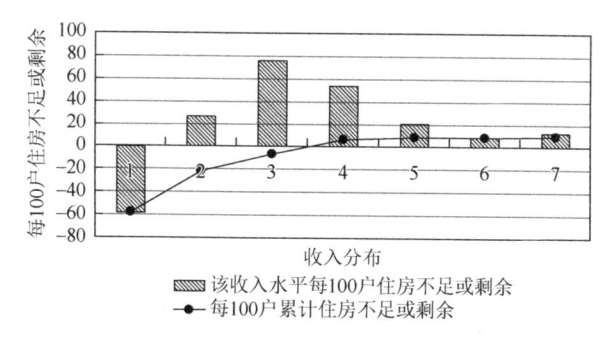

图 5.5 不同收入水平可支付住房分布（1999 年）

资料来源：施瓦兹（2008），作者计算整理

由图 5.5 可知，极低收入（1）租房户所需住房严重不足，而中等收入（4）和低收入（3）租房户所需住房大量剩余，造成剩余的原因是联邦资助开发的私有出租房的租房户的收入标准均位于此区间，这说明仅凭此类项目不能解决极低收入家庭的住房支付能力问题，也说明过滤机制不能解决极低收入家庭的住房支付能力问题。

（3）整个出租房市场的供给大于需求，由图 5.5 累计分布可知，低收入（80%）以下所有出租房存量大于需求；同时收入不满足租房券申请条件（即收入大于当地中位收入的 80%）的收入较高的租房户需求也能得到满足，即不会对低收入以下租房户的需求产生挤出效应。这为租房券普及创造了必要条件。

（4）税收补贴是有房户的权利（entitlement），而低收入租房补贴是预算驱动型补贴，不同项目预算授权（budget authority）[②]是不同政治力量博弈的结果。政治支持力度从高到低排序是工程资助项目（包括 LIHTC）、租房券、公共住房（Freeman，2006；施瓦兹，2008）。

（5）自有住房和收入融合是目前美国住房政策最重要的两个主题。收入融合旨在缓解贫困集中，可通过分散和收入混合型住房[③]两种方式实现（Berube，2006；

[①] 可支付指租金不大于住户收入的 30%。

[②] 预算授权指法律允许联邦政府承诺当年或未来年份使用的资金总量，支出（outlays）指联邦政府实际使用的资金总量（Dolbeare et al.，2004）。

[③] 其他采用收入混合型住房的国家有英国、荷兰、法国、德国、瑞典、芬兰（Berube，2006）。

施瓦兹，2008）。两者均可以改善低收入家庭居住环境、提高福利，主要差别是分散项目仅使搬出贫困率较高地方的低收入家庭受益，而收入混合型项目可使项目周围的居民受益（Joseph，2006）。

（6）20世纪90年代公共住房转型，其收入融合型政策是美国公共住房政策早期的翻版，即美国公共住房政策1940~1990年完全了一个循环。最初20年，公共住房是对积极进取的低收入工人家庭的嘉奖，对住户资格审查极为严格；之后30年转变为最弱势家庭的最后归宿；20世纪90年代之后的收入融合政策，其代表是希望六号（Housing Opportunities for People Everywhere，HOPE VI）项目[①]，剔除了问题家庭（troubled families），扩大了租房户收入范围（Vale，2006；Popkin et al.，2000；Popkin et al.，2005）。但收入融合政策并不能从根本上使贫困家庭摆脱贫困，也不能解决公共住房中住房困难家庭[②]（hard-to-house）面临的问题（Vale，2006；Popkin et al.，2005）。

综上所述，美国联邦住房补贴包括税收补贴和住房救助，税收补贴对象是有房户和投资者，住房救助对象是低收入租房户。也可按供方补贴和需方补贴划分，如表5.4所示。表中住房补贴包括联邦政府住房补贴和州政府、地方政府住房补贴，如2001年州政府用于住房和社区发展支出36亿美元，大约占州总支出的0.3%，地方政府用于住房和社区发展支出270亿美元，占地方总支出的2.4%左右（施瓦兹，2008）；同期联邦政府住房支出（税收补贴和住房救助）约1500亿美元，占联邦预算总支出的80%左右（Dolbeare and Crowley，2002）。尽管联邦住房支出远大于州和地方政府住房支出，自20世纪80年代起，一改公共住房和其他补助项目完全由华盛顿设计与资助的局面，州政府、地方政府以及各种非营利机构，成为住房政策和项目开发、实施的中坚力量，即联邦政府将住房保障实施权力"下放"（devolution）到地方。权力"下放"始于1973年《住房和社区发展法案》设立的社区发展综合拨款，州政府和地方政府通过竞争为具体的开发项目获得联邦政府提供的资金，通过批准的项目的资金使用有很大自由度（施瓦兹，2008）。具体采用供方补贴还是需方补贴由地方政府决策[③]（McClure，1998）。

---

① 希望六号项目1993年启动，旨在拆除并重建衰落的公共住房，致力于用低密度住房代替衰落的公共住房，并吸纳低收入工薪家庭入住，使住户收入多元化。到2004年投资55亿美元，拆除了15万套衰落的公共住房，新开发了224个公共住房项目（Popkin et al.，2005；施瓦兹，2008）。

② 住房困难家庭指这样的公共住房居民，他们不仅因为支付能力，也因为其他诸多因素而存在失去住房的风险（Popkin et al.，2005）。

③ 权力下放会产生如下问题：低收入住房资金减少，低收入居民和低收入社区的投入减少，不利于低收入居民，低收入社区利益的政策势力更强大（Davis，2006）。

表 5.4 美国住房补贴方式

	供方补贴 价格补贴（降低住房成本）	需方补贴 收入补贴（增加收入）
有房户	针对首次购房的低收入家庭 1. 税务支出 　抵押贷款收益债券 　抵押贷款补贴凭证 2. 预算支出 　首付补贴 　低利率贷款	1. 税务支出（各类收入水平的有房户） 　抵押贷款利息免税 　不动产税减免 　资本收益豁免 　虚拟租金免税 2. 预算支出（低收入有房户）
租房户	1. 预算支出 　公共住房项目（产权政府所有） 　工程资助项目（产权私人所有） 2. 税务支出 　LIHTC（产权私人所有）	1. 预算支出 　租房券

联邦政府低收入家庭安全网由四个层次构成[①]，住房补贴是其中之一，其他补贴低收入家庭的救助包括医疗补助、社会服务、食品和营养补贴、其他收入保障[②]等（Dolbeare and Crowley，2002），这些项目或增加家庭收入或降低非住房支出。各项支出如图 5.6 所示，总金额从 1976 的 951 亿美元增加到 2007 年的 3637 亿美元，增长 2.8 倍，每年支出远大于住房救助，如 2004 年，总支出（3263 亿美元）

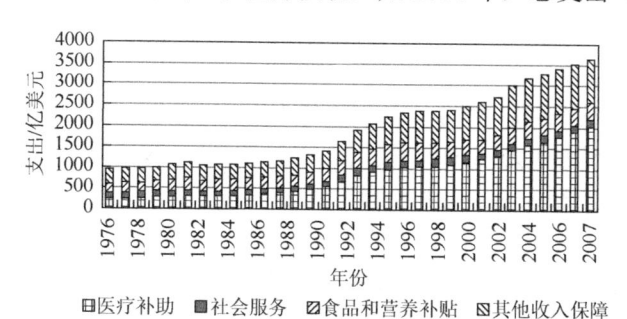

图 5.6　1976～2007 年低收入项目支出（2002 年不变价）

资料来源：Dolbeare 和 Crowley（2002）

---

① 四个层次分别为：一是三个准保险项目（社会保障、失业保险、医疗保健）；二是三个收入转移项目（收入保障补贴 supplemental security income，SSI、困难家庭临时救助 temporary assistance to needy families，TANF、工资收入税收补贴 earned income tax credit，EITC）；三是医疗（医疗补助）、食品（食品券，妇女、婴儿、儿童食品项目，学校早餐和午餐项目）和住房补贴项目；四是培训援助和家庭扶持项目（如教育和培训、儿童教育、戒毒等项目）（Grigsby and Bourassa，2004）。

② 其中值得特别指出的是工资收入税收补贴，1975 年设立，是一项扶贫项目，是一种负所得税收入扶持方式，补贴对象是收入低于某一标准的有工作的家庭（有房户或租房户）。Stegman 等（2004）探讨了将其作为住房补贴的可行性，对此观点的评论见 Harkness（2004）的文献。据作者所知，现有文献对住房支付能力的估计中均没有考虑工资收入税收补贴，故对美国住房支付能力严重程度的估值偏高。

是住房救助（324亿美元）的约10倍。低收入补贴（低收入家庭住房救助与其他救助之和）占联邦支出的比例从1976年的9.6%增加2007年的17.8%，同期住房救助从0.67%增加到1.4%（图5.7）。

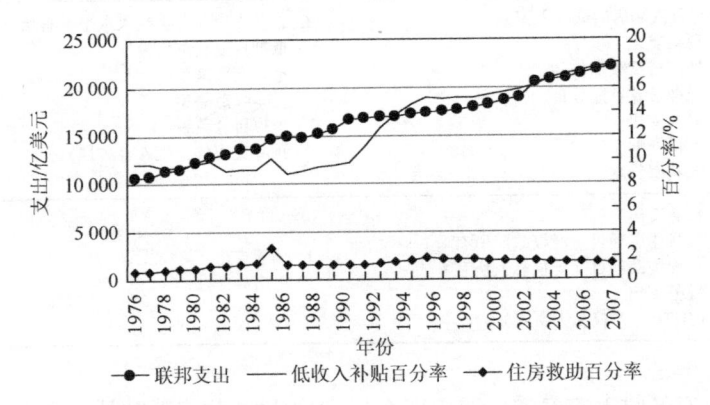

图5.7 1976~2007年住房救助和低收入补贴占联邦支出的份额（2002年不变价）

资料来源：Dolbeare和Crowley（2002），作者计算整理

尽管对低收入者有诸多补贴，但美国社会保障深度低于其他发达国家（巴尔，2003），特别是政府向贫困者的再分配远低于其他发达国家[①]（Freeman，2006），如1996年度英国住房救助152亿英镑（不包括有房户税收补贴48亿英镑），占当年政府公共支出3090亿英镑的4.9%；同期美国住房补贴426亿美元，占联邦支出17533亿美元的2.4%（巴尔，2003；Dolbeare and Crowley，2002）。考虑有房户税收补贴后英国占比为6.5%，美国占比为7.7%，这说明美国住房政府中向贫困者的转移支付远低于向非贫困者的转移支付。

综上所述，提高住房支付能力的经验教训归纳如下。

（1）政府对住房的干预包括直接干预（管制、财政、公共生产）和间接干预（收入转移）。供方补贴属于直接干预，需方补贴以及税收补贴属于间接干预。

（2）美国住房生产以市场化为主[②]（Listokin，1991），而住房消费国家干预无处不在。从有房户的税收补贴到低收入租房户的住房补贴；高收入户补贴过多，低收入户补贴不足。低收入户补贴不足主要不是由于财政压力，更多表现为政治压力[③]。

---

① Alesina等对此的解释是：崇尚自立、坚忍不拔的个人主义道德观；质疑强势中央政府；基于地区的选举制度有利于不同区域而非不同阶层的收入再分配；穷人主要是黑人和其他少数族裔。

② 2004年美国和英国自有住房率均为69%，美国社会住房（公共住房及政府救助的私有出租房）占所有住房存量的6%，英国为20%（Andrew et al.，2006）。

③ 著名福利经济学家巴尔（2003）认为：福利国家的前途不仅取决于经济上的可行性，很大程度上取决于人们通过政治程序来决定他们所需要的东西。美国住房政策的演变验证了巴尔的观点。

(3)提高低收入户住房支付能力的政策措施包括住房金融、税收、住房救助、非住房补贴以及收入融合[①]等。

(4)住房金融创新旨在服务低收入家庭,贷款发放机构的激励机制、借款者高融资成本等增加了住房金融,乃至整个金融系统的风险。引以为戒的是美国次贷危机"集团受益,社会买单"的教训[②]。

(5)任何时候和任何条件均最优的住房政策并不存在,采用何种方式更优取决于住房市场供需条件和政府补贴力度(Apgar,1990;Downs,1991)。

(6)政府资助开发的私有出租房属于供方补贴,可增加出租房供给,但不能解决极低收入家庭住房支付能力问题,即过滤机制不能解决极低收入家庭住房支付能力问题。

5.3 提高我国居住贫困家庭住房支付能力的对策措施

住房制度改革是我国经济体制改革的重要组成部分。20 世纪 80 年代以来,随着社会主义市场经济体制的建立健全,住房制度改革与城镇国有土地使用制度、财税金融制度等多项改革相互促进,共同推动房地产市场的形成和发展。

在我国住房体制从实物分配、泛福利化向货币化、市场化转型的过程中,一个以经济适用住房制度、廉租住房制度和公积金制度为主的住房保障制度初见雏形,表 5.5 为我国经济适用住房制度和廉租住房制度演变过程,住房公积金制度演变见建设部课题组(2007)的文献。经济适用住房和廉租住房均服务于低收入住房困难家庭,公积金制度是覆盖城镇在职职工的住房储蓄与融资机制。

表 5.5 经济适用住房制度和廉租住房制度演变

制度	发布时间	标志性事件及主要内容
经济适用住房与廉租住房	1998	国务院发布《国务院关于进一步深化城镇住房体制改革加快住房建设的通知》,提出停止住房实物分配,逐步实现住房分配货币化以及多层次(商品房、经济适用住房、廉租住房)的城镇住房供应体系。
	2007	国务院发布《国务院关于解决城市低收入家庭住房困难的若干意见》,提出廉租住房保障范围由城市最低收入住房困难家庭扩大到低收入住房困难家庭;经济适用住房是有限产权房,供应对象为城市低收入住房困难家庭

---

① 自然状态下隔离是一种均衡(Schelling,1971),故收入融合需要政府干预。

② 2008 年 2 月 13 日布什签署减税 1680 亿美元经济刺激方案,应对次贷危机对经济的冲击;2008 年 7 月 30 日布什签署总额 3000 亿美元住房援助法案;截至 2007 年 7 月,美国有 80 多家房贷机构破产(刘洪,2008b)。与之对比的美国住房救助 1992~2007 年累计约 4800 亿美元(Dolbeare and Crowley,2002)。霍普金斯 2008 年提出,国际货币基金组织预测次贷危机总损失可能达 1 万亿美元。

续表

制度	发布时间	标志性事件及主要内容
经济适用住房制度	1994	国务院颁布《国务院关于深化城镇住房制度改革的决定》，提出建立经济适用住房制度。
	1994	建设部等部门联合颁布《城镇经济适用住房建设管理办法》，建立经济适用住房制度。
	2004	建设部等部门联合颁布施行《经济适用住房管理办法》。
	2007	建设部等联合颁布《经济适用住房管理办法》，2004年《经济适用住房管理办法》同时废止。
廉租住房制度	1999	建设部颁布《城镇廉租住房管理办法》。
	2003	建设部等部门联合颁布《城镇最低收入家庭廉租住房管理办法》，1999年《城镇廉租住房管理办法》同时废止。
	2005	建设部等部门联合颁布《城镇廉租住房租金管理办法》。
	2007	建设部等部门联合颁布《廉租住房保障办法》，2003年《城镇最低收入家庭廉租住房管理办法》同时废止。
	2007	财政部颁布《廉租住房保障资金管理办法》，规定廉租住房补助资金的实施办法

住房公积金是以提高支付能力为目的而设立的专项住房储蓄资金，其机制设计存在严重缺陷：一是覆盖面不广、难以担当普遍保障的职能；二是没有配套的监管和经营机制；三是缺乏公平合理的配贷机制；四是增值收益使用与分配侵犯了公积金所有者的权益（汪利娜，2008）。

除以上缺陷，作为一种社会保障机制，住房公积金制度存在如下弊端：①有悖公平原则。社会保障需要公共资源的再分配，分配对象应是贫困家庭，而住房公积金针对城镇在岗职工，收入越高，收益越大，这将导致纵向不公平。由于不同地区管理差异，住房公积金在使用中存在横向不公平。②使用效率不高。由于住房公积金使用者更多为高收入者，政府有限的公共资源没有达到最佳利用，也就是说住房公积金对提高住房支付能力的作用有限。

作为政府对住房金融的支持政策，住房公积金更合理的替代模式是将住房公积金中政府出资部分剥离出来，与职工收入脱钩，成立国家住房保障基金，用于扶持收入低于某一标准的住房困难家庭，从而达到住房保障的目的。

经济适用住房、廉租住房均属于供方补贴，服务于不同对象。两者均是合理的制度设计。实践中，经济适用住房出现了诸多弊端（曹海东，2006；赵小剑，2008；汪利娜，2008），但不能肯定的是：经济适用住房的弊端不会在廉租住房中出现。经济适用住房对象不清；廉租住房的供应，特别是租赁补贴，也有相同的隐患[①]。自2002年商业性用地实施"招、拍、挂"以来，许多地方政府在经济利

---

① 发达国家实践表明，需方补贴（等同于我国的租赁补贴）存在申请人谎报收入（Stephens，2005；Hills，2001）、横向不公平（Quigley，2007）等现象。

益驱动下，不愿意增加经济适用住房用地的供给，导致其投资、开工、竣工和销售量均呈下降趋势（表 5.6）。

表 5.6 经济适用住房占住宅开发投资、新开工面积、销售面积、平均价格、竣工套数的百分比（单位：%）

年份	投资占比	新开工面积占比	销售面积占比	平均价格占比	竣工套数占比
1997	12.1	15.7	15.4	61.3	
1998	13.0	20.8	15.4	55.8	
1999	16.6	21.1	20.8	58.9	24.9
2000	16.4	21.8	22.7	61.7	28.2
2001	14.2	19.0	20.2	61.5	25.0
2002	11.3	15.2	16.9	61.3	20.5
2003	9.2	21.2	13.5	62.8	14.8
2004	6.9	8.9	9.6	56.8	12.3
2005	4.8	6.4	6.5	56.4	7.8
2006	5.1	6.8	6.0	55.4	8.4

资料来源：《中国统计年鉴 2007》，作者计算整理

而廉租住房所需政府资金的投入远大于经济适用住房，由于保障资金投入不足，廉租住房仅解决不到 10%的城镇最低收入家庭中的住房困难户（建设部课题组，2007）。此外，廉租住房也存在如下问题：需要大量建造资金和后期维护费用[①]；廉租住房管理难度大；不合理的规划设计将产生贫困集中；如何构建合理的退出机制。

本书认为，提高低收入住房困难家庭住房支付能力，实现住房保障，不仅依赖上述三项政策措施（经济适用住房制度、廉租住房制度、公积金制度），也需要住房政策、金融政策、税收政策，以及其他社会保障政策的共同作用、协同配合；概言之，合理调整住房成本和剩余收入，从而保证低收入住房困难家庭住房支付能力，即从降低住房成本、增加收入、降低非住房支出三个维度改善住房支付能力。

需要说明的是，住房成本、收入和非住房成本三者是相互关联的，第 2 章实证分析表明，收入增长将导致房价的上升，宏观经济环境将同时影响住房成本、收入和非住房支出；因此，本书提供的仅是一种分析思路，不能孤立地看待降低住房成本、增加收入和降低非住房支出。

---

① 如美国公共住房最初设计所依据的假设是，开发费用由政府承担，房租收入支付运营开支。随着住房老化及更多低收入家庭进入公共住房，为了保证居民住房支付能力，1969 年联邦政府开始对公共住房实行运营补贴，1969 年为 1490 万元、1979 年为 7.27 亿元、1993 年为 25 亿元、2003 年为 35 亿元（施瓦兹，2008）。1993 年启动的希望六号项目，拆除衰落公共住房后使运营补贴相应减少。

5.3.1 降低住房成本的对策措施

经济适用住房制度、廉租住房（实物配租）制度和住房公积金制度均从降低住房成本角度提高住房支付能力。减少建造成本（房价）是降低住房成本的有效途径，我国经济适用住房建造成本降低的主要途径是土地划拨，即政府免收土地出让金，从而降低住房投入要素成本；经济适用住房则依赖于政府投入（资金、土地）。而美国等发达国家公共住房以及为首次购房者提供的可支付住房则更多地依赖于金融、税收制度来降低资金成本。

根据第2章住房成本影响因素分析，针对中国现有住房保障制度，降低住房成本的对策措施如下。

（1）严格控制经济适用住房、廉租住房建筑面积的标准[①]。满足基本需求是保障性住房的共有特点，如日本低收入住房平均使用面积为 $40\sim50m^2$，伦敦2居室及以下公共住房占64.2%，美国公共住房2居室及以下占69.7%（建设部课题组，2007；施瓦兹，2008）。在政府资源（资金、土地等）给定条件下，降低住房面积对提高住房支付能力具有直接效应和间接效应。直接效应：一是减少每套房价，二是缓解我国城市土地开发压力，实现土地资源可持续发展[②]。间接效应：增加住房供应量，降低房价，从而使更多家庭有能力购房（夏刚等，2008）。

（2）采取灵活多样的住房保障形式。经济适用住房与廉租住房均服务于低收入家庭，不应将其看成各不相关，甚至互为冲突的保障方式。根据第2章分析可知，住房产权多元化是降低住房成本的有效方式。现有的廉租住房是政府全产权，经济适用住房为有限产权房，购房者补交土地收益后获得全产权。两者之间有丰富的产权结构方式。可借鉴英国的共有所有权住房模式，或美国的租购模式。具体说来，采用先租后买、半买半租、分步购房、贴租、贴息等多种方式。廉租住房与经济适用住房均可采用不同的产权结构，只是前者更偏重于租，后者更偏重于售，以适应不同收入层次的家庭，避免居住贫困。

（3）进一步完善金融、税收制度对住房保障的政策支持。住房建设、消费均涉及金融、税收制度。我国现阶段金融、税收制度对住房保障的支持方式较为单一。

经济适用住房和廉租住房建设政府免收各项费用（免收城市基础设施配套费等各项行政事业性收费和政府性基金，建设用地实行行政划拨方式供应）（国发〔2007〕24号）。根据《廉租住房保障资金管理办法》（2008年1月1日起实施），

---

① 经济适用住房和廉租住房建筑面积标准分别为 $60m^2$、$50m^2$（国发〔2007〕24号）。
② 1998年人均耕地面积（公顷）/1999年农业人口比例（%）：世界平均0.24/54，中国0.1/68，美国0.65/23，英国0.11/11，德国0.14/13，法国0.31/25，日本0.04/21，意大利0.14/33，瑞典0.32/17（World Bank，2001）。

廉租住房建设资金来源有八项，除"公积金增值收益在提取贷款风险准备金和管理费用之后全部用于廉租住房建设[①]"外，均为政府（中央和地方）财政支出。经济适用住房建设资金则由开发企业融资。

住房消费的保障政策仅住房公积金贷款一项，但该政策并不是针对低收入住房困难家庭。

从降低住房成本角度，政策建议如下。

①改革我国现有住房公积金制度，成立政府住房保障基金，用于建设、保护和修缮用于低收入以下家庭的经济适用住房和廉租住房，同时为首次购房的低收入以下家庭提供多种类型的住房补贴，类似于美国的第二抵押贷款。基金资金来源有诸多渠道：政府拨款、发行免税债券、房地产交易中征收的相关税费、机构投资者入股、慈善捐赠等。

②建立政策性住房担保机构，为低收入家庭购房提供担保，防范经济冲击对金融系统可能造成的风险。因为低收入家庭对经济波动更为敏感，更易产生居住贫困，导致信贷风险（夏刚等，2008）。同时要吸取美国次贷危机的教训[②]，遵循保有方式中立性原则。

③对经济适用住房和廉租住房建设可采用税收优惠政策，降低开发企业所得税和营业税。由于非预期效应和排挤效应，短期内物业税的推行会导致房价下降；长期来看，非预期效应会消失，排挤效应将提高住房成本（吴立范，2007）。尽管如此，物业税具有调整贫富差距的重要职能，同时为地方政府提供稳定税源，从而为经济建设型政府向公共服务型政府转型打下经济基础。而公共服务型政府是保障低收入家庭住房需要的制度保证。现阶段，我国物业税推进面临如下制度约束。

a. 产权约束：《中华人民共和国物权法》第一百四十九条规定："住宅建设用地使用权期间届满的，自动续期。"显然，业主（有房户）对土地仅有使用权，并没有所有权。这带来两个问题：一是私人不能购置土地建房，不能形成完全竞争的住房供应市场；二是使用期内对住房改造（主要指独立式住房）受限制，不

[①] 汪利娜（2008）认为将公积金收益用于廉租住房建设侵犯了公积金所有者的权益。如果公积金制度是合理的制度设计，则本书同意其观点。

[②] 本书认为，美国次贷危机根源是20世纪90年代起美国政府倡导的自有住房政策，在此政策下，金融、税收、货币等各项政策均向购房者倾斜。放松金融管制，二级市场的融资制度使次贷发行商存在机会主义倾向；不透明的次贷发放制度、对次贷发行代理商的激励机制等增加了借款人的融资成本。尽管低收入有房户所得税收补贴极少（图5.3），但1986年《税收改革法案》取消了几乎所有鼓励个人投资于出租房的税务激励机制（施瓦兹，2008），1991年后自用住房与出租房财产税差异逐渐增大（Goodman，2006），这些政策使租房成本更高。20世纪90年代后期，美国购房抵押贷款利率降低弥补了房价大幅攀升给购房者带来的住房成本压力（图2.6）。所有这一切，均刺激低收入家庭尽可能购房而不是租房。次贷的高利率并不能规避系统风险，当整个经济衰退时，对经济波动极为敏感的低收入购房家庭引发了次贷危机。

能灵活调节住房消费水平。由于土地是有限产权,课征对象完全不包括土地也不合理,但按土地全产权征税显然不合理。而对于集体土地或宅基地上修建的住房,不仅土地,甚至建筑物的产权也未得到法律认可。

b. 税收立法约束:在我国,税收立法权归属于中央和省一级,而真正收税并使用物业税的市县等地方政府难以根据当地情况自行决定。由第 2 章分析可知,不同城市经济发展水平各不相同,且房价差异极大,制定全国或全省的物业税率标准缺乏可操作性。

(4)进一步完善住房市场信息披露制度,降低交易成本。交易成本不仅存在于住房消费市场,也存在于住房建设过程之中,建设过程中的交易成本增大了建设成本,从而推高房价。由第 2 章、第 4 章分析可知,交易成本增加了住房成本,影响了住房消费的合理匹配。

(5)积极扶植二手房市场、住房租赁市场,形成合理梯度消费。适当降低租赁税负,促进各类住房资源有效利用,特别是发挥存量住房在增加住房市场有效供应、改善中低收入家庭住房条件和解决流动性人员阶段性需求中的作用(建设部课题组,2007)。

5.3.2 增加低收入家庭收入的对策措施

根据国发〔2007〕24 号:"城市廉租住房保障实行货币补贴和实物配租等方式相结合,主要通过发放租赁补贴,增强低收入家庭在市场上承租住房的能力。"租赁补贴对象是低收入住房困难家庭,是一种家计调查型住房需方补贴。

需方补贴是一种连接住房政策和收入扶持的政策工具(Priemus et al., 2005),是发达国家住房补贴发展趋势。英国伦敦经济学院巴尔认为:随着时间推移,价格补贴都应被收入补贴(即需方补贴)取代(巴尔,2003)。但其结论的前提是低收入住房市场不存在住房短缺,对于快速城市化的中国,需方补贴仅是供方补贴的补充,而不是替代。

从住房政策角度,增加低收入家庭收入的对策措施如下。

(1)保障依据是家庭收入,而不是保有方式。对于低收入住房困难家庭,无论购房还是租房均应按相应标准补贴。

(2)有房户虚拟租金免税可持续保留,而其他三项(抵押贷款利息免税、不动产税的减免、资本收益豁免)则不宜采用。

(3)除上述输血式收入补贴外,造血式补贴更能从根本上解决低收入家庭居住贫困。发达国家福利制度的转变也反映了这个论点,例如,英国 1944 年福利补贴是需求导向型,1977 年转变为工作福利制(享受社会福利的人必须从事某种公益工作或接受培训)(巴尔,2003);美国 1975 年起实行工资收入税收补贴,该项税收补贴仅针对有工作的低收入家庭,1998 年起实行的住房选择租房券,全国通用,增加了家庭流动性,从而提供了更多就业机会。

(4)对居住贫困的有房户,应充分利用住房财富作为融资渠道,平滑家庭收入波动(见第 2 章)。

需要说明的是,对于低收入住房困难家庭(居住贫困家庭),增加收入仅是提高住房支付能力的一个因素。认为如果人们有足够的收入用于住房消费则不需要住房政策措施的观点忽视了住房生产、供给、定价、消费等环节存在的问题(Malpass and Murie,1999)。

5.3.3 降低非住房支出的政策措施

给定收入,非住房支出降低,家庭住房支付能力提高。降低非住房支出涉及各项社会保障政策,如各类现金给付(失业、伤残、养老金、收入扶持)和实物给付(医疗、教育)等。显然,社会保障广度和深度越大,剩余收入越多,住房支付能力越强。本节仅讨论与住房政策有关的降低非住房支出的政策措施。

住房服务不仅产生于住房本身,住房所有小区、社区、城市等不同层面均提供相应的住房服务。人们选择住房消费,不仅是住房本身提供的服务,其他各个层次的服务也是选择的重要依据,如小区交易方便、环境设施好、良好的居住氛围;社区则要求良好的治安、满意的公共设施、高质量的学校、购物便捷等;城市层面则要求提供良好的就业机会、良好的城市环境(硬环境和软环境)或称为城市价值(任宏等,2007b)。住房本身提供的住房服务所需费用归属于住房成本,而其他层次提供的服务归属于非住房支出。显然当支出(或收入)一定时,如果住房所在小区、社区和城市提供的非住房支出降低(或收益增加),尽管住房成本(或房价)上升,但家庭的效用可能增加。由此可见,非住房支出是人们选择住房的重要依据,其政策含义则是:良好的居住环境可以降低非住房支出,从而提高住房支付能力。

发达国家公共住房(即我国廉租住房)实践表明公共住房造成了贫困集中,Malpass 和 Murie(1999)将英国公共住房贫困集中归因为剩余化、边缘化、私有化。对美国公共住房贫困集中的解释有:产业结构转变(从制造业到信息业和服务业)导致的"技能失配"(skills mismatch),商业向郊区迁移导致的"空间失配"(spatial mismatch),种族隔离地域化,就业、教育、司法等制度长期存在的种族主义(Joseph,2006)。无论理由如何,公共住房服务对象是低收入家庭也是完全合理的,贫困集中并不是公共住房本身的问题,而是由于公共住房规划设计不合理,如大规模开发仅由低收入家庭居住的公共住房;将城市所有低收入家庭平均分散在不同的住房,贫困集中问题自然化解。

贫困集中导致诸多社会问题，如社会治安恶化、犯罪率增高、贫困集中不利于小孩成长（Wilson，1987）；故而恶劣的居住环境增加了家庭非住房支出（货币支出和精神支出）。收入融合（income integration）是应对贫困集中的政策举措，而改变居住环境是实现收入融合的必经之路。尽管贫困问题不是住房政策能解决的，但居住问题却是住房政策的题中之义。

我国正处在快速城市化阶段[①]，作为解决城市低收入住房困难家庭的住房政策，不应重蹈西方发达国家覆辙——大规模集中修建公共住房，而应采用收入融合策略，廉租住房、经济适用住房、商品房三者按一定比例同时建设，实现收入完全融合[②]。收入混合型住房最大的优势在于低收入家庭可享受高质量的居住环境，享受高质量的市政服务设施，给小孩提供良好的成长环境。当合理控制低收入家庭住房数量时[③]，对于完全混合型小区，不会因为经济适用住房和廉租住房住户的更换而影响整个小区环境。

与发达国家解决贫困集中方法不同，南美国家的对策是：在穷人居住的地方建立良好的基础设施和小型产业发展区（姚忆江和杨大正，2008）。对此方法，美国早期公共住房——波士顿的老港村（Old Harbor Village）可提供反证，该住房小区1938年由公共事务局（Public Works Administration）建成完工，小区有12个垒球场、12个室内儿童运动场、1个合唱团、1家银行等，以及众多协会，小区对困难家庭提供经济援助、对患者提供上门服务。小区共有住房1016套，申请者达1万人，挑选极为严格，最终入住者是低收入工人家庭。设施不可谓不完善，但最终结局与大多数公共住房相同——衰落（Vale，2006）。

由此可看出，由于住房的耐用性和空间固定性，生活境况好转的家庭将从公共住房迁移。诺贝尔经济学奖得主Schelling（1971）从理论上证明，在自然状态下，社区隔离是一种均衡。只有政府对社区住房结构（商品房、经济适用住房、廉租住房）干预，方可打破社区隔离均衡，避免贫困集中。

---

① 1978～2005年，中国城市化率从17.92%增加到42.99%（《中国统计年鉴2006》），年均增长0.93%。美国城市化进程分为四个阶段：1800～1930年，城市化率从6%增加到56%；1930～1950年，由于大萧条和第二次世界大战，城市化进程放缓，城市化率增加到64%；1950～1970年，快速城市化时期，城市化率增加到73.6%；1970年之后，城市化缓慢增长，2000年城市化率为79.1%（O'Sullivan，2000），四个时期年均增长分别为：0.38%、0.4%、0.48%、0.18%。

② Vale（2006）认为，收入水平相差较小的混合（窄混合（narrow-mix））优于收入水平相差较大的混合（宽混合（wide-mix）），因为收入相差越大，居民交往越少。本书不同意这个观点：①收入相对较低家庭的混合最终将导致贫困再次集中，如公共住房的演变过程；②收入不是决定人们交往的决定性因素；③对于购房者，购房主要依据是住房质量、区位和价格，而不是小区居民收入的差异。

③ 小区中经济适用住房和廉租住房应该采用什么样的比例是值得研究的一个问题。Quercia和Galster（1997）、Galster等（2000）、Meen D和Meen G（2003）、Varady（2006）研究表明，小区结构（收入、种族、家庭结构）存在一个合理区间，超过区间最大值后，小区状况严重恶化（或快速改善），即存在门槛效应。

降低非住房支出的对策措施为：建设完全混合型住房，即廉租住房、经济适用住房和商品房建在同一小区。

需要说明的是，本书提出的政策建议、对策措施不仅仅针对城市居住贫困者，也针对农村居住贫困者。

5.4 本章小结

本章旨在阐明提高居住贫困家庭住房支付能力可采用的政策措施，由于住房支付能力涉及住房政策、劳动力政策（工资收入）、货币政策（利率）、金融政策（住房融资）、税收政策以及社会保障政策，是一个复杂的系统工程。本章重点从住房政策角度论述提高住房支付能力的可行举措。

首先评述了发达国家（主要是美国）提高住房支付能力的政策措施，归纳了成功经验和失败教训，然后以我国现有住房保障制度为基础，从降低住房成本、增加低收入家庭收入、降低非住房支出三方面探讨了提高我国居住贫困家庭住房支付能力的政策措施，结论如下。

（1）居住贫困不因经济发展而自动消失，只能通过住房保障解决。

（2）没有放之四海而皆准的住房保障政策。

（3）提高我国居住贫困家庭住房支付能力的政策建议如下：一是构建政府住房保障基金和住房贷款担保机构；二是加大税收和金融对低收入住房的开发扶持力度；三是进一步完善住房市场信息披露制度；四是建造混合型住房。

参考文献

巴尔 N. 2003. 福利国家经济学[M]. 郑秉文, 穆怀中等, 译. 北京: 中国劳动社会保障出版社.
曹海东. 2006-08-03. 经济适用房: "大手术"还是"安乐死"[N]. 南方周末, 24.
范里安 H R. 2006. 微观经济学: 现代观点[M]. 费方域等, 译. 上海: 上海三联书店, 上海人民出版社.
古扎拉蒂 D N. 2004. 计量经济学（上\下册）[M]. 3 版. 林少宫, 译. 北京: 中国人民大学出版社.
赫尔普曼 E. 2007. 经济增长的秘密[M]. 王世华, 吴筱, 译, 何帆, 校. 北京: 中国人民大学出版社.
宏观经济研究院投资研究所课题组. 2005. 居民住房支付能力评价指标比较与分析[J]. 宏观经济研究, 2: 35-37.
胡鞍钢, 胡琳琳, 常志霄. 2006. 中国经济增长与减少贫困（1978—2004）[J]. 清华大学学报（哲学社会科学版）, 21（5）: 105-115.
建设部课题组. 2007. 住房、住房制度改革者和房地产市场专题研究[M]. 北京: 中国建筑工业出版社.
姜春海. 2005. 中国房地产市场投资泡沫实证分析[J]. 管理世界,（12）: 71-84.
刘洪. 2008a. 美国两大房贷机构困境引发次贷危机第四波冲击[EB/OL]. http://news.xinhuanet.com/fortune/2008-07/15/content-8550360.htm[2008-7-15].
刘洪. 2008b. 布什签署总额 3000 亿美元的住房援助法案[EB/OL]. http://news.xinhuanet.com/fortune/-07/31/content-8868223.htm[2008-7-31].
聂梅生. 2007-08-23. 住房市场化并未过头[N]. 南方周末, 15.
任宏, 夏刚, 陈磊. 2007a. 中国房地产抵押证券化制度缺陷与对策研究[J]. 重庆建筑大学学报, 29（2）: 122-127.
任宏, 温招, 林光明. 2007b. "城市价值决定房价"论证分析及宏观调控建议[J]. 建筑经济, 8: 22-26.
瑞沃林 M. 2005. 贫困的比较[M]. 赵俊超, 译. 北京: 北京大学出版社.
沈久沄. 2006. 对房价收入比科学涵义的再探讨[J]. 中央财经大学学报,（6）: 75-79.
施瓦兹 A F. 2008. 美国住房政策[M]. 黄瑛, 译. 北京: 中信出版社.
世界银行亚洲区中国局环境、人力资源和城市发展处. 1992. 中国: 城镇住房改革的问题与方案[M]. 北京: 中国财政经济出版社.
汪利娜. 2008-01-7. 2008 年重建住房保障的问题及对策[N]. 经济观察报, 40.
吴立范. 2007-11-8. 物业税的四个关键问题[N]. 南方周末, 16.
夏刚, 任宏, 杨莉琼. 2008. 城市不同收入家庭住房支付能力研究[J]. 建筑经济, 310（8）: 50-54.
向肃一, 龙奋杰. 2007. 中国城市居民住房支付能力研究[J]. 城市发展研究, 14（2）: 29-33.

参 考 文 献

谢林 T C. 2005. 微观动机与宏观行为[M]. 谢静，邓子梁，李天有，译. 北京：中国人民大学出版社.

新华网. 2008. 美国会批准3000亿美元救市[EB/OL]. http://news.xinhuanet.com/word/07/28/content-8784050.htm[2008-07-28].

徐强. 2006. CPI的理论框架：固定篮子指数还是生活费用指数？[J]. 财经问题研究，4：19-27.

杨文武. 2003. 房价收入比指标研究[J]. 统计研究，（1）：47-49.

姚忆江，杨大正. 2008-01-10. 学者号脉：中国怎样打造住房保障时代[N]. 南方周末，4.

张晓峒. 2008. Eviews使用指南与安全[M]. 北京：机械工业出版社.

张元端. 2007-08-23. 建立多层次住房保障是关键[N]. 南方周末，16.

赵小剑. 2008-03-27. 部委公务员福利房回潮[N]. 南方风周末，13，16.

郑思齐. 2007. 住房需求的微观经济分析——理论与实证[M]. 北京：中国建筑工业出版社.

中国指数研究院. 2005. 中国房地产指数系统：理论与实践[M]. 2版. 北京：经济管理出版社.

周爱民，张荣亮. 2005. 行为金融学[M]. 北京：经济管理出版社.

Alesina A，Glaeser E，Sacerdote B. 2001. Why doesn't the US have a European-style welfare state？Harvard Institute of Economic Research Discussion Paper NO. 1993[EB/OL]. http://post.economics.harvard.edu/hier/2001papers/HIER1933.pdf[2008-04-01].

Ambrose B W，Goetzmann W N. 1998. Risks and incentives in underserved mortgage markets[J]. Journal of Housing Economics，7：274-285.

Andrew M，Haurin D，Munasib A. 2006. Explaining the route to owner-occupation：A transatlantic comparison[J]. Journal of Housing Economics，15：189-216.

Anily S，Hornik J，Israeli M. 1999. Inferring the distribution of households' duration of residence from data on current residence time[J]. Journal of Business & Economic Statistics，17：373-381.

Apgar W C J. 1990. Which housing policy is best？[J]. Housing Policy Debate，1（1）：1-32.

Barakova I，Raphael W B，Calem P S，et al. 2003. Does credit quality matter for homeownership[J]？Journal of Housing Economics，12：318-336.

Barberis N，Shleifer A，Vishny R. 1998. A Model of investor sentiment[J]. Journal of Financial Economics，49：307-343.

Benito A. 2006. The down-payment constraint and UK housing market：Does the theory fit the facts？[J]. Journal of Housing Economics，15：1-20.

Ben-Shahar D. 1998. On the optimality of the hybrid tenure mode[J]. Journal of Housing Economics，VII：69-92.

Ben-Shahar D. 2006. Screening mortgage default risk：A unified theoretical framework[J]. Journal of Real Estate Research，28（3）：215-239.

Berkovec J，Fullerton D. 1992. A general equilibrium model of housing, taxes, and portfolio choice[J]. Journal of Political Economics，100：390-429.

Berube A. 2006. Comment on Mark Joseph's "Is mixed-income development an antidote to urban poverty？"[J]. Housing Policy Debate，17（2）：235-247.

Black A，Fraser P，Hoesli M. 2006. House prices, fundamentals and bubbles[J]. Journal of Business Finance & Accounting，33（9&10）：1535-1555.

Bogdon A S，Can A. 1997. Indicators of local housing affordability：Comparative and spatial approves[J]. Real Estate Economics, 25 (1): 43-80.

Bogle J C. 1999. The Wall Street Casino: Today's investing has taken on a reckless quality[J]. The New York Times, 23: 17-29.

Bordo M D. 2005. Housing price boom-busts in historical perspective[D]. Terre Haute: Indiana State University.

Bourassa S C. 1996. Measuring the affordability of home-ownership[J]. Urban Studies, 33 (10): 1867-1877.

Bourassa S C, Grigsby W G. 2000. Income tax concessions for owner-occupied housing[J]. Housing Policy Debate, 11 (3): 521-546.

Bourassa S C, Hamelink F, Hoesli M, et al. 1999. Defining housing submarkets[J]. Journal of Housing Economics, 8: 160-183.

Bourassa S C, Hoesli M, Peng V S. 2003. Do housing submarkets really matter? [J]. Journal of Housing Economics, 12: 12-28.

Bramley G. 1992. Homeownership affordability in England[J]. Housing Policy Debate, 3 (3): 815-853.

Bramley G. 1994. An affordability crisis in British housing: Dimensions, causes and policy impact[J]. Housing Studies, 9 (1): 103-124.

Bramley G, Karley N. 2005. How much extra affordable housing is needed in England? [J]. Housing Studies, 20 (5): 685-715.

Brasington D M. 2002. Edge versus center: Finding common ground in the capitalization debate[J]. Journal of Urban Economics, 52: 524-541.

Bratt R G, Stone M E, Hartman C. 2006. Why a right to housing is needed and make sense: Editors' introduction[C]//A Right to Housing: Foundation for a New Social Agenda. Philadelphia: Temple University Press.

Brownill S, Sharp C, Jones C, et al. 1990. Housing London[M]. York: Joseph Rowntree Foundation.

Brueggeman W B, Fisher J D. 2005. Real Estate Finance and Investments[M]. 12th ed. New York: McGraw-Hill Companies, Inc.

Budding D W. 1980. Housing Deprivation among Enrollees in the Housing Allowance Demand Experiment[M]. Cambridge: Abt Associates, Inc.

Cameron S, Taber C. 2004. Estimation of educational borrowing constraints using returns to schooling[J]. Journal of Political Economy, 112: 132-182.

Campbell J Y. 2006. Household finance[J]. The Journal of Finance, LXI (4): 1553-1604.

Campbell J Y, Cocco J F. 2003. Household risk management and optimal mortgage choice[J]. Quarterly Journal of Economics, CXVIII: 1449-1494.

Campbell J Y, Cocco J F. 2007. How do house prices affect consumption? Evidence from micro data[J]. Journal of Monetary Economics, 54: 591-621.

Caplin A, Chan S, Freeman C, et al, 1997. Housing Partnerships: A New Approach to Markets at Crossroads[M]. Cambridge: MIT Press.

Caplin A, Carr J H, Pollock F, et al. 2007. Shared-equity mortgages, housing affordability, and homeownership[J]. Housing Policy Debate, 18 (1): 209-242.

Capone C A J. 2008. Research into mortgage default and affordable housing: A primer[D]. Washington: The LISC Center for Homeownership.

Capozza D R, Hendershott P H, Mack C. 2004. An anatomy of price dynamics in illiquid markets: Analysis and evidence from local housing markets[J]. Real Estate Economics, 32: 1-32.

Carliner M S. 1998. Development of federal homeownership "policy" [J]. Housing Policy Debate, 9 (2): 299-321.

Carneiro P, Heckman J J. 2002. The evidence on credit constraints in post-secondary schooling[J]. Economic Journal, Royal Economic Society, 112 (482): 705-734.

Carroll C D. 1997. Buffer-stock saving and the life-cycle/permanent income hypothesis[J]. Quarterly Journal of Economics, 114: 433-495.

Case K E, Shiller R J. 1989. The efficiency of the market for single-family homes[J]. American Economic Review, 79 (1): 125-137.

Case K E, Shiller R J. 2003. Is there a bubble in the housing market? [J]. Brookings Papers on Economic Activity, 2: 299-342.

Case K E, Quigley J M, Shiller R J. 2001. Comparing wealth effects: The stock market versus the housing market[EB/OL]. http: //papers. ssrn. com/abstract = 289644[2008-04-01].

Cecchetti S G. 2005. The brave new world of central banking: The policy challenges posed by asset price booms and busts[D]. Boston: Brandeis University (mimeo).

Chambers D N, Simonson J. 1989. Mobility, transaction costs and tenure choice[C]. The 17th Annual Midyear Meeting of the American Real Estate and Urban Economics Association, Washington.

Chaplin R, Freeman A. 1999. Toward a accurate description of affordability[J]. Urban Studies, 36 (11): 1949-1957.

Chapple K, Thomas J V, Belzer D, et al. 2004. Fuelling the fire: Information technology and housing price appreciation in the San Francisco Bay Area and the Twin cities[J]. Housing Policy Debate, 15 (2): 347-383.

Chomsisengphet S, Pennington-Cross A. 2006. The evolution of the subprime mortgage market[J]. Federal Reserve Bank of St. Louis Review, 88 (1): 31-56.

Collins J M, Dylla D. 2001. Mind the gap: Issues in overcoming the information, income, wealth, and supply gaps facing potential buyers of affordable homes[R]. Washington: The LISC Center for Homeownership.

Copeland T E, Weston J F. 1992. Financial theory and corporate policy[M]. 3rd ed. Reading: Addison-Wesley Publishing Company.

Cunningham C R, Engelhardt G V. 2008. Housing capital-gains taxation and homeowner mobility: Evidence from the Taxpayer Relief Act of 1997[J]. Journal of Urban Economics, 63: 803-815.

Davidoff T. 2006. Labor income, housing prices, and homeownership[J]. Journal of Urban Economics, 59: 209-235.

Davis J E. 2006. Between devolution and the deep blue sea: what's city or state to do? [C]//Bratt R G, Stone M E, Hartman C. A Right to Housing: Foundation for a New Social Agenda. Philadelphia: Temple University Press: 364-398.

DeSalvo J S, Eeckhoudt L R. 1982. Household behavior under income uncertainty in a monocentric urban area[J]. Journal of Urban Economics, 11: 11-98.

Diamond D B J. 1978. A note on inflation and relative tenure prices[J]. AREUEA Journal, 6: 438-450.

Diamond D B J. 1980. Taxes, inflation, speculation and the cost of homeownership[J]. AREUEA Journal, 8: 281-298.

Díaz A, Luengo-Prado M J, 2008. On the user cost and homeownership[J]. Review of Economic Dynamics (in press).

Diaz-Serrano L. 2005a. Labor income uncertainty, skewness and homeownership: A panel data study for Germany and Spain[J]. Journal of Urban Economics, 58: 156-176.

Diaz-Serrano L. 2005b. On the negative relationship between labor income uncertainty and homeownership: Risk-aversion vs. credit constraints[J]. Journal of Housing Economics, 14: 109-126.

Diaz-Serrano L, Hartog J, Nielsen H S. 2003. Compensating wage differentials for schooling risk in Denmark[M]//The Scandinavian Journal of Economics: 711-731.

Dietz R D, Haurin D R. 2003. The social and private micro-level consequences of homeownership[J]. Journal of Urban Economics, 54: 401-450.

Dipasquale D, Glaeser E L. 1999. Incentives and social capital: are homeowners better citizens? [J]. Journal of Urban Economics, 45: 354-384.

Dolbeare C N. 1966. Housing Grants for the Very Poor[M]. Philadelphia: Philadelphia.

Dolbeare C N, Crowley S. 2002. 1976-2007 Changing priorities: the federal budget and housing assistance[R]. Washington: National Low Income Housing Coalition.

Dolbeare C N, Saraf I B, Crowley S. 2004. 1976-2005 Changing priorities: The federal budget and housing assistance[R]. Washington: National Low Income Housing Coalition.

Dougherty A, van Order R. 1982. Inflation, housing costs, and the Consumer Price Index[J]. American Economic Review, 72 (1): 154-164.

Downs A. 1991. Deciding how to use scarce federal housing aid funds[J]. Housing Policy Debate, 2 (2): 439-463.

Downs A. 2002. Have housing prices risen faster in Portland than elsewhere? [J]. Housing Policy Debate, 13 (1): 7-31.

Dreier P. 2006. Federal housing subsidies: who benefits and why? [C]//Bratt R G, Stone M E, Hartman C. A Right to Housing: Foundation for a New Social Agenda. Philadelphia: Temple University Press: 105-138.

Duca J V, Rosenthal S S. 1994. Borrowing constraints and access to owner-occupied housing[J]. Regional Science and Urban Economics, 24: 301-322.

Einio M, Kaustia M, Puttonen V, 2008. Price setting and the reluctance to realize losses in apartment markets[J]. Journal of Economic Psychology, 29: 19-34.

Ellen I G. 2007. Spillovers and subsidized housing: The impact of subsidized rental housing on neighborhoods[R]. Cambridge: Joint Center for Housing Studies Harvard University.

Engelhardt G V. 1996a. Consumption, down payments, and liquidity constraints[J]. Journal of Money, Credit and Banking, 28: 255-271.

Engelhardt G V. 1996b. House prices and home owner saving behavior[J]. Regional Science and

Urban Economics, 26: 313-336.

Engelhardt G V. 2003. Nominal loss aversion, housing equity constraints and household mobility: Evidence from the United States[J]. Journal of Urban Economics, 53: 171-195.

Engelhardt G V, Mayer C J. 1994. Gifts for home purchase and housing market behavior[J]. New England Economic Review, (6): 47-58.

Engelhardt G V, Mayer C J. 1998. Intergenerational transfers, borrowing constraints, and saving behavior: Evidence from the housing market[J]. Journal of Urban Economics, 44: 135-157.

Flavin M. 1981. The adjustment of consumption to changing expectations about future income[J]. Journal of Political Economy, 89: 974-1091.

Flavin M, Yamashita T. 2002. Owner-occupied housing and the composition of the household portfolio[J]. American Economic Review, 92: 345-362.

Flood J. 1997. Urban and housing indicators[J]. Urban Studies, 34 (10): 1635-1665.

Floyd C F, Allen M T. 2002. Real Estate Principles[M]. 7th ed. Chicago: Dearborn Real Estate Education.

Follain J R, Ling D C. 1988. Another look at tenure choice, inflation, and taxes[J]. AREUEA Journal, 16 (3): 207-229.

Foster J, Greer J, Thorbecke E. 1984. A class of decomposable poverty measures[J]. Econometrica, 52: 761-766.

Francois J F. 1989. Estimating homeownership costs: Owner's estimates of implicit rents and the relative importance of rental equivalence in the Consumer Price Index[J]. AREUEA Journal, 17 (1): 87-99.

Freeman L. 2006. Comment on Kirk McClure's "The Low-Income Housing Tax Credit Program goes mainstream and moves to the suburbs" [J]. Housing Policy Debate, 17 (3): 447-459.

Fu Y. 1995. Uncertainty, liquidity, and housing choices[J]. Regional Science and Urban Economics, 25: 223-236.

Galster G C, Quercia R G, Cortes A. 2000. Identifying neighborhood thresholds: An empirical exploration[J]. Housing Policy Debate, 11 (3): 701-732.

Genesove D, Mayer C J, 2001. Nominal loss aversion and seller behavior: Evidence from the housing market[J]. Quarterly Journal of Economics, 116: 1233-1260.

Gibb K. 2002. Trends and change in social housing finance and provision within the European Union[J]. Housing Studies, 17 (2): 325-336.

Gibb K, Hoesli M. 2003. Developments in urban housing and property markets[J]. Urban Studies, 40 (5/6): 887-896.

Gibb K, Whitehead C M E. 2007. Towards the more effective use of housing finance and subsidy[J]. Housing Studies, 22 (2): 183-200.

Glaeser E, Gyourko J. 2003. The impact of zoning on housing affordability[J]. Economic Policy Review, 9 (2): 21-39.

Goodman J. 2006. Houses, apartments, and the incidence of property taxes[J]. Housing Policy Debate, 17 (1): 1-26.

Green R K, Hendershott P H. 2002. Home ownership and the duration of unemployment: a test of the

Oswald hypothesis[R]. Aberdeen: Aberdeen University.

Grenadier S R. 2005. An equilibrium analysis of real estate leases[J]. The Journal of Business, 78(4): 1173-1213.

Grigsby W G, Bourassa S C. 2004. Section 8: The time for fundamental program change? [J]. Housing Policy Debate, 15 (4): 805-834.

Grigsby W G, Rosenburg L. 1975. Urban Housing Policy[M]. New York: APS.

Gross D B, Souleles N S. 2002. Do liquidity constraints and interest rates matter for consumer behavior? Evidence from credit card data[J]. Quarterly Journal of Economics, 117: 149-185.

Gyourko J, Linneman P. 1993. The affordability of the American Dream: An examination of the last 30 years[J]. Journal of Housing Research, 4 (1): 39-72.

Gyourko J, Sinai T. 2003. The spatial distribution of housing-related ordinary income tax benefits[J]. Real Estate Economics, 31 (4): 527-576.

Gyourko J, Linneman P, Wachter S. 1999. Analyzing the relationship among race, wealth and home ownership in America[J]. Journal of Housing Economics, 8: 63-89.

Haffner M E A, Boelhouwer P J. 2006. Housing allowance and economic efficiency[J]. International Journal of Urban & Regional Research, 30 (4): 944-959.

Han L. 2008. Hedging house price risk in the presence of lumpy transaction costs[J]. Journal of Urban Economics, 64 (2): 270-287.

Hancock K E. 1993. Can't pay? Won't pay? The economic principles of affordability[J]. Urban Studies, 30 (1): 127-145.

Hanoch G, Levy H. 1969. The efficiency analysis of choices involving risk[J]. Review of Economic Studies, (7): 335-346.

Harkness J. 2004. Comment on Michael A. Stegman, Walter R. Davis, and Roberto Quercia's "the earned income tax credit as an instrument of housing policy"[J]. Housing Policy Debate, 15(2): 279-288.

Harkness J, Newman S. 2003. Different effects of homeownership on children from lower-and higher-income families[J]. Journal of Housing Research, 14 (1): 1-19.

Harkness J M, Newman S J. 2006. Recipients of housing assistance under welfare reform: Trends in employment and welfare participation[J]. Housing Policy Debate, 17 (1): 81-108.

Hartog J, Vijverberg W. 2002. Do wages really compensate for risk aversion and skewness affection[R]. Bonn: IZA discussion paper.

Hartog J, Plug E J S, Diaz-Serrano L, et al. 2003. Risk compensation in wages: A replication[J]. Empirical Economics, 28: 639-647.

Haurin D R. 1991. Income variability, homeownership, and housing demand[J]. Journal of Housing Economics, 4: 60-74.

Haurin D R, Gill H L. 1987. Effects of income variability on the demand for owner-occupied housing[J]. Journal of Urban Economics, 22: 136-150.

Haurin D R, Gill L H. 2002. The impact of transaction costs and the expected length of stay on homeownership[J]. Journal of Urban Economics, 51: 563-584.

Haurin D R, Hendershott P H, Wachter S M. 1997. Borrowing constraints and the tenure choice of young households[J]. Journal of Housing Research, 8 (2): 137-154.

Hendershott P H. 1980. Real user costs and the demand for single-family housing[J]. Brookings Papers on Economic Activity, 2: 401-444.

Hendershott P H. 1988. Home ownership and real house prices: Source of change, 1965-1985[J]. Housing Finance Review, (spring): 1-18.

Hendershott P H, Hu S C. 1981. Inflation and extraordinary returns to owner-occupied housing[J]. Journal of Macroeconomics, 3: 177-203.

Hendershott P H, Shilling J B. 1982. The economics of tenure choice, 1955-1979[M]//Sirmans F. Research in Real Estate. Greenwich: JAI Press.

Hendershott P H, Slemrod J. 1983. Taxes and the user cost of capital for owner-occupied housing[J]. AREUEA Journal, 10 (4): 375-393.

Henderson J V, Ioannides Y M. 1983. A model of housing tenure choice[J]. America Economic Review, 73 (1): 98-113.

Henderson J V, Ioannides Y M. 1987. Owner occupancy: Consumption vs. investment demand[J]. Journal of Urban Economics, 21: 228-241.

Hills J. 2001. Inclusion or exclusion? The role of housing subsidies and benefits[J]. Urban Studies, 38 (11): 1887-902.

Himmelberg C, Mayer C, Sinai T. 2005. Assessing high house prices: Bubbles, fundamentals and misperceptions[J]. The Journal of Economic Perspectives, 19 (4): 67-92.

Ho M H C, Chiu R L H. 2002. Impact of accessibility on housing expenditure and affordability in Hong Kong's private rental sector[J]. Journal of Housing and the Built Environment, 17: 363-383.

HUD (U. S. Department of Housing and Urban Development). 2002. Updating the Low Income Housing Tax Credit (LIHTC) Database: Projects Placed in Service Through 1999[EB/OL]. http: //www. huduser.org//datasets/lihtc.html#revised[2008-04-01].

HUD (U. S. Department of Housing and Urban Development). 2005. HUD National Low Income Housing Tax Credit(LIHTC)Database: Projects Placed in Service through[EB/OL]. http: //www. huduser.org//datasets/lihtc.html#revised[2008-04-01].

HUD (U. S. Department of Housing and Urban Development). 2006. Performance and accountability report[EB/OL]. http: //www.hud.gov/offices/cfo/reports/cforept.cfm[2008-04-01].

Hulchanski J D. 1995. The concept of housing affordability: Six contemporary uses of the housing expenditure-to-income ratio[J]. Housing Studies, 10 (4): 471-491.

Hulchanski J D, Michalski J H. 1994. How households obtain resources to meet their needs: The shifting mix of cash and non-cash sources[R]. Toronto: Ontario Human Rights Commission.

Hurst E, Lusardi A. 2004. Liquidity constraints, household wealth, and entrepreneurship[J]. Journal of Political Economy, 112: 319-347.

Hurst E, Stafford F. 2004. Home is where the equity is: Liquidity constraints, refinancing and consumption[J]. Journal of Money, Credit and Banking, 36: 985-1014.

Iglesias T. 2007. Our pluralist housing ethics and the struggle for affordablility. working paper. http://ssrn.com//abstract = 982647[2008-04-01].

Jaffee D M, Quigley J M. 2007. Housing subsidies and homeowners: What role for government-sponsored enterprises? [J]. Brookings-Wharton Papers on Urban Affairs, 8: 103-130.

Joint Center for Housing Studies of Harvard University (JCHS). 2007. The State of the Nation's Housing[EB/OL]. http://www.jchs.harvard.edu/sites/default/files/Harvard_JCHS_State_of_the_Nations_Housing_2007.pdf[2008-04-01].

Jones L. 1989. Current wealth and tenure choice[J]. AREUEA Journal, XVII: 17-40.

Joseph M L. 2006. Is mixed-income development an antidote to urban poverty? [J]. Housing Policy Debate, 17 (2): 209-234.

Kahneman D, Tversky A. 1979. Prospect theory: An analysis of decision under risk[J]. Econometrica, 47: 263-291.

Kahneman D, Tversky A. 1991. Loss aversion in riskless choice: A reference-dependent model[J]. Quarterly Journal of Economics, 106: 1039-1061.

Kain J F. 1992. The spatial mismatch hypothesis: Three decades later[J]. Housing Policy Debate, 3 (2): 371-460.

Kearns A. 1992. Affordability of housing association tenants[J]. Journal of Social Policy, 21 (4): 523-547.

Kemp P A. 2000. The role and design of income-related housing allowances[J]. International Social Security Review, 53: 43-57.

King P. 2006. Choice and the end of social housing[EB/OL]. http://ssrn.com/abstract = 918480 [2008-04-01].

Kutty N K. 2005. A new measure of housing affordability: Estimates and analytical results[J]. Housing Policy Debate, 16 (1): 113-142.

Lau K M, Li S M. 2006. Commercial housing affordability in Beijing, 1992-2002[J]. Habitat International, 30: 614-627.

Lax H, Manti M, Raca P, et al. 2004. Subprime lending: An investigation of economic efficiency[J]. Housing Policy Debate, 15 (3): 533-571.

Leonard P A, Dolbeare C N, Lazare E A. 1989. A Place to Call Home: The Crisis in Housing for the Poor[M]. Washington: Center on Budget and Policy Priorities and Low-Income Housing Information Service.

Lerman D L, Reeder W J. 1987. The affordability of adequate housing[J]. AREUEA Journal, 15 (4): 389-404.

Linneman P D, Wachter S. 1989. The impacts of borrowing constraints on homeownership[J]. AREUEA Journal, XVII: 389-402.

Linneman P D, Megbolugbe I F. 1992. Housing affordability: myth or reality? [J]. Urban Studies, 29 (3/4): 369-392.

Linneman P D, Megbolugbe I F, Cho M, et al. 1997. Do borrowing constraints change US homeownership rates? [J]. Journal of Housing Economics, 6: 318-333.

Listokin D. 1991. Federal housing policy and preservation: Historical evolution, patterns, and implications[J]. Housing Policy Debate, 2 (2): 157-185.

Listokin D, Wyly E K, Schmitt B, et al. 2001. The potential and limitations of mortgage innovation in fostering homeownership in the United States[J]. Housing Policy Debate, 12 (3): 465-512.

Lowry S. 1971. Housing assistance for low income urban families: a fresh approach//U. S. Congress, House Committee on Banking and Currency, Papers Submitted to Subcommittee on Housing Panels. 92nd Congress, first session: 489-523.

Lustig H, Nieuwerburgh S V. 2003. Housing collateral, consumption insurance and risk premia: An empirical perspective, Working paper 9959, NBER[EB/OL]http://www.nber.org/papers/w9959 [2008-04-01].

Maclennan D, Williams R. 1990. Affordable Housing in Britain and America[M]. York: Joseph Rowntree Foundation.

Maclennan D, Stephens M, Kemp P. 1997. Housing policy in the EU member states[C]. European Parliament Directorate General for Research Social Affairs Series Working Document 14, Luxembourg, European Parliament.

Mak S W K, Choy L H T, Ho W K O. 2007. Privatization, housing conditions and affordability in the People's Republic of China[J]. Habitat International, 31: 177-192.

Malpass P, Murie A. 1999. Housing Policy and Practice[M]. Basingstoke: Palgrave.

Malpezzi S. 2001. The contributions of Stephen K. Mayo to housing and urban economics[J]. Journal of Housing Economics, 10: 72-108.

Malpezzi S, Mayo S M. 1987. The demand for housing in developing countries: Empirical estimates from household data[J]. Economic Development and Cultural Change, 35 (4): 687-721.

Manchester J, Poterba M. 1989. Second mortgages and household saving[J]. Regional Science and Urban Economics, 19: 325-346.

Mankiw G N, Weil D N. 1989. The baby boom, the baby bust and the housing market[J]. Regional Science and Urban Economics, 19: 235-258.

Marcuse P, Keating W D. 2006. The permanent housing crisis: the failures of conservatism and the limitations of liberalism[M]//Bratt R G, Stone M E, Hartman C. A Right to Housing: Foundation for a New Social Agenda. Philadelphia: Temple University Press: 139-162.

Mayer C J, Simons K V. 1994. Reverse mortgages and the liquidity of housing wealth[J]. AREUEA Journal, 22 (2): 235-255.

Mayer C J, Engelhardt G V. 1996. Gifts, down payments, and housing affordability[J]. Journal of Housing Research, 7 (1): 59-77.

McClure K. 1998. Housing vouchers versus housing production: Assessing long-term costs[J]. Housing Policy Debate, 9 (2): 355-371.

McClure K. 2006. The Low-Income Housing Tax Credit Program goes mainstream and moves to the suburbs[J]. Housing Policy Debate, 17 (3): 419-446.

McCue D, Belsky E S. 2007. Why do house prices fall? perspectives on the historical drivers of large nominal house price declines[R]. Cambridge: Joint Center for Housing Studies Harvard University.

McGoldrick K. 1995. Do women receive compensating wages for earnings uncertainty? [J]. Southern Economic Journal, 62: 210-222.

Meen D, Meen G. 2003. Social behaviour as a basis for modelling the urban housing market: A review[J]. Urban Studies, 40 (5/6): 917-935.

Megbolugbe I F, Sa-Aadu J, Shilling J D. 1997. Oh, yes, the elderly will reduce housing equity under the right circumstance[J]. Journal of Housing Research, 8 (1): 53-74.

Nelson K P. 1994. Whose shortage of affordable housing? [J]. Housing Policy Debate, 5 (4): 401-442.

Newman K. 1971. Housing the poor and the shelter to income ratio//U. S. Congress, House Committee on Banking and Currency, Papers Submitted to Subcommittee on Housing Panels. 92nd Congress, first session: 555-578.

O'Sullivan. 2000. Urban Economics[M]. 4th ed. Boston: McGraw-Hill Higher Education.

Orlebeke C J. 2000. The evolution of low-Income housing policy, 1949 to 1999[J]. Housing Policy Debate, 11 (2): 489-520.

Ortalo-Magné F, Rady S. 2002. Tenure choice and the riskiness of non-housing consumption[J]. Journal of Housing Economics, 11: 266-279.

Ortalo-Magné F, Rady S. 2006. Housing market dynamics: On the contribution of income shocks and credit constraints[J]. Review of Economic Studies, 73: 459-485.

Oxley M, Smith J. 1996. Housing Policy and Rented Housing in Europe[M]. London: Spon.

Pelletiere D. 2006. The rental housing affordability gap: Comparison of 2001 and 2003 American Housing Surveys[R]. Washington: National Low Income Housing Coalition (NLIHC).

Peristiani S, Bennett P, Monsen G, et al. 1997. Credit, equity and mortgage refinancing[J]. FRBNY Economic Policy Review, 3: 83-99.

Popkin S J, Buron L F, Levy D K, et al. 2000. The Gautreaux legacy: What might mixed-income and dispersal strategies mean for the poorest public housing tenants? [J]. Housing Policy Debate, 11 (4): 911-942.

Popkin S J, Cunningham M K, Burt M. 2005. Public housing transformation and the hard-to-house[J]. Housing Policy Debate, 16 (1): 1-24.

Poterba J M. 1984. Tax subsidies to owner-occupied housing: An asset-market approach[J]. The Quarterly of Economics, 99 (4): 729-752.

Poterba J M. 1991. House price dynamics: The role of tax policy and demography[J]. Bookings Papers on Economic Activity, 2: 143-203.

Priemus H, Kemp P A, Varady D P. 2005. Housing vouchers in the United States, Great Britain, and the Netherlands: Current issues and future perspectives[J]. Housing Policy Debate, 16 (3/4): 575-609.

Quercia R G, Galster G C. 1997. Threshold effects and the expected benefits of attracting middle income households to the central city[J]. Housing Policy Debate, 8 (2): 409-35.

Quercia R G, McCarthy G W, Ryznar R M, et al. 2000a. Spatio-temporal measurement of house price appreciation in underserved areas[J]. Journal of Housing Research, 11 (1): 1-28.

Quercia R G, Rohe W M, Levy D K. 2000b. A new look at creative finance[J]. Housing Policy Debate, 11 (4): 943-972.

Quigley J M. 2001. Real estate and the Asian Crisis[J]. Journal of Housing Economics, 10: 129-161.

Quigley J M. 2007. Housing subsidies for low-income renters[R]. Cambridge: Joint Center for

Housing Studies of Harvard University.

Quigley J M, Raphael S. 2004. Is housing unaffordable? why isn't it more affordable? [J]. The Journal of Economic Perspectives, 18 (1): 191-214.

Rabin M. 1993. Incorporating fairness into game theory and economics[J]. The American Economics Review, 83: 1291-1302.

Rho H J, Pelletiere D, Baker D. 2008. Ownership, rental costs and the prospects of building home equity: An analysis of 100 metropolitan areas[R]. Washington: National Low Income Housing Coalition.

Robst J, Deitz R, McGoldrick K. 1999. Income variability, uncertainty and housing tenure choice[J]. Regional Science and Urban Economics, 29: 219-229.

Rohe W M, van Zandt S, McCarthy G. 2001. The social benefits and costs of homeownership: A critical assessment of the research[R]. Cambridge: Joint Center for Housing Studies of Harvard University.

Rohe W M, van Zandt S, McCarthy G. 2002. Home ownership and access to opportunity[J]. Housing Studies, 17: 51-61.

Rosenthal S S. 2002. Eliminating credit barriers to increase homeownership: How far can we go? [A]// Retsinas N P, Belsky E S. Low-Income Homeownership[C]. Washington: Brookings Institution: 111-145.

Salandro D, Harrison W B. 1997. Determinants of the demand for home equity credit lines[J]. Journal of Consumer Affairs, 31: 326-345.

Salop S, Stigilitz J. 1982. The theory of sales: A simple model of equilibrium price dispersion with identical agents[J]. American Economic Review, 72: 1121-1130.

Schelling T. 1971. Dynamic models of segregation[J]. Journal of Mathematical Sociology, 1: 143-186.

Sharp C, Jones C, Brownill S, et al. 1990. What Londoners Pay for Their Housing[M]. London: SHAC, the London Housing Aid Centre.

Shiller R. 1993. Macro Markets[M]. Oxford: Clarendon Press.

Sinai T, Souleles N S. 2005. Owner occupied housing as insurance against rent risk[J]. Quarterly Journal of Economics, 5: 763-789.

Sirmans G S, Macpherson D A, Zietz E N. 2005. The composition of hedonic pricing models[J]. Journal of Real Estate Literature, 13 (1): 3-43.

Skinner J. 1989. Housing wealth and aggregate saving[J]. Regional Science and Urban Economics, XIX: 305-324.

Smith L B, Rosen K T, Fallis G. 1988. Recent developments in economic models of housing market[J]. Journal of Economic Literature, 16: 29-64.

Smith M H, Smith G. 2007. Homeownership in an uncertain world with substantial transaction costs[J]. Regional Science and Urban Economics, 47 (5): 881-896.

Smith M T. 1994. Comment on Kathryn P. Nelson's "whose shortage of affordable housing?" [J]. Housing Policy Debate, 5 (4): 459-468.

Stegman M A. 1991. The excessive costs of creative finance: Growing inefficiencies in the production of low-income housing[J]. Housing Policy Debate, 2 (2): 357-373.

Stegman M A, Davis W R, Quercia R. 2004. The Earned Income Tax Credit as an instrument of housing policy[J]. Housing Policy Debate, 15 (2): 203-260.

Stein J C. 1995. Prices and trading volume in the housing market: A model with down-payment effects[J]. Quarterly Journal of Economics, 110: 379-406.

Stephens M. 1995. Monetary policy and house price volatility in western Europe[J]. Housing Studies, 10: 551-564.

Sternlieb G, Hughes J W. 1991. Private provision of low-income housing: Historical perspective and future prospects[J]. Housing Policy Debate, 2 (2): 123-156.

Stone M E. 1975. The housing crisis, mortgage lending, and class struggle[J]. Antipode, 7(2): 22-37.

Stone M E. 1983. Housing and the economic crisis: an analysis and emergency program[A]//Hartman C. America's Housing Crisis: What Is to Be Done? [C]. Boston and London: Routledge and Kegan Paul: 99-150.

Stone M E. 1990. One-Third of a Nation: A New Look at Housing Affordability in America[M]. Washington: Economic Policy Institute.

Stone M E. 1993. Shelter Poverty: New Ideas on Housing Affordability[M]. Philadelphia: Temple University Press.

Stone M E. 1994. Comment on Kathryn P. Nelson's "Whose shortage of affordable housing? " [J]. Housing Policy Debate, 5 (4): 443-458.

Stone M E. 2006a. What is housing affordability? The case for the residual income approach[J]. Housing Policy Debate, 17 (1): 151-184.

Stone M E. 2006b. A Housing Affordability Standard for the UK[J]. Housing Studies, 21 (4): 453-476.

Thaler R, Johnson E. 1990. Gambling with house money and trying to break even: The effect of prior outcomes on risky choice[J]. Management Science, 36: 643-660.

Thalmann P. 1999. Identifying households which need housing assistance[J]. Urban Studies, 36(11): 1933-1947.

Thalmann P. 2003. "House poor" or simply "poor" ? [J]. Journal of Housing Economics, 12 (4): 291-317.

Turnbull G K, Glascock J L, Sirmans C F. 1991. Uncertain income and housing price and location choice[J]. Journal of Regional Science, 31: 417-433.

Turner B, Whitehead C M E. 2002. Reducing housing subsidy: Swedish housing policy in an international context[J]. Urban Studies, 39 (2): 201-217.

U. S. Census Bureau. 2005. Current Population Survey/Housing Vacancy Survey, Series H-111 Reports[R]. Washington.

Vale L J. 2006. Comment on Mark Joseph's "Is mixed-income development an antidote to urban poverty? " [J]. Housing Policy Debate, 17 (2): 259-269.

Varady D P. 2006. Comment on Kirk McClure's "The low-Income Housing Tax Credit program goes mainstream and moves to the suburbs" [J]. Housing Policy Debate, 17 (3): 461-472.

Venti S F, Wise D A. 1984. Moving and housing expenditure: Transaction costs and disequilibrium[J].

Journal of Public Economics, 23: 207-243.

Vigdor J L. 2006. Liquidity constraints and housing prices: Theory and evidence from the VA Mortgage Program[J]. Journal of Public Economics, 90: 1579-1600.

Weicher J C. 1977. The affordability of new homes[J]. AREUEA Journal, 5: 209-226.

Weicher J C. 1978. New home affordability, equity, and housing market behavior[J]. AREUEA Journal, 6: 395-416.

White A M. 2004. Risk-based mortgage pricing: Present and future research[J]. Housing Policy Debate, 15 (3): 503-531.

Whitehead C M E. 1991. From need to affordability: An analysis of U. K. housing objectives[J]. Urban Studies, 28 (6): 871-887.

Wilson W J. 1987. The disadvantaged: The inner city, the underclass, and public policy[M]. Chicago: University of Chicago Press.

World Bank. 2001. World development indicators 2001 (English) [EB/OL]. http://documents.worldbank.org/curated/en/988701468781815855/World-development-indicators-2001[2008-04-01].

Yamashita T. 2007. House price appreciation, liquidity constraints and second mortgages[J]. Journal of Urban Economics, 62: 424-440.

Yao R, Zhang H H. 2001. Optimal consumption and portfolio choice with risky housing and stochastic labor income[D]. Chapel Hill: University of North Carolina.

Yip N M. 1995. Housing affordability in England[D]. York: University of York.

Yip N M, Lau K Y. 2002. Setting rent with reference to tenants' affordability: Public housing rent policy in Hong Kong[J]. Journal of Housing and the Built Environment, 17: 409-418.

Young H P. 1998. Individual Strategy and Social Structure: An Evolutionary Theory of Institutions[M]. Princeton: Princeton University Press.

Young H P. 2001. The dynamics of conformity//Durlauf S N, Young H P. Social Dynamics[M]. Cambridge: The MIT Press: 133-154.

Zhang J. 2001a. A dynamic model of residential segregation[R]. Washington: Public Policy Institute of California (mimeograph).

Zhang J. 2001b. Racial segregation in an all-integrationist world[R]. Washington: Public Policy Institute of California (mimeograph).

Zorn P M. 1989. Mobility-tenure decisions and financial credit: Do mortgage qualification requirements constrain homeownership? [J]. AREUEA Journal, 17 (1): 1-18.